中国上市公司内部控制指数研究课题组成员名单

（财政部立项、中国会计学会管理全国重点会计科研课题，项目批准号：2010KJB008）

课题协调人：

王　宏　财政部会计司注册会计师处处长、博士

课题主持人：

蒋占华　中国煤炭科工集团有限公司总会计师、博士
胡为民　深圳市迪博企业风险管理技术有限公司董事长、中山大学管理学院兼职导师
赵丽生　山西省财政税务专科学校副校长、教授

课题组成员（按姓氏笔画排列）：

曹　驯　深圳市迪博企业风险管理技术有限公司
陈　莹　中山大学管理学院博士研究生
戴春兰　武汉理工大学管理学院副教授
董京原　山西省财政税务专科学校会计系副主任、副教授
李维友　中国证监会会计部副处长、博士
李锦元　山西省财政税务专科学校教务处处长、副教授
李万福　中山大学管理学院博士研究生
林　斌　中山大学管理学院会计系主任、博士、博士生导师
林东杰　中山大学管理学院博士研究生
罗　萍　山西省财政厅会计处调研员、高级会计师
焦跃华　湖北省审计厅副厅长、博士、中南财经政法大学会计学院博士生导师
舒　伟　中山大学管理学院博士研究生
王　晶　财政部会计司注册会计处主任科员
王海瑛　安永（中国）企业咨询有限公司企业风险管理合伙人
徐　麟　深圳市迪博企业风险管理技术有限公司
袁天荣　中南财经政法大学会计学院博士、博士生导师
阳　尧　深圳市迪博企业风险管理技术有限公司
杨琴琴　中国证监会会计部博士
杨庆功　天地科技股份有限公司财务部经理
张　丽　深圳市迪博企业风险管理技术有限公司
张立文　立信大华会计师事务所副董事长

王　宏　财政部会计司注册会计师处处长、博士

蒋占华　中国煤炭科工集团有限公司总会计师、博士

胡为民　深圳市迪博企业风险管理技术有限公司董事长、中山大学管理学院兼职导师

赵丽生　山西省财政税务专科学校副校长、教授

中国上市公司
内部控制指数研究

王　宏　蒋占华　胡为民　赵丽生 ◎等著

ZHONGGUO
SHANGSHI GONGSI
NEIBU KONGZHI ZHISHU YANJIU

人民出版社

作者简介

　　王宏，管理学（会计学）博士，现任财政部会计司注册会计师管理处处长。我国企业内部控制规范体系的主要组织者和起草者之一。曾在美国德豪会计公司（BDO Seidman）专题研修内部控制。著有《基于国际视野与科学发展的我国内部控制框架体系研究》、《中国内部控制改革与发展》、《企业内部控制审计政策解读与操作指引》、《中国注册会计师行业改革与发展》，译有《企业风险管理——整合框架》（合译）等多部专著或译著。

　　蒋占华，博士、研究员、高级会计师、中国注册会计师。现任中国煤炭科工集团有限公司党委常委、总会计师。曾任国家人工晶体研究院副院长、北京天地超硬材料股份公司总经理、中材国际工程股份公司财务总监、中煤国际工程集团总会计师。著有《企业内部控制配套指引讲解及案例精析》等多部著作。

　　胡为民，深圳市迪博企业风险管理技术有限公司创始人，中山大学管理学院兼职导师，2010年财政部高级会计师命题专家。曾为数十家中央企业和上市公司提供过内部控制、风险管理的解决方案。参与财政部等五部委的《企业内部控制基本规范》及配套指引的起草和审定，参与国家自然科学基金课题1项和财政部课题多项，著有《上市公司内部控制实务》等多部专著。

　　赵丽生，山西省财政税务专科学校副校长，教授，太原理工大学、山西财经大学硕士生导师，享受国务院政府特殊津贴专家，国家教学团队负责人。兼任中国会计学会理事及会计史专业委员会委员，中国教育会计学会理事及高职院校分会会长，财政部教材编审委员会成员。曾出版专著和教材30余部，主持省级以上科研课题10余项。

财政部重点课题"中国上市公司内部控制指数研究"研讨会

课题组部分成员合影

第一排左起依次为：

杨庆功、赵丽生、蒋占华、王　宏、李维友、胡为民、林　斌

第二排左起依次为：

戴春兰、阳　尧、徐　麟、王　晶、杨琴琴、张立文、董京原、李锦元

唱响中国上市公司内控时代的主旋律

经过一年多潜心钻研和集体攻坚，由财政部立项、中国会计学会管理的全国重点会计科研课题——《中国上市公司内部控制指数研究》——即将出版面世了。作为课题组成员和协调人，回想参与、推动这一重大课题研究的点点滴滴，在深感荣幸和自豪的同时，也颇有几分感触和体会，现摘要谨记如下，既是一份怀念，又是一种感动，同时也是对未来的祝福和期盼。

一 段 背 景

《中国上市公司内部控制指数研究》，源于经财政部王军副部长批准，由中国会计学会具体组织实施的内部控制若干重点课题研究，目的在于通过课题研究，为从 2011 年起全面实施企业内控规范体系提供科学理论指导和有力技术支持。承蒙财政部企业司司长、时任会计司司长刘玉廷博士和中国会计学会常务副秘书长周守华教授的信任，将这一课题研究任务委托我具体落实。我虽满怀激情，但苦于才疏学浅、精力有限，因此又请蒋占华、胡为民、赵丽生三位同志共同主持，以确保在规定时间内进行较高水平的研究、形成较高水平的成果，为刚刚启幕的内控时代增添一缕色彩，为有志于从事内控研究的同仁们提供一点思考，为正在如火如荼实施内控规范体系的广大上市公司提供一些借鉴。我之所以记下这段往事，是想郑重表明，《中国上市公司内部控制指数研究》是适应市场经济和内控事业发展要求，秉持严肃态度、履行严格程序组织开展的，必将为深化内部控制研究丰富新思路、创造新视角、注入新活力。

一 个 团 队

《中国上市公司内部控制指数研究》是集体智慧的结晶，拥有一个强有力的工作团队是这个课题能够在较短时间内顺利完成并取得较好成绩的根本保障。蒋占华、胡为民、赵丽生三位主持人分别担任中国煤炭科工集团总会计师、深圳迪博企业风险管理技术有限公司董事长和山西财政税务专科学校副校长，他们深厚的实践经验、咨询经验和学术造诣在相互碰撞中闪耀出绚丽的光芒，促成了理论、实践和专业服务的无缝对接和完美结合。这个团队的核心成员还有：天地科技股份有限公司财务经理杨庆功同志、立信大华会计师事务所副董事长张立文同志、中山大学林斌教授、武汉理工大学戴春兰教授、山西财政税务专科学校李锦元教授、董京原教授、深圳迪博企业风险管理技术有限公司徐麟同志和阳尧同志，以及我在财政部会计司的同事王晶同志等。国资委企业改革局李军同志、证监会上市部程绪兰同志和会计部李维友博士、杨琴琴博士等直接或间接参与了课题研究，提出了很多富有建设性的意见和建议。还有部分同志参与了研究和执笔（具体见课题组成员名单），为本课题付出了大量心血和汗水。

一 种 精 神

在共同研究、激烈碰撞、反复交锋、坦诚合作的一年多时间里，我见证了研究团队的团结、艰辛、勤奋和执著，他们的敬业精神、奋斗精神、专业精神、严谨精神和创新精神，使我深受感动。从太原会议开题、深圳会议拟订框架、重庆会议讨论初稿、长春会议第一次审稿到第二次深圳会议终审定稿，主创团队的每一位成员克服时间紧、任务重、琐事多、压力大等各种困难，怀着创建中国上市公司内控指数权威品牌的决心和信念，夜以继日、辛勤耕耘、无私奉献。《中国上市公司内部控制指数研究》是一个立项但无资助的课题，所有研究经费由参研单位和人员自行承担，但从来没有任何一位课题组成员向我提出经费问题、补贴问题、报酬问题。他们的拼搏精神，让我看到了浮躁学风涌动之外的坚守和宁静；他们的奉献精神，更让我看到拜金观念渐盛之外的淡泊和超然。我们的内控事业，以致我们的企业经营、资本市场、经济领域，需要一大批这样的人，需要不断地传承和发扬这样的精神。

一 大 突 破

正是宝贵精神的鼓舞，加之科学方法的应用、专业知识的支撑、协调有序的组织，《中国上市公司内部控制指数研究》如期完成并取得若干重大突破。依我之见，最大的突破在于构建了内控目标、要素与经济后果、财务数据有机结合的评价指标，在于构建了基础指数与修正指数有机结合的指数体系，在于构建了上市公司个体评价、分类评价与资本市场整体评价有机结合的排名机制。这一重大突破及其成果的推广应用，为上市公司投资者、债权人、管理层、监管部门、中介服务机构作出投资决策、信贷决策、微观管理决策、宏观调控决策、职业判断决策提供了难能可贵的直观参考，不仅位列国内同类研究的前沿，而且对丰富发展国际相关研究也多有裨益。当然，必须看到，由于内部控制本身的动态性、复杂性和系统性，加之人们对内部控制外延与内涵的理解存在差异性，本课题所构建的内控指数以及相关变量的选取仍只具有相对合理性。由此，基于本课题研究成果提出的中国上市公司内控水平排名，仍是一个相对概念而非绝对概念。

一 份 感 激

在为业已取得的较好成果感到高兴的同时，我们倍加感谢那些为推动我国内控事业作出突出贡献、为本课题研究及其出版给予支持帮助的人们。衷心感谢财政部、证监会、审计署、银监会、保监会、国资委的有关领导和同事们，他们推进内控事业发展的责任感、使命感和富有成效的工作，为我们开展上市公司内控指数研究提供了有力的政策依据和良好的外部环境。衷心感谢人民出版社副社长李春生同志，他清楚地知道出版这样一种专业性、学术性著作几乎毫无经济效益可言，但他仍义无反顾地予以大力支持；他重学术价值、重社会效益的淳朴话语让我们备感温暖。衷心感谢我们的家人们，难得的双休日、节假日本是我们尽孝、尽责的宝贵时光，但为了保质保量保进度地完成课题研究任务，我们别无选择。我想这本著作的字里行间，不仅记录着我们的艰辛跋涉，也映射着他们的默默奉献，更流淌着我们之间的爱与理解。

一 个 心 愿

中国经济正大踏步奋勇向前，中国资本市场正大手笔改革完善，中国上市公司正大力度规范发展，中国内控事业正大幅度深化拓展。发展永不停步，研究永无止境。科学化、精细化、现代化管理须臾离不开健全有效的内部控制，企业管理如是，行政事业单位和其他非营利组织亦如此。在我们围绕科学发展这一主题和转变经济发展方式、提高经济发展质量这一主线确立战略、谋划思路、制定措施、狠抓落实的全过程中，我们应当时刻不忘风险控制，时刻贯彻风险控制，时刻发展风险控制。从这个意义上讲，《中国上市公司内部控制指数研究》既是过去一段研究历程的终点，更是面向世界、面向未来，面向更宽范围、更广领域、更高层次的新的起点。我衷心希望今日的"抛砖"引来更多的"美玉"，并借此吸引更多人的关注、发挥更多人的力量、汇聚更多人的智慧来推动中国内控事业的发展，为中国上市公司、企业单位乃至经济社会又好又快发展醒神明目、舒筋活血、固本强基。

王　宏

2011 年 6 月于深圳

目　　录

第一章 导 论

1.1 研究背景

内部控制是由企业董事会、监事会、经理层和全体员工实施的、旨在实现控制目标的过程。内部控制的目标是合理保证企业经营管理合法合规、资产安全、财务报告及相关信息真实完整，提高经营效率和效果，促进企业实现发展战略。

自 1912 年 R.H.蒙哥马利提出内部牵制理论以来，内部控制主要因企业内在管理需求而发展，其重要性逐步得到了广泛的认知。2001—2002 年间美国发生的安然、世界通讯等系列财务舞弊事件震惊了国际社会和国际资本市场。为此，美国国会于 2002 年 7 月通过了《萨班斯—奥克斯利法案》（简称 SOX 法案），从监管的角度对上市公司的内部控制及其披露作出了严格规定。SOX 法案的出台，标志着从企业内在管理需求、外部强制监管要求和社会期望等方面，推动内部控制的发展和应用进入了一个全新的阶段。受此影响，各国监管部门开始逐渐认识到内部控制对于企业自身及资本市场健康稳定发展的重要性。

2000 年，我国第二次修订的《会计法》首次以法律形式要求企业建立与实施内部控制（当时主要指会计控制）；2008 年 6 月 28 日，财政部、证监会、审计署、银监会、保监会五部委联合发布了《企业内部控制基本规范》，被喻之为"中国版的萨班斯法案"，标志着我国企业内部控制规范建设的法规基础取得重大突破。

2010年4月26日，五部委联合发布了《企业内部控制配套指引》。该配套指引包括《企业内部控制应用指引》、《企业内部控制评价指引》和《企业内部控制审计指引》，构成了内部控制建设、评价和审计的完整体系。至此，适应我国企业实际情况、融合国际先进经验的中国企业内部控制规范体系基本建成。

同时，为进一步加强上市公司的内部控制体系建设，五部委还制定了企业内部控制规范体系的实施时间表：自2011年1月1日起首先在于境内外同时上市的公司施行，自2012年1月1日起扩大到在上海证券交易所、深圳证券交易所主板上市的公司施行；在此基础上，择机在中小板和创业板上市公司施行；同时，鼓励非上市大中型企业提前执行。

依据国务院2005年10月发布的《关于提高上市公司质量的意见》的通知和企业内部控制规范体系的实施时间表，证监会在2011年1月24日召开了"资本市场实施企业内部控制规范动员部署视频会议"。之后证监会上市部颁发了《关于做好上市公司内部控制规范试点有关工作的通知》（上市部函［2011］031号），其中规定了2011年度实施内控规范或者参与试点的公司，具体分为两类：第一类是按规定实施类，包括境内外同时上市的68家，按规定2011年应实施内控规范；第二类是自愿试点类，在上市公司自愿的基础上，根据证监会机关和多地证监局推荐，共选取了216家公司参加内控规范试点，其中深圳辖区共有81家公司参加内控试点，除深圳局外其他辖区共推荐了135家上市公司进行内控试点。

一系列企业内部控制及其评价的政策规范紧锣密鼓地出台和上市公司实施内部控制规范的有序推进，显示出完善上市公司内部控制和促进资本市场健康发展的迫切要求。另一方面，当前我国上市公司内部控制的评价与信息披露尚处于初级阶段。

在研究内部控制指数的过程中，我们收集与整理了 2010 年上市公司的内部控制自我评价报告与会计师事务所出具的内部控制审计报告。统计表明，我国上市公司自愿披露内部控制缺陷的比例尚不足 1％；相对照，美国自愿披露内部控制缺陷者比例较高，具体比例约为 13.8％[①]。也就是说，在我国，目前披露了内部控制自我评价报告和内部控制审计报告的上市公司中，99％以上都认为其内部控制体系是有效的。

《企业内部控制评价指引》的制定发布，为企业开展内部控制自我评价提供了一个共同遵循的标准，向参与国际竞争的中国企业在内部控制建设方面提出了自律性要求，有利于提高投资者、社会公众乃至国际资本市场对中国企业素质的信任度。《企业内部控制审计指引》对注册会计师执行企业内部控制审计业务进行规范，内部控制审计是指会计师事务所接受委托，对特定基准日内部控制设计与运行的有效性进行审计。它是企业内部控制规范体系实施中引入的强制性要求，既有利于促进企业健全内部控制体系，又能增强企业财务报告的可靠性。因此，随着内部控制规范建设的推进，我国企业尤其是上市公司的内部控制水平和信息披露质量有望得到提高。

然而，《企业内部控制评价指引》和《企业内部控制审计指

---

① 数据来源：张先治、戴文涛：《中国企业内部控制评价系统研究》，《审计研究》2011 年第 1 期，第 58—69 页。

引》中的评价方法主要是针对单个企业而言的，对内部控制的有效性发表意见以定性分析为主。由于这些评价方法不涉及上市公司的内部控制水平的量化，也就使横向比较与整体评价缺乏便利性与完整性。另一方面，目前绝大部分上市公司发布的内部控制自我评价报告、内部控制审计报告都认为自身的内部控制体系是完整、有效的，与实际情况和各界认知存在较大的差异。因此，无论是政府部门与监管机构、投资者与公众都对通过第三方定量化地评价上市公司内部控制水平有所期待。

本研究旨在构建出能够直接反映所有上市公司内部控制水平的内部控制指数，即将内部控制评价与数理方法相结合，以指数的方式反映上市公司的内部控制水平及风险管控能力，定量化地反映出不同上市公司的内部控制水平，从而揭示我国上市公司内部控制水平的全貌与个体差异。

1.2　研究意义

目前，国外内部控制指数的设计主要从以下三个方面入手：一是以会计师事务所发表的重大缺陷作为依据设计的指数；二是以企业自愿披露的内部控制有关信息为依据设计的指数；三是以内部控制目标的实现程度为依据设计的指数。

国外相关的内部控制指数研究为本研究设计内部控制指数提供了较好的理论参考。然而，由于国情的差异及企业特质的不同，国外的内部控制指数并不完全适用于我国的上市公司。国内关于内部控制指数的研究则较少，主要是以内部控制五要素为基础建立的披露指数，侧重反映企业内部控制体系的建设状况，难以综合反映出企业的内部控制水平及风险管理能力，且不可避免存在较大的主观性。

针对以上问题，本研究将以内部控制的目标实现程度为基础设计内部控制指数。我们认为，内部控制目标的实现程度直接反映到企业经营效率、效果和财务状况中，可以成为设计内部控制指数和选取变量的主要基础，衡量运行结果的有效性。同时，企业自愿披露的和公开媒体反映的有关内部控制信息、外部（包括政府部门与监管机构、会计师事务所等）评价及资本市场反应，是发现内部控制重大缺陷和评价内部控制设计合理性的有效途径。因此，本研究中设计的内部控制指数，综合其他内部控制指数设计基础方法的优点，对理论及现实都有重大意义。

1.2.1 理论意义

（1）提供内部控制指数研究的新思路

目前国内关于内部控制指数的研究主要集中于以内部控制五要素为基础设计内部控制指数，亦有少量以内部控制目标的实现程度为基础设计的内部控制指数。以内部控制目标的实现程度为基础，如果仅仅选取内部控制评价指标或实证研究不足，就无法构建科学完整的内部控制指数。

本研究中的内部控制指数同样基于内部控制目标的实现程度而设计，但已充分评估并尽力避免了其他研究的不足，并将研究对象（上市公司）内部控制体系存在的重大缺陷作为重要的指标与变量。在实证研究方面，本研究以 2009 年以来我国所有的上市公司为样本测算内部控制指数，并对该指数进行稳健性检验。基于这一设计框架，本研究结合理论研究与实证研究设计出一套符合我国国情的科学合理的内部控制指数，填补了这一领域研究的空白，为内部控制指数的研究开创了新的思路。

（2）推动内部控制实证研究的发展

国内关于内部控制的实证研究较少，究其原因是国内缺乏一套定量地综合评价企业内部控制体系的标准体系。本研究密切联系《企业内部控制基本规范》及《企业内部控制评价指引》，以全部上市公司为对象进行内部控制指数研究，定量地反映上市公司的内部控制水平及风险管理能力，其实证研究的广度与深度，以及研究成果，将为国内学者和相关机构在该领域进行进一步的深入探索和研究提供很好的借鉴意义，进而推动国内关于内部控制的实证研究的发展。

（3）归纳与总结国内外有关内部控制指数的文献

本研究整理与归纳了国内外有关内部控制指数的重要研究文献，阐述了这些文献中指数设计的思路、具体的指标体系及相关的研究结论。这为以后内部控制指数的研究奠定了坚实的文献基础。

1.2.2 现实意义

从现实意义来看，本研究所构建的内部控制指数能为企业、投资者、监管部门以及金融机构等提供有效的决策和参考依据。具体来说：

（1）为上市公司完善内部控制体系提供依据

公司管理层对内部控制制度建设负有直接的责任，当一个公司内部控制指数不高时，表明该公司内部控制体系的有效性存在某些方面的问题和不足，其责任风险将加大。公司管理层可以通过对照内部控制指数，寻找内部控制体系中存在的缺陷与风险，发现问题，分析原因，完善本公司的内部控制并强化执行，保证企业战略、经营、合规、报告、资产安全等各项内部控制目标的实现。

（2）为投资者进行投资决策提供依据

投资者在决定是否对某一上市公司进行投资时，除了以传统方法分析研究该上市公司的财务状况、经营成果、获利能力与持续发展能力等基本情况外，可以借鉴参考该上市公司的内部控制指数，分析目标公司有无重大或重要缺陷、是否具有良好的风险管控能力及较高的内部控制水平，进而辨识投资风险与制定风险应对策略。

（3）为监管部门评价上市公司内部控制水平提供依据

政府监管是推动上市公司建立和完善内部控制的一个重要手段。监管机构应对上市公司内部控制的建立健全进行监督，促进上市公司良性发展，保护投资者的利益。除了采用已有的监管措施和办法，监管机构可以利用本研究成果，了解和掌握我国上市公司内部控制的总体运行质量，发现上市公司内部控制建设中存在的问题，及时提出指导性意见。还可以根据上市公司内部控制指数排名情况，发现、锁定重点监管对象，及时采取监管措施。

（4）为其他金融机构的服务决策提供依据

上市公司是金融机构重要的客户群体，因此上市公司内部控制的好坏直接关系到该客户信用的可靠程度，是金融机构控制风险不可忽略的重要因素。近年来，在中国人民银行及银监会等部门的推动和各商业银行的自觉行动下，我国商业银行在加强信贷风险的内部控制方面有了长足的进展。尽管如此，数据统计仍然显示，信贷风险在银行的各种风险中依然占据相当大的比重。如何有效地防范信贷风险仍然是银行运营过程中的一个难题。在信托公司设计产品、保险公司选择客户和确定保险费率等方面，也面临类似的风险。

本研究将为金融机构风险控制提供一个新的手段。金融机构可以利用本研究中的相关成果计算、分析目标客户在全体上市公司中的综合排名以及分行业排名的情况，进行深入细致和有针对性的调查分析，从而作出更合理、有效的判断和正确的信贷或其他服务的决策。

1.3 研究内容

本研究的主要框架如图 1-1 所示。研究内容分为六部分，第一部分导论，概述内部控制指数的研究背景、研究意义、研究内容以及本研究存在的创新与局限。第二部分介绍设计内部控制指数的制度基础，包括国外的内部控制与风险管理框架体系和国内的内部控制与风险管理框架体系。第三部分总结指数构建的方法、指数的应用以及国内外相关的内部控制指数研究，这部分内容为本研究设计内部控制指数奠定方法基础。第四部分阐述了内部控制指数设计的原则及思路，之后依据设计的原则及思路选取内部控制指数变量并设计内部控制指数模型。第五部分以 2009 年以来我国所有的 A 股上市公司作为研究样本，依据第四部分的内部控制指数模型计算这些上市公司的内部控制指数，之后再对内部控制指数进行描述性统计、统计分析与稳健性检验。第六部分对全文进行总结，对今后的相关研究提出初步展望。

1.4 创新与局限

本研究在总结与借鉴国内外有关内部控制指数研究的基础上，结合国内外内部控制的框架体系、我国的国情及上市公司的

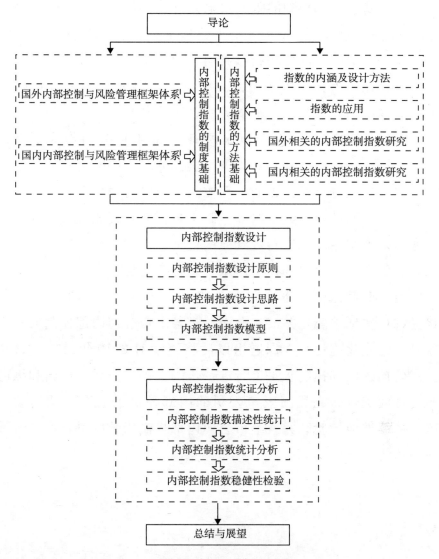

图 1 - 1 中国上市公司内部控制指数研究框架

特质，建立了综合的内部控制指数。本研究的主要创新之处主要有以下两点：

（1）本研究基于内部控制的目标的实现程度设计内部控制基

本指数、基于内部控制的重大缺陷设计内部控制修正指数，最后综合内部控制基本指数与修正指数确定上市公司的内部控制指数。本研究中的内部控制指数结合了对上市公司的内外部评价，其中内部评价为企业内部自我评价，外部评价包括监管机构评价、资本市场评价与会计师事务所的审计。

（2）本研究以 2009 年以来所有 A 股上市公司作为研究样本，计算内部控制指数并对其进行实证分析，同时运用迪博内部控制披露指数对本研究中的内部控制指数进行稳健性检验，得出迪博内部控制披露指数与内部控制指数存在着正相关关系。这一实证结果说明内部控制指数既能衡量上市公司内部控制体系的运行有效性也能衡量内部控制体系的设计合理性。

由于时间限制，本研究重点对 2009 年上市公司的内部控制状况进行实证检验，并没有全面分析各上市公司内部控制的水平随时间的变化趋势。本课题组以后将继续对 2010 年及以后每年上市公司的内部控制水平进行进一步的实证研究，从横向和纵向两个方面综合研究我国上市公司的内部控制的状况，从而动态地、持续性地检验和完善上市公司内部控制指数的科学性、合理性和适应性。

第二章 内部控制指数的制度基础

2.1 国外内部控制与风险管理框架体系

现代意义上的内部控制理论是 20 世纪初在美国首先发展起来的。在 100 多年的发展和演变历程中，内部控制主要经历了五个发展阶段：内部牵制阶段、内部控制制度阶段、内部控制结构阶段、内部控制整合框架阶段和企业风险管理整合框架阶段。在内部牵制阶段，内部控制的主要内容是账目间的相互核对，内部控制的主要方式是设立不兼容岗位；在内部控制制度阶段，内部控制以内部会计控制为核心，重点建立健全的企业规章制度；在内部控制结构阶段，内部控制被认为是为合理保证企业特定目标的实现而建立的各种政策和程序，分为内控环境、会计制度和控制程序三个方面；内部控制整合框架阶段，就是在以上三个阶段的基础上，把内部控制要素整合成五个相互关联的部分；企业风险管理整合框架阶段，是在《内部控制——整合框架》的五要素基础上的拓展，引入了风险管理的理念，形成了八个相互关联的整体。毫无疑问，美国的监管部门、各种组织和机构在推动内部控制标准化及内部控制与企业实务有效结合方面作出了巨大贡献。除美国外，加拿大、澳大利亚、新西兰、英国、法国、日本等国家也根据本国的实际情况，先后制定和出台了一系列的内部控制与风险管理标准，不断丰富着内部控制的理论和实务。

2.1.1 COSO 内部控制和风险管理整合框架

COSO 是美国反虚假财务报告委员会下属的发起人委员会（The Committee of Sponsoring Organizations of The National Commission of Fraudulent Financial Reporting）的英文简称，1985 年由美国注册会计师协会（AICPA）、美国会计学会（AAA）、国际财务经理协会（FEI）、内部审计师协会（IIA）和管理会计学会（IMA）5 个机构创建。它是自愿性的私人组织，致力于通过强化商业道德，建立完善有效的内部控制和法人治理结构以提高财务报告的质量。1992 年 9 月，COSO 委员会发布了《内部控制——整合框架》（COSO-IC），并于 1994 年进行了增补。由于 COSO《内部控制——整合框架》提出的内部控制理论和体系集内部控制理论和实践发展之大成，成为现代内部控制最具权威性的框架，因此在业内备受推崇，得到了广泛推广和应用。随后，一系列大型公司财务造假案的相继爆发以及 SOX 法案的出台，也使 COSO 委员会对企业内部控制有了进一步的思索。与此同时，COSO 委员会也意识到《内部控制——整合框架》自身存在一些问题，如过分注重财务报告，而没有从企业全局和战略的高度来关注企业风险。于是，在内外部双重因素的共同推动下，2004 年 9 月，COSO 委员会又发布了《企业风险管理——整合框架》（COSO-ERM），该报告在《内部控制——整合框架》的基础上，扩展、提供了一个更强有力的框架，更广泛地专注企业的全面风险管理。目前，COSO 所提出的内部控制和风险管理理论已在世界范围内得到广泛的认可，成为内部控制领域最具权威的理论之一。

（1）COSO《内部控制——整合框架》

在 COSO《内部控制——整合框架》中，内部控制被定义为："由一个企业的董事会、管理层和其他人员实现的过程，旨在为下列目标提供合理保证：①财务报告的可靠性；②经营的效果和效率；③符合适用的法律和法规。"

COSO《内部控制——整合框架》把内部控制划分为五个相互关联的要素，分别是：控制环境、风险评估、控制活动、信息与沟通、监控。每个要素均承载三个目标：财务报告目标、经营目标和合规性目标。这三个目标与五个要素贯穿于企业的各业务单位和各个层面的业务活动中。内部控制要素与目标的关系可以用图 2-1 来诠释。

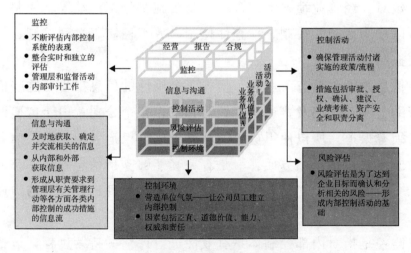

图 2-1 COSO《内部控制——整合框架》图

其中：

控制环境是内部控制体系的基础，是有效实施内部控制的有力保障。控制环境的情况决定了整个机构高层管理者的态度与基调，同时也自上而下地影响了整个机构的内部控制意识，包括最基层员工的内部控制意识。控制环境包括诚信与道德价值观、致力于提高员工工作能力及促进员工发展的承诺、管理层的理念与风险、组织架构与职责分配、人力资源政策及程序、监管部门（董事会、审计委员会）的参与等。

风险评估是识别及分析影响公司实现目标的风险的过程，是风险管理的基础，由于经济、行业、监管环境和公司的运营状况在不断变化，管理层必须定期进行风险评估，识别和应对各种变化，选择采取相应的措施化解或积极管理它，将风险控制在自己可承受的范围内。

控制活动是确保管理层的指令得到贯彻执行的必要措施，存在于整个机构内的所有级别和职能部门，包括批准、授权、查证、核对、经营业绩评价、资产保全措施及分工活动等。控制活动可以分为预防性控制、检查性控制、人工控制、自动控制、管理层控制等类型。

信息系统包括有关运营、报告、合规性的信息报告，这些信息帮助企业管理层及普通员工经营和掌控整个公司；由于传递信息必须有渠道，所以使得员工能够通过信息渠道各司其职。信息与沟通主要包括两个方面：一是有一套能够支持信息确认、获取信息交流的系统，二是公司各个层面对相关信息进行有效的沟通并将其传达给相关的外部。

监控是指对内部控制体系有效性进行评估的持续过程，包括持续监控、定期监控和缺陷报告。持续监控是指建立内部控制体系维护与管理制度，保证内部控制体系有效运行；建立内部控制测试标准，持续监控内部控制体系问题。定期监控是指公司审计或风险管理部门定期对内部控制系统进行审核的工作。缺陷报告是指制定缺陷确认标准，向相关管理人员和董事会上报内部控制缺陷，并采取改进措施。

《内部控制——整合框架》的五个要素与三个目标之间是相互联系的。目标是企业需要力争达到的结果，要素则说明了企业在力争实现目标的过程中，如何才能达到最终的目标。一方面，五个要素缺一不可，都必须存在并有效运行，以使企业内部控制有效率；另一方面，五个要素都必须完全融入企业经营活动中，以使要素有效地发挥作用并使企业达到目标。从企业的每个组织细化到每个员工，都与内部控制息息相关，都要对内部控制负责任。

（2）COSO《企业风险管理——整合框架》

COSO《企业风险管理——整合框架》的重点在于对企业风险的管理，其对风险管理的定义为："风险管理是一个过程，受企业董事会、管理层和其他员工的影响，包括内部控制及其在战略和整个公司的应用，旨在为实现经营的效率和效果、财务报告的可靠性及法规的遵循提供合理保证。"

COSO《企业风险管理——整合框架》是一个指导性的理论框架，为公司的董事会提供了有关企业所面临的重要风险，以及如何进行风险管理方面的重要信息。企业风险管理本身是一个由企业董事会、管理层和其他员工共同参与的，应用于企业战略制定和企业内部各个层次与部门的，用于识别可能对企业造成潜在影响的事项并在其风险偏好范围内进行多层面、流程化的企业风险管理过程，它为企业目标的实现提供了合理保证。

COSO《企业风险管理——整合框架》包括八个构成要素，分别是：内部环境、目标设定、事项识别、风险评估、风险应对、控制活动、信息与沟通和监控。COSO企业风险管理的目标包括：战略目标、经营目标、报告目标和合规目标。COSO企业风险管理目标与要素的关系可以通过图2-2来诠释。

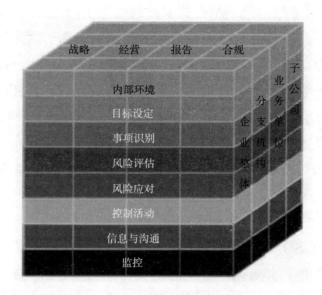

图2-2 COSO《企业风险管理——整合框架》图

与COSO《内部控制——整合框架》相比，COSO《企业风险管理——整合框架》更为广泛，引入了风险管理的理念，拓展和细化了内部控制，形成了一个更全面、更强有力的关注风险的概念。

具体来看，《企业风险管理——整合框架》涵盖了《内部控制——整合框架》，并在其基础上增加了一个新观念、一个战略目标、两个概念和三个要素，即风险组合观、战略目标、风险偏好和风险可接受程度的概念及目标设定、事项识别、风险应对要素。同时，针对企业风险管理的需要，风险管理整合框架还要求企业设立一个新的部门——风险管理部，并相应设立首席风险官（CRO），全面地、集中化地推进企业风险管理。

①引入风险组合观

在《内部控制——整合框架》基础上,《企业风险管理——整合框架》引入了风险组合观（An Entity Level Portfolio View of Risk），即在单独考虑如何实现企业各个目标的过程中,《企业风险管理——整合框架》更看重风险因素。对企业内部的每个单位而言,其风险可能落在该单位的风险可接受程度范围内,但从企业总体来看,总风险可能会超过企业总体的风险偏好范围。因此,企业风险管理要求以风险组合观看待风险,对相关的风险进行识别并采取措施使企业所承担的风险在风险偏好的范围内。

②《企业风险管理——整合框架》中的战略目标

《内部控制——整合框架》将企业的目标分为三类,即经营目标、报告目标、合规性目标。其中经营目标、合规性目标与风险管理框架相同,但报告目标有所不同。在《企业风险管理——整合框架》中,报告被大大地拓展为企业所编制的所有报告,包括对内、对外的报告,而且内容不仅包含更加广泛的财务信息,而且包含非财务信息。

另外,《企业风险管理——整合框架》增加了一个大的目标,即战略目标,它处于比其他目标更高的层次。战略目标来自一个企业的使命或愿景,因此经营目标、报告目标和合规性目标必须与其相协调。企业的风险管理在实现其他三类目标时,首先应该从企业战略目标出发。

③风险偏好及风险可接受程度

《企业风险管理——整合框架》引入了风险偏好和风险可接受程度两个概念。其中,风险偏好是指企业在追求愿景的过程中所愿意承受的广泛意义的风险数量,它在制定战略和选择相关目标时起到风向标的作用。风险可接受程度是指在企业目标实现过程中所能接受的偏离程度,在确定目标的风险可接受程度时,企业应考虑相关目标的重要性，并将其与企业风险偏好联系起来，将风险控制在可接受程度的最大范围内，以保证企业能在更高的层次上实现企业目标。

④新增风险管理三要素

《企业风险管理——整合框架》在《内部控制——整合框架》的基础上新增了三个风险管理要素：目标设定、事项识别、风险应对，它们将企业的管理重心更多地移向风险管理。同时，在内部环境中，强调了董事会的风险管理理念。因此，《企业风险管理——整合框架》拓展了COSO的风险评估要素。

在内部环境中，《企业风险管理——整合框架》讨论了一个企业的风险管理理念，它决定了一个企业如何考虑风险，反映了其价值观并影响其文化和经营风格。企业风险管理要求董事会必须由占多数的独立外部董事组成。

在目标设定上，《企业风险管理——整合框架》针对不同的目标分析其相应的风险，因此，目标设定自然成为风险管理流程的首要步骤。

在进行事项识别（风险确认）时，《企业风险管理——整合框架》讨论了潜在事项的概念，将事项定义为影响战略执行或目标实现的、从内部或外部发生的事故或事件。有正面影响的潜在事项代表机会，而那些有负面影响的潜在事项代表风险。

对风险评估时，《企业风险管理——整合框架》建议从一个更敏锐的视角来观察风险评估，要从固有的和剩余的风险角度出发，最好采用与和该风险相关的目标所构建的计量单位相同的单位来表述风险。关注相互关联的风险，它反映一个单独事项可能会产生多重风险。

在风险应对中，《企业风险管理——整合框架》确定了四类风险应对：规避、降低、分担和承受。管理层应比较不同应对的潜在影响，在企业风险可接受程度的假设下，考虑风险反应。在个别和分组考虑风险的各反应方案后，企业管理层应从总体的角度考虑企业选择的所有风险应对方案在组合后对企业的总体影响。

⑤其他因素在《企业风险管理——整合框架》中的扩展

在控制活动要素中，《企业风险管理——整合框架》明确指出，在某些情况下，控制活动本身也起到风险应对的作用。

在信息与沟通要素中，《企业风险管理——整合框架》扩大了企业信息和沟通的构成内容，认为企业的信息应包括来自过去、现在和未来潜在事项的数据。企业的信息系统的基本职能应是以时间序列的形式收集、捕捉数据，其收集数据的详细程度则应视企业风险识别、评估和应对的需要而定，并保证将风险维持在风险偏好的范围内。

在职能与责任的描述中，《企业风险管理——整合框架》要求企业设立一个新的部门，即风险管理部，并描述了风险管理官的职能与责任，扩充了董事会的职能。

表 2-1 COSO《内部控制——整合框架》与《企业风险管理——整合框架》的比较

类型 描述	COSO《内部控制—— 整合框架》	COSO《企业风险管理—— 整合框架》
基调	管理层为达到目标而进行的内部控制的需求	满足管理层为了达到一定的目标而进行企业风险管理的需求
目标	经营目标 报告目标 合规目标	战略目标（新增，全局掌控） 经营目标 报告目标（范围更广） 合规目标
风险观	没有提出风险组合观，只有风险评估	从企业总体层面，提出风险组合观

续表

类型 描述	COSO《内部控制—— 整合框架》	COSO《企业风险管理—— 整合框架》
环境	管理层及员工的内部控制观念	管理层及员工的风险观念，并提出风险偏好、风险可接受程度的概念
要素	控制环境 风险评估 控制活动 信息与沟通 监控	内部环境（更广义） 目标设定（新增） 事项识别（新增） 风险评估 风险应对（新增） 控制活动 信息与沟通 监控

2.1.2 COSO《较小型公众公司财务报告内部控制指南》

2002 年美国颁布的 SOX 法案中第 404 号条款要求公众公司管理层每年对其财务报告内部控制的效果进行评估和报告。然而，较小型公众公司在面对执行第 404 号条款的挑战时，承受了意料之外的成本。为了指导较小型公众公司执行第 404 号条款，美国反虚假财务报告委员会管理组织于 2006 年发布了《较小型公众公司财务报告内部控制指南》。

《较小型公众公司财务报告内部控制指南》为较小型公众公司按照成本效率原则使用《内部控制——整合框架》设计和执行财务报告内部控制提供了指导。

《较小型公众公司财务报告内部控制指南》分为三部分。第一部分是概要，向公司董事会和高层管理人员介绍了整个文件的主要内容。第二部分介绍了较小型公众公司在财务报告内部控制方面的主要观点，其中描述了公司的特征，并描述了这些特征是如何影响内部控制的、较小型公众公司面临的挑战以及管理层如何使用《内部控制——整合框架》。此外，还从《内部控制——

整合框架》中提炼了 20 个基本原则，并介绍了较小型公众公司以符合成本效率的方式应用这些原则的相关态度、方法和实例。第三部分提供了解释性工具以帮助管理层对内部控制进行评估。管理者可能会使用这些解释性工具以确定公司是否已有效地应用了这些原则。

2.1.3　COSO《内部控制体系监督指南》

COSO 委员会于 2009 年 1 月发布了《内部控制体系监督指南》，该指南以风险导向为核心理念，以将监督有效地植入公司的持续控制过程为根本目标，从而能最小化内部控制失败并提高决策所需信息的可靠性，它在实质上推动了内部控制监督要素的应用性发展[①]。

《内部控制体系监督指南》包括三卷：《第一卷：指南》提出了监督的特征和目的，并给出了一个有效监督的模型；《第二卷：应用》是第一卷的具体展开，详细描述了第一卷提出的监督模型的具体应用；《第三卷：案例》介绍了 46 个小案例和 3 个综合案例，阐述了指南中所提出的概念在企业的实际应用，这些案例均来自于制定该指南过程中受访的企业。

2.1.4　加拿大 COCO 委员会内部控制框架

1992 年，加拿大特许会计师协会（CICA）成立了 COCO 委员会（Criteria of Control Board），该委员会的使命是发布有关内部控制系统设计、评估和报告的指导性文件。经过三年的研

---

① 韩洪灵、郭燕敏、陈汉文：《内部控制监督要素之应用性发展——基于风险导向的理论模型及其借鉴》，《会计研究》2009 年第 8 期。

究，COCO 委员会于 1995 年 10 月正式发布了关于内部控制的框架性文件——控制指南。

COCO 委员会将内部控制的概念进行了扩展，并定义为"内部控制是一个企业中的要素集合体，包括资源、系统、过程、文化、结构和任务，这些要素集合在一起支持达成企业的目标"。根据 COCO 模型，控制的基本要素包括：目标、承诺、能力、学习和监督，这四个基本要素通过"行动"连接成一个循环，并以此为出发点制定了有效控制的 20 个规范标准。COCO 认为这些准则使得评估具体内部控制目标变得更有针对性。

2.1.5 澳大利亚—新西兰风险管理标准（AS/NZS4360）

澳大利亚—新西兰风险管理标准（AS/NZS4360）是世界上第一个国家风险管理标准，是澳大利亚和新西兰的联合标准，于 1995 年首次发布。

AS/NZS4360 的主要内容是给出了一套风险管理的标准语言定义和标准过程定义。在标准语言定义中，AS/NZS4360 明确指出风险是对目标而言的不确定性，其结果"可以是损失、伤害、失利或者获利"，而"风险管理既是为了发现机会，也同样是为了避免或减轻损失"。由于企业经营不仅是为了避免损失，更是为了赢利，这样，AS/NZS4360 的定义就把风险和企业的目标紧密结合起来。在标准过程定义中，AS/NZS4360 把风险管理看做一个过程，并给出了这个过程的内涵，风险管理应分为通信和咨询、建立环境、风险识别、风险分析、风险处置、风险监控与回顾七个步骤。

2.1.6 英国《联合准则》、《上市规则》与《内部控制框架报告》

20 世纪 90 年代英国公司治理委员会发布了一系列有关公司治理和内部控制研究的报告，其改善本国企业内部控制状况的努力可见一斑。在这些报告的基础上，伦敦股票交易所于 1998 年 1 月发布了一部旨在规范治理的法则，即《联合准则》（The Combined Code），其中有三条涉及了企业内部控制：①董事会负责建立、健全一套完整的企业内部控制制度，以保护投资者投资和公司的安全；②董事会负责每年检查和评价一次内部控制制度的有效性，并向股东报告，内部控制的检查范围应涵盖所有控制，包括财务、运营、合规、风险等方面；③设立内部审计职能的公司应随时评估公司各方面对内部审计工作的需求。此外，伦敦股票交易所的《上市规则》（The Listing Rule）中对披露内部控制情况作了以下规定：上市公司在年报中要披露内部控制制度的执行情况，如果没有建立健全内部控制或部分建立了内部控制，要说明详细原因。

《联合准则》和《上市规则》仅对建立和披露内部控制提出了原则和要求，并没有提出建立内部控制的具体方法或模式。鉴于此，英国特许会计师协会受伦敦股票交易所委托，于 1999 年发布了一份系统指导企业建立内部控制的报告——《内部控制框架报告》（Turnbull Report）。该报告归纳整理了英国法律法规中与内部控制有关的规定，其主要内容包括内部控制的建立原则、目标、范围、构成要素。

《内部控制框架报告》认为董事会对公司的内部控制负责，应制定正确的内部控制政策，并寻求日常的保证，使内部控制系统发挥作用，还应进一步确认内部控制在风险管理方面是有效

表 2-2 我国监管机构颁布的关于内部控制的法律法规

时间	发布单位	法律法规名称
1999.10	全国人民代表大会常务委员会	《会计法》（修订）
2000.12	证监会	《公开发行证券公司信息披露编报规则》（第 8 号）
2001—2004	财政部	《内部会计控制规范——基本规范》（2001）及货币资金（2001）、采购和付款（2002）、销售与收款（2002）、工程项目（2003）、担保（2004）、对外投资（2004）六个具体控制规范
2001.01	证监会	《证券公司内部控制指引》
2002.09	中国人民银行	《商业银行内部控制指引》
2003.12	审计署	《审计机关内部控制测评准则》（第 5 号令）
2004.08	银监会	《商业银行内部控制评价试行办法》
2005.06	香港会计师公会	《内部监控与风险管理的基本架构》
2005.11	证监会	《关于提高上市公司质量的意见》
2006.05	证监会	《首次公开发行股票并上市管理办法》
2006.06	上海证券交易所	《上市公司内部控制指引》
2006.06	国资委	《中央企业全面风险管理指引》
2006.09	深圳证券交易所	《上市公司内部控制指引》
2007.03	证监会	《关于开展加强上市公司治理专项活动有关事项的通知》
2007.04	保监会	《保险公司风险管理指引（试行）》
2007.06	银监会	《商业银行内部控制指引》
2008.06	财政部等五部委	《企业内部控制基本规范》
2008.08	国资委	《中央企业资产损失责任追究暂行办法》（第 20 号令）
2010.04	财政部等五部委	《企业内部控制配套指引》，包括 18 项《企业内部控制应用指引》、《企业内部控制评价指引》和《企业内部控制审计指引》

2.2.1 五部委的《企业内部控制基本规范》及《配套指引》

在我国政府部门颁布的一系列有关内部控制和风险管理的政

策法规中，影响最大、最具权威性的是 2008 年财政部等五部委颁布的《企业内部控制基本规范》以及 2010 年财政部等五部委颁布的《企业内部控制配套指引》。它们的发布，标志着适应我国实际情况、融合国际先进经验的"以防范风险和控制舞弊为中心，以控制标准和评价标准为主体，结合合理、层次分明、衔接有序、方法科学、体系完备"的中国企业内部控制规范体系建设目标基本建成。

具体来说，我国企业内部控制规范框架体系由两部分组成，即标准体系和评价体系。其中，标准体系由《企业内部控制基本规范》、已发布的 18 项《企业内部控制应用指引》以及其他涉及银行、证券、保险等业务的 3 项暂未发布的应用指引构成，评价体系由《企业内部控制评价指引》和《企业内部控制审计指引》构成。具体如图 2-3 所示。

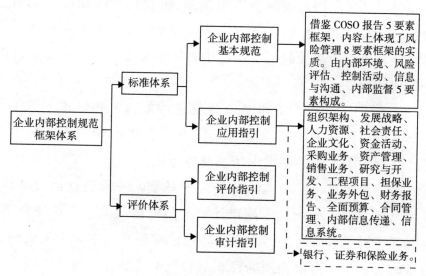

图 2-3 我国企业内部控制规范框架体系

（1）《企业内部控制基本规范》

《企业内部控制基本规范》在内部控制规范体系中处于最高层次，起统驭全局的作用，描绘了企业建立与实施内控体系必须建立的框架结构，规定了企业内部控制的基本目标、基本要素、基本原则和总体要求，是制定应用指引的基本依据，同时也是实施内部控制评价和会计师事务所审计的基本依据。

《企业内部控制基本规范》将内部控制定义为："内部控制是由企业董事会、监事会、经理层和全体员工实施的、旨在实现控制目标的过程。"内部控制的目标是合理保证企业经营管理合法合规、资产安全、财务报告及相关信息真实完整，提高经营效率和效果，促进企业实现发展战略。企业建立内部控制应当遵循五项基本原则，即全面性原则、重要性原则、制衡性原则、适应性原则、成本效益原则。

根据《企业内部控制基本规范》，企业建立内部控制应当包括五个要素：内部环境、风险评估、控制活动、信息与沟通、内部监督。企业内部控制基本规范中目标和要素的关系可以通过图2-4来诠释。

从本质上来说，《企业内部控制基本规范》在形式上借鉴了COSO内部控制五要素框架，但在内容上却体现了八要素的特征，并融入了中国的基本国情。具体来说：

内部环境是企业实施内部控制的基础，一般包括治理结构、机构设置及权责分配、内部审计、人力资源政策、企业文化等。内部环境影响着企业的方方面面，是内部控制其他四个构成要素的基础，在企业内部控制的建立与实施中发挥着基础性作用。

风险评估是企业及时识别、系统分析经营活动中与实现内部控制目标相关的风险，合理确定风险应对策略。风险评估由目标

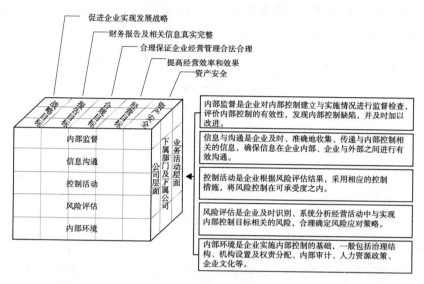

图 2-4　企业内部控制基本规范中目标与要素的关系图

设定、风险识别、风险分析和风险应对构成，是内部控制的重要环节。企业在生产经营和管理过程中，只有持续地进行科学的风险评估，自觉地将风险控制在可承受范围内，才能最终实现企业的长远发展。

控制活动是企业根据风险评估结果，采用相应的控制措施，将风险控制在可承受度之内，是企业实施内部控制的重要手段。企业应当结合风险评估结果，通过手工控制与自动控制、预防性控制和发现性控制相结合的方法，运用相应的控制措施，将风险控制在可承受度之内。控制措施一般包括：不相容职务分离控制、授权审批控制、会计系统控制、财产保护控制、预算控制、运营分析控制、绩效考评控制等。

信息与沟通是企业及时、准确地收集、传递与内部控制相关的信息，确保信息在企业内部、企业与外部之间进行有效沟通，是企业实施内部控制的重要条件。信息与沟通贯穿于内部环境、风险评估、控制活动、内部监督等四个要素中，同时又是四个基本要素的重要工具，为企业内部控制的有效运行提供信息保证，从而有助于提高企业内部控制的效率和效果。

内部监督是企业对内部控制建立与实施情况进行监督检查，评价内部控制的有效性，发现内部控制缺陷，并及时加以改进的过程，是企业内部控制得以有效实施的机制保障。内部监督分为日常监督和专项监督。日常监督是指企业对建立与实施内部控制的情况进行常规、持续的监督检查；专项监督是指在企业发展战略、组织结构、经营活动、业务流程、关键岗位员工等发生较大调整或变化的情况下，对内部控制的某一或者某些方面进行有针对性的监督检查。

内部环境、风险评估、控制活动、信息与沟通、内部监督五个要素相互联系、互为补充，共同促进企业控制目标的实现，缺一不可。

（2）《企业内部控制应用指引》

《企业内部控制应用指引》在企业内部控制规范体系中处于主体地位。它是在基本规范的基础上，对企业按照内部控制五项基本原则和五个基本要素建立健全本企业内部控制所提出的可操作性的指引。《企业内部控制应用指引》由21项具体应用指引组成，具体包括两方面的内容：

一是已发布的针对企业具体业务或事项的18项应用指引，内容涵盖组织架构、发展战略、人力资源、社会责任、企业文化、资金活动、采购业务、资产管理、销售业务、研究与开发、工程项目、担保业务、业务外包、财务报告、全面预算、合同管理、内部信息传递和信息系统等企业最常见、最基本、迫切需要加强控制的环节和领域。

二是针对特殊企业或行业的、尚未发布的涉及银行、证券和保险等业务的 3 项指引。如，商业银行、保险公司、证券公司、信托公司、基金公司、期货公司等经营业务比较特殊、涉及金融风险、与国家经济发展和金融安全关系重大的金融类企业。

企业内部控制应用指引可以划分为三类，即内部环境类指引、控制活动类指引、控制手段类指引，基本涵盖了企业资金流、实物流、人力流和信息流等各项业务和事项。其中，内部环境类指引包括组织架构、发展战略、人力资源、社会责任、企业文化等 5 个指引；控制活动类指引包括资金活动、采购业务、资产管理、销售业务、研究与开发、工程项目、担保业务、业务外包、财务报告等 9 个指引；控制手段类指引包括全面预算、合同管理、内部信息传递、信息系统等 4 个指引。具体如图 2-5 所示。

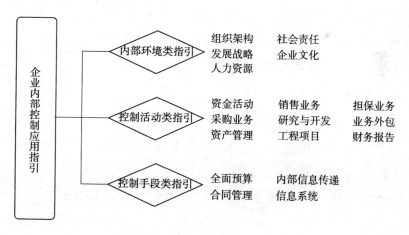

图 2-5 企业内部控制应用指引划分

(3)《企业内部控制评价指引》

内部控制评价是企业内部控制中非常重要的一环。《企业内部控制评价指引》从内部控制评价的原则、内容、程序、缺陷认定、评价报告的编制和披露等方面为我国企业开展内部控制评价提供了一个共同遵循的标准，对促进企业全面评价内部控制的设计和运行情况具有重要意义。

《企业内部控制评价指引》对内部控制评价的定义为：企业董事会或类似决策机构对内部控制有效性进行全面评价、形成评价结论、出具评价报告的过程。企业应当遵循全面性、重要性、客观性的基本原则，围绕内部环境、风险评估、控制活动、信息与沟通、内部监督等要素，确定内部控制评价的具体内容，并按照内部控制评价的程序、综合运用个别访谈、调查问卷、专题讨论、穿行测试、实地查验、抽样和比较分析等方法开展评价工作，在日常监督和专项监督的基础上，认定内部控制缺陷。企业应对内部控制评价过程、内部控制缺陷认定及整改情况、内部控制有效性的结论等相关内容作出披露。

(4)《企业内部控制审计指引》

内部控制审计是指会计师事务所接受委托，对特定基准日内部控制设计和运行的有效性进行审计。它是企业内部控制规范体系实施中引入的强制性要求，既有利于促进企业健全内部控制体系，又能增强财务报告的可靠性。《企业内部控制审计指引》是对会计师事务所执行内部控制有效性审计所提供的指引。它着重从审计责任的划分、审计范围的界定、整合审计的实施、被审计单位人员的工作成果、审计方法的选择、控制缺陷的评价和审计报告等方面对如何做好内部控制审计业务作出了明确要求或强调说明。

《企业内部控制审计指引》创造性地解决了内部控制审计的新要求（不能局限于财务报告内部控制有效性审计）与注册会计师风险责任的可承担性之间的矛盾。《企业内部控制审计指引》明确指出："注册会计师应当对企业财务报告内部控制有效性发表审计意见，同时还应对内部控制审计过程中注意到的非财务报告内部控制的重大缺陷，在内部控制审计报告中予以说明。"

2.2.2　国资委的《中央企业全面风险管理指引》

2006 年 6 月，国务院国资委根据《企业国有资产监督管理暂行条例》（国务院令第 378 号）关于"国有及国有控股企业应当加强内部监督和风险控制"的要求，出台了《中央企业全面风险管理指引》，旨在进一步加强和完善国有资产监管工作，深化国有企业改革，加强风险管理，促进企业持续、稳定、健康发展。

《中央企业全面风险管理指引》的发布是中国内部控制与风险管理发展的一个里程碑事件，借鉴了 COSO《企业风险管理——整合框架》的主要内容，第一次较为全面、系统地将风险管理的理念引入中国，并根据中国的基本国情和中央企业的基本特征进行了细化和改进，从中央企业开展全面风险管理工作的总体原则、基本流程、组织体系、风险评估、风险管理策略、风险管理解决方案、监督与改进、风险管理文化、风险管理信息系统等方面进行了详细阐述，要求各中央企业把风险管理作为企业各项管理工作的主线，将风险管理要求融入企业管理和业务流程中去，尽快建立和完善全面风险管理体系。

《中央企业全面风险管理指引》对全面风险管理的定义是：围绕企业总体经营目标，通过在企业管理的各个环节和经营过程中执行风险管理的基本流程，培育良好的全面风险管理文化，建立健全全面风险管理体系，包括风险管理策略、风险理财措施、风险管理组织体系、风险管理信息系统和内部控制系统，从而为实现风险管理总体目标提供合理保证的过程和方法。

简单地说，《中央企业全面风险管理指引》所构建的全面风险管理体系主要由三个部分组成：目标、基本流程和环境。其中，目标是全面风险管理体系建设的出发点；基本流程是实现控制目标的手段；环境是基本流程运行的保障。全面风险管理体系的目标、基本流程和环境之间的关系也可以通过一个三维图形来展示，如图2-6所示。

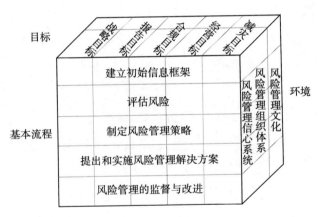

图2-6　全面风险管理体系框架图

（1）全面风险管理目标

由图2-6可以看出，全面风险管理的控制目标包括五个，分别是：战略目标、报告目标、合规目标、经营目标、减灾目标。战略目标是确保将风险控制在与总体目标相适应并可承受的范围内；报告目标是确保内外部，尤其是企业与股东之间实现真实、可靠的信息沟通，包括编制和提供真实、可靠的财务报告；

合规目标是指企业应当遵守有关法律法规；经营目标是确保企业有关规章制度和为实现经营目标而采取重大措施的贯彻执行，保障经营管理的有效性，提高经营活动的效率和效果，降低实现经营目标的不确定性；减灾目标是确保企业建立各项重大风险发生后的危机处理计划，保护企业不因灾害性风险或人为失误而遭受重大损失。

（2）全面风险管理环境

由图 2-6 可以看出，全面风险管理环境包括风险管理文化、风险管理组织体系、风险管理信息系统。其中，风险管理文化包括对员工进行风险态度、行为的宣导，进一步深化风险管理"一把手负责制"，建立符合公司战略目标的风险偏好，完善公司风险政策，以增强企业全员的风险意识；风险管理组织体系由三道风险管理防线组成，第一道是业务职能部门，第二道是风险管理职能部门，第三道是内部审计部门和董事会下设的审计委员会；风险管理信息系统是对风险管理体系设计方法和结果进行固化和标准化，并实现对风险的事前、事中和事后控制，以及对风险管理体系的运行绩效和有效性进行监督检查及改善。

（3）全面风险管理基本流程

由图 2-6 可以看出，全面风险管理的基本流程包括：建立初始信息框架、风险评估、制定风险管理策略、提出和实施风险管理解决方案、风险管理的监督与改进，在此过程中，信息与沟通贯穿始终。其中，建立初始信息框架阶段主要是收集与本企业风险和风险管理相关的内部、外部初始信息，包括历史数据和未来预测，并进行分类整理；风险评估阶段是确定风险承受度并进行风险辨识、分析、评价和排序的过程；制定风险管理策略阶段主要是企业根据自身条件和外部环境，围绕企业发展战略，确定风险偏好、风险承受度和风险管理有效性标准，选择风险承担、风险规避、风险转移、风险降低等适合的风险管理工具的总体策略，并确定风险管理所需人力和财力资源的配置原则；提出和实施风险管理解决方案阶段是指企业根据风险管理策略，针对各类风险或每一项重大风险制定风险管理解决方案；风险管理的监督与改进阶段是指企业以重大风险、重大事件和重大决策、重要管理及业务流程为重点，对风险管理初步信息、风险评估、风险管理策略、关键控制活动及风险管理解决方案的实施情况进行监督，采用压力测试、返回测试、穿行测试以及风险控制自我评估等方法对风险管理的有效性进行检验，根据变化情况和存在的缺陷及时加以改进。

2.2.3 银监会的《商业银行内部控制指引》

银监会的《商业银行内部控制指引》对内部控制的定义为："内部控制是商业银行为实现经营目标，通过制定和实施一系列制度、程序和方法，对风险进行事前防范、事中控制、事后监督和纠正的动态过程和机制。"

商业银行内部控制的目标包含以下几点：一是确保国家法律规定和商业银行内部规章制度的贯彻执行；二是确保商业银行发展战略和经营目标的全面实施和充分实现；三是确保风险管理体系的有效性；四是确保业务记录、财务信息和其他管理信息的及时、真实和完整。

商业银行在建立内部控制体系时应当包括内部控制环境、风险识别与评估、内部控制措施、信息交流与反馈和监督评价与纠正五个要素。

2.2.4　保监会的《保险公司风险管理指引》

保监会的《保险公司风险管理指引》适用于在中国境内依法设立的保险公司和保险资产管理公司，其中的风险是指对保险经营目标可能产生负面影响的不确定性因素，其中的风险管理是指保险公司围绕经营目标，对保险经营中的风险进行识别、评估和控制的基本流程以及相关的组织架构、制度和措施。

为合理保证保险管理经营目标的实现，保险公司首先应当建立由董事会负最终责任、管理层直接领导，以风险管理机构为依托，相关职能部门密切配合，覆盖所有业务单位的风险管理组织体系；之后应当识别和评估经营过程中面临的各类主要风险，包括：保险风险、市场风险、信用风险和操作风险等；在识别风险之后保险公司应对风险进行控制，包括明确风险管理总体策略、制定风险解决方案和方案的组织实施等内容；再对风险管理的流程及其有效性进行检验评估，并根据评估结果及时改进；最后保险公司应当及时向中国保监会报告本公司发生的重大风险事件。

2.2.5　香港会计师公会的《内部监控与风险管理的基本架构》

2004 年 11 月，联交所对《上市规则》进行修订，推出《企业管治常规守则》及《企业管治报告》。该修订文本将加强对香港上市公司企业管治实务及资料披露的要求。同时，联交所邀请香港会计师公会制定内部监控与风险管理指引，其主要目的是就内部监控与风险管理的基本架构提供一般性指引及建议。2005 年 6 月，香港会计师公会发布了《内部监控与风险管理的基本架构》。

《企业管治常规守则》中列明董事会应确保发行人的内部监控系统稳健妥善而且有效，以保障股东的投资及发行人的资产利益；董事应最少每年检讨一次发行人及其附属公司的内部监控系统是否有效，并在《企业管治报告》中向股东汇报已经完成有关检讨，有关检讨应涵盖所有重要的监控内容，包括财务监控、运营监控及合规监控以及风险管理功能。

《内部监控与风险管理的基本架构》中的内部监控系统是指为达到营运的效益及效率、财务汇报的可靠性、遵守适用的法律规则的目标而提供合理保证的程序。内部监控对业务的有效营运及日常运营极为重要，并有助公司达到其业务目标。内部监控的范围非常广泛，它包含纳入策略性、管治及管理程序内的所有监控，涵盖公司全面的业务及营运，而不单只是直接涉及财务营运及汇报的监控。内部监控的范围并不局限于业务中一般被视为遵守事宜的层面，同时也延伸至业务的绩效层面。

内部监控可分成五个互相关联的元素。就配合达到个别而又重叠的营运、财务汇报及法规遵守的目标时，这些元素也作为评估内部监控系统有效性的标准，如图 2-7 所示。

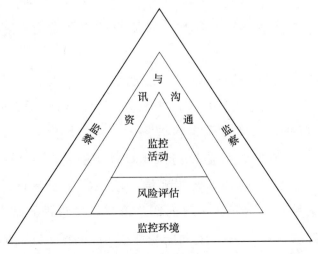

图 2-7 内部监控的元素

这些元素是：

①监控环境——是其他内部监控元素的根基，并提供纪律及结构。监控环境因素包括人员的道德价值及胜任能力（素质）、董事会提供的指标及管理的效率。

②风险评估——识别及分析影响达到目标的风险（包括与监管及营运环境不断转变有关的风险），以此作为厘定如何降低及管理这些风险的依据。

③监控活动——帮助确保管理层的指示得以执行，以及用于处理风险以达到公司目标的任何行动得以采取的各种政策及程序。

④资讯及沟通——在人员能够履行职责的方式及时间范围内，识别、取得及汇报营运、财务及法规遵守的相关资讯的有效程序及系统。

⑤监察——持续评估内部监控系统是否充足及其表现素质的程序。内部监控不善之处应向适当的上级管理层汇报。适当的上级可以是高级高管层、审核委员会或董事会。

公司目标与达到这些目标所需的内部监控元素存在直接关系。这种关系如图 2-8 所示。所有元素适用于内部控制的三个目标。图 2-8 内的第三个立体面代表附属公司、部门或其他业务单位，以及功能上或其他业务上的活动，例如：采购、生产及市场推广。这反映出内部监控不单与公司整体，而且与该公司的各个部分都是息息相关的。

2.3 小 结

国内的内部控制与风险管理框架体系的设计借鉴了国外的内

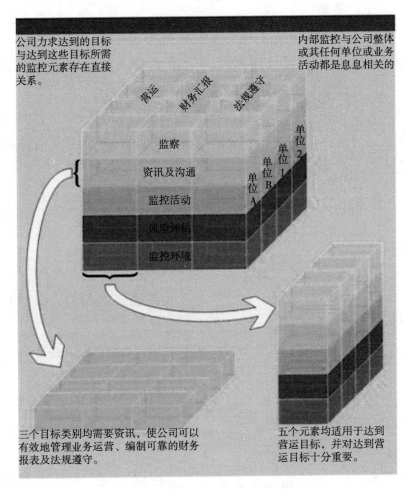

公司力求达到的目标与达到这些目标所需的监控元素存在直接关系。

内部监控与公司整体或其任何单位或业务活动都是息息相关的

营运　财务汇报　法规遵守

监察
资讯及沟通
监控活动
风险评估
监控环境

单位2
单位1
单位B
单位A

三个目标类别均需要资讯，使公司可以有效地管理业务运营、编制可靠的财务报表及法规遵守。

五个元素均适用于达到营运目标，并对达到营运目标十分重要。

图 2-8　内部监控与风险管理的基本架构

部控制与风险管理框架体系，如《企业内部控制基本规范》借鉴了 1992 年 COSO《内部控制——整合框架》的形式并整合了 2004 年 COSO《企业风险管理——整合框架》的主要内容；《中央企业全面风险管理指引》借鉴了 COSO《企业风险管理——整合框架》的主要内容。国内外的内部控制与风险管理框架体系都是围绕内部控制的要素建立内部控制与风险管理体系，为企业实现合规、报告、经营、战略和资产安全等目标提供合理保证。尽管不同的框架体系中的要素与内部控制目标之间存在着一定的差异，但是实施内部控制体系的目的都是为了达到内部控制目标。

《企业内部控制基本规范》中的内部控制目标是为了合理保证企业战略、经营、报告、合规和资产安全五大目标的实现；《中央企业全面风险管理》中实施风险管理的目标是为了合理保证中央企业战略、报告、合规、经营和减灾五大目标的实现；《商业银行内部控制指引》中实施内部控制体系是为了合理保证商业银行的合规、战略、经营和报告目标的实现；《保险公司风险管理指引》中实施风险管理体系是为了合理保证保险公司经营目标的实现；《内部监控与风险管理指引》中实施内部监控体系是为了合理保证企业合规、报告及经营目标的实现。

本研究以《企业内部控制基本规范》和《企业内部控制配套指引》为基础，基于企业战略、经营、报告、合规和资产安全五大目标的实现程度设计内部控制指数。尽管国资委的《中央企业全面风险管理指引》、银监会的《商业银行内部控制指引》、保监会的《保险公司风险管理指引》和香港会计师公会的《内部监控与风险管理的基本架构》在文字表述上与五部委的《企业内部控制配套指引》和《企业内部控制配套指引》存在差异，但其本质都是为了合理保证战略、经营、报告、合规和资产安全等目标的实现，都遵循"目标—风险—控制"的核心思想，所采用的流程和方法大同小异。因此，本研究中构建的内部控制指数同样也适用于中央企业、商业银行、保险公司及香港的上市公司。

第三章　内部控制指数的方法基础

3.1　指数的内涵及构建方法

3.1.1　指数的概念

指数是经济统计分析的一项重要内容，正如美国统计学家查多克所说"指数法是统计学的创作"[①]。统计指数确实是社会经济统计中历史最为悠久、应用最为广泛，也是同社会经济生活关系最为密切的一个组成部分[②]。最早的统计指数可以追溯到1675年，由英国学者赖斯沃汉编制的反映物价变动的指数。随着指数理论和方法的不断发展，指数的应用领域逐渐扩展，从宏观经济的工业生产、进出口贸易、股票证券到社会生活中的生活质量、吃穿住行等各方面状况的综合评估等。其中，有些指数，如消费者物价指数、房价指数、股票价格指数等不仅与人们的日常生活息息相关，更成为社会经济发展的晴雨表。甚至，英国经济学家吉布林认为指数可以测度一个国家的文明程度。

由于与指数相关的研究不断增多且指数的应用领域不断扩

[①]　胡学锋：《对统计指数中几个问题的思考》，《统计教育》2005年第1期。

[②]　徐国祥：《我国统计指数理论和应用研究的新领域》，《统计与决策》2007年第10期。

展，指数的涵义也就不可能从某一方面简单概括，为此，本研究试图从统计学、经济学、管理学以及日常生活等角度归纳指数的定义。

在统计学中，统计指数，简称指数，是一种特殊的相对指标，用来测定某一现象或多种现象在不同时间或空间中发展变化的相对程度。指数又有广义与狭义之分，广义指数是指一切说明社会经济现象数量对比关系的相对数，一般反映了范围、口径相同的同类现象在不同时间空间下的对比，如动态相对数、比较相对数、计划完成相对数等，泛指各种相对数。而狭义上的指数是指不能直接相加和对比的复杂现象综合变动的相对数，一般指总指数，即以相对数形式综合反映总体各变量在不同场合下的相对变动，如：股票价格指数。

从经济学的角度看，经济指数是一种为测定或评价特定经济现象，对多种数据取样进行综合、叠加、统计运作获得的数字上的统计指数，如商品指数、股市指数等。从本质上看，经济指数就是狭义概念的统计指数在经济学领域的应用。

目前指数在管理学上主要应用于系统的综合评价，指数的设计多数是通过选取合适的被评价对象的指标值，并用一定的量化方法将量纲①不同、特征各异的指标值转换成量纲相同、变化规律和趋势相同或相近的标准化形式的数值，进而对特定对象进行综合评价，如顾客满意度指数和公司治理指数。本研究拟要建立的内部控制指数也在该类指数的概念范畴之中。

---

① 量纲是物理学中的一个重要问题，它可以定性地表示出物理量和基本量之间的关系，是物理现象或物理量的度量，如时间的长短（秒、分、时）、质量的大小（g、kg）、速度的快慢（km/h、m/s）都是量纲。

生活中的指数也是一种系统的综合评价，通过搜集人们衣食住行等相关数据，运用一定的科学方法反映出研究对象的相对水平或状态。如，穿衣指数、洗车指数、体质指数、幸福指数、自信指数……林林总总的指数让人眼花缭乱。严格意义上说，生活中的指数已经泛化了，很多指数只是"形式"上的指数，而失去了统计指数的原本涵义。也许在现实生活中，人们对指数的应用并不那么严格，而是习惯于将对事物的评价用"指数"命名；不管怎样，指数的概念已经深入人心，成了人人都乐于接受的事物，成了方便人们交流的概念。所以，很多机构或企业也都试图发布各种指数，来描述或影响人们的生活，"指数化生活"[1] 正成为人们一种新的生活样态。

3.1.2 指数的设计方法

由于本研究中的内部控制指数属于管理学指数的范畴，所以在指数设计这一章节中，我们将重点介绍管理学中指数的构建方法。管理学中的指数常被用作系统的综合评价，很多指数的设计会采用多指标综合评价法，即将多个指标合成为一个综合指数以反映评价对象总体特征和信息的方法。其指数设计过程中的关键步骤可归纳如下：

①构建一个科学合理的评价指标体系，即选取合适的指标变量。

②确定各个指标变量的权重。

③指标变量的无量纲化处理。

---

① 中国科技财富指数研究中心：《"指数时代"呼唤中国科技企业财富指数》，2009 年，见 http://finance.jrj.com.cn/2009/03/2013263888543.shtml。

④建立综合评价模型，即构建出总指数。

其中，步骤①和②是构建指标的关键因素，评价指标的选择以及权重系数的确定将直接影响综合评价的结果。下面我们将详细介绍指数设计的以上几个步骤。

（1）选取指标变量的原则

构建科学合理的评价指标体系是建立指数的前提和关键。评价指标体系是一组既独立又相互关联，同时能比较完整地表达评价要求的一系列指标。这些评价指标不是可以随意选取和构建的，它们需要遵循以下原则：

①目标导向原则

指标的选取要以评价目的为前提，引导和鼓励评价对象向正确的方向和目标发展。比如顾客满意度指数的指标体系就是从顾客的角度来设计指标体系，以顾客对产品、服务、价值的感知为出发点，选择顾客认为的最为重要的测评指标。指标的选取不仅能及时定位不断变化的顾客期望和需求，更为企业的下一步战略提供信息，引导企业向目标靠近，起到目标导向的作用。

②"不重不漏"原则

"不重不漏"原则意味着选取的指标既要有代表性，又要具有全面性。在指标综合评价法下，评价对象必须用多个指标进行衡量，这些指标不仅需要单个指标具有一定的代表意义（即代表性），更要满足指标体系结构的全面性。因为指标与指标之间既相互联系又相互制约，遵从"不重不漏"的原则，就意味着同层次的指标之间要尽可能地界限分明，避免相互有内在联系的若干组、若干层次的指标体系。因为指标间信息的重叠会影响到评价结果的可靠性和准确性。

③通用性原则

通用性原则是指指标的选取要使得不同时期以及不同对象具有可比性。包括纵向比较和横向比较。纵向比较是同一对象在不同时期的对比。各项指标的内涵和外延需要在长时期内保持稳定，这样构建的指标体系才具有意义。横向比较是不同对象之间的比较，要找出共同点，并按照共同点设计评价指标体系。

④实用性原则

实用性原则是指指标体系的可行性与可操作性。首先，评价指标体系要繁简适中，太繁琐的指标体系容易造成指标间的重叠渗透，也会让指数的实用性大打折扣。因此，在能够基本保证评价结果的客观性和全面性的条件下，尽量简化、减少影响较小的指标。其次，数据的获取必须具备可操作性，来源可靠，并能有效控制数据的准确性。

（2）确定权重系数的方法介绍

按照权数产生方法的不同，多指标综合评价方法可以分为主观赋权评价法和客观赋权评价法。其中，前者主要是采取定性的方法，由专家根据经验进行主观判断而得到的权数，如层次分析法、模糊评价法、德尔菲法等。客观赋权评价法是根据指标之间的相关关系或各项指标的变异系数来确定权数的方法，如熵值法、主成分分析法、灰色关联度分析法等。下面我们将主要介绍这几种权重的确定方法。

①主观赋权评价法

a.层次分析法

该方法最早由美国运筹学家萨迪于20世纪70年代提出，它是一种将定性分析与定量分析结合起来的系统化、层次化的分析方法。其基本原理是：先把一个复杂问题中的各个指标通过相互关系使其分解成若干个有序层次，一般包括目标层、准则层和方案层，按照对一定客观事实的判断，对每层的重要性予以量化，进而建立判断矩阵，逐步归结最底层相对于最高层重要程度的权数值。比如，你去商场购买一部手机，在了解了几款不同型号的手机后，你需要作出决策。这时，你会对一些中间指标进行考察分析，如手机的品牌、价格、外形、售后服务等（这些指标位于同一层次上），然后对这些中间指标的重要程度作出估计，这些指标便会在你的心中有一种排序，这种排序就决定了每个指标的权重，这样不同型号的手机信息"对号入座"，最终得出"效果最佳"的手机型号，作出选购决策。层次分析法的主要优点是将定性分析与定量分析有机地结合起来，把人们依靠主观经验判断的定性问题定量化，既反映了定性分析的结果，又发挥了定量分析的优势。此外，该方法将决策问题看作"多层次结构"的系统，可以有效地解决复杂的决策问题。

b.模糊综合评价法

该方法是应用模糊关系合成的原理，从多个因素对被评价的事物隶属等级状况进行综合性评判的一种方法。其基本原理是：首先确定被评价对象的指标集 $U = (x_1, x_2, x_3, \cdots\cdots x_n)$ 和评价集 $V = '(v_1, v_2, v_3, \cdots\cdots v_n)$。其中，评价集 V 是其他多指标综合评价方法所没有的，被评事物对应各评语等级隶属程度信息通过这个模糊向量表示出来，体现出了评判的模糊特性。利用指标集 U 和评价集 V 建立模糊关系矩阵，即，x_1 为各单项指标，v_1 为对 x_1 的评价等级层次，然后分别确定各个因素的权重和它们的隶属度向量，获得模糊评判矩阵，最后把模糊评判矩阵与因素的权重集进行模糊运算,获得综合评价结果①。该方法利用模糊数学中的隶属函数和模糊统计方法量化了定性的指标,也实现了定性与定量的有效结合。此外,该方法很好地解决了判断的模糊性和不确定性问题。

c.德尔菲法

德尔菲法也称专家调查法,是一种采用通讯方式将所需解决的问题单独发送到各个专家手中,经过几轮反复征询意见,最终整理出综合意见的方法。该方法是为了克服专家会议中不能充分表达意见、权威意见左右其他人的想法等弊端而产生的一种专家预测方法。德尔菲法吸收专家参与预测,充分利用了他们的经验和学识,预测过程经过几轮反馈,使专家的意见逐渐趋同,这些特点使得它成为一种较为有效的判断预测方法。

尽管以上三种主观赋权评价法各有优点,但它们均是依据专家经验衡量各指标的相对重要性,多少会有一定的主观随意性,受人为因素的干扰较大,指标权重的客观性略显不足。

②客观赋权评价法

a.熵值法

熵值法是利用评价指标的固有信息来判断各个指标的效用价值,从而在一定程度上避免了主观判断带来的偏差。在信息论中,熵是对不确定性的一种度量。信息量越大,不确定性就越小,反之,不确定性越大。通过对熵的计算确定权重,就是根据各项指标值的差异程度确定各指标的权重。当评价对象的某个指标值相差较大时,熵值就越小,说明该指标提供的有效信息量较

---

① 欲了解更多模糊综合评价法,请参见邱东:《多指标综合评价方法的系统分析》,中国统计出版社1991年版。

大，其权重也就越大。

b. 主成分分析法

主成分分析也称主分量分析，旨在利用降维的思想，把多指标转化为少数几个综合指标。它是一种数学变换方法，把给定的一组相关变量通过线性变换成另一组不相关的变量，新的变量按照方差一次递减的顺序排列。在数学变换中保持变量的总方差不变，使得第一变量具有最大的方差，也称为第一主成分，依次类推，N 个变量就有 N 个主成分。主成分分析法的基本思想就是利用多个指标之间的相关性，用较少的指标替代原来的较多指标，使这些较少的指标尽可能多地反映原来的指标信息，可以在一定程度上解决指标的信息重叠问题。另外，各个综合因子的权重是根据它们的贡献率大小而确定，也克服了人为确定权数的缺陷。

c. 灰色关联度分析法

灰色关联度分析法的基本思想是根据各因素变化曲线的几何形状的相似程度，来判断因素之间关联程度的方法。此方法通过动态过程发展态势的量化分析，求出参考数列与各比较数列之间的灰色关联度。换句话说，可以利用各方案（各比较数列）与最优方案（参考数列）之间的关联度大小对评价对象（或指标）进行比较、排序，最终得出结论。该方法的主要优点是计算简单，对数据量的要求较低。

客观赋权评价方法综合考虑各指标间的相互关系，并根据各指标提供的初始信息量确定权数，避免了人为判断的主观因素，有利于增强评价结果的准确性。但是当指标较多时，该方法的计算量会非常大，操作成本较高。

（3）无量纲化方法介绍

在综合评价中，由于各个评价指标的实际值所代表的物理涵义不同，所以在量纲上存在差异。这种异量纲性导致各指标之间存在不可比性。因此，统计学中将指标进行无量纲化处理使得各指标之间具有可比性。无量纲化，也叫数据的标准化、规格化，即通过数学变化消除原始变量量纲影响的方法。从理论上看，无量纲方法可以有很多种，归纳起来主要有三大类：直线型无量纲化方法、折线型无量纲化方法和曲线型无量纲化方法[①]。

①直线型无量纲化方法

直线型无量纲化方法的基本思想是假定实际指标和评价指标之间存在着线性关系，实际指标的变化将引起评价指标一个相应的比例变化。代表方法有：阈值法、标准化法（Z-score 法）、比重法等等。

a. 阈值法

阈值法是用指标实际值与阈值相比以得到指标评价值的无量纲化方法。阈值也称临界值，是衡量事物发展变化的一些特殊指标值，比如极大值、极小值、满意值、不允许值等。常用算法公式有：

$$y_i = \frac{x_i}{\max\limits_{1 \le i \le n} x_i} \tag{3-1}$$

$$y_i = \frac{\max\limits_{1 \le i \le n} x_i + \min\limits_{1 \le i \le n} x_i - x_i}{\max\limits_{1 \le i \le n} x_i} \tag{3-2}$$

$$y_i = \frac{\max\limits_{1 \le i \le n} x_i - x_i}{\max\limits_{1 \le i \le n} x_i - \min\limits_{1 \le i \le n} x_i} \tag{3-3}$$

---

① 邱东：《多指标综合评价方法的系统分析》，中国统计出版社 1991 年版。

$$y_i = \frac{x_i - \max\limits_{1 \le i \le n} x_i}{\max\limits_{1 \le i \le n} x_i - \min\limits_{1 \le i \le n} x_i} \tag{3-4}$$

$$y_i = \frac{x_i - \max\limits_{1 \le i \le n} x_i}{\max\limits_{1 \le i \le n} x_i - \min\limits_{1 \le i \le n} x_i} k + q \tag{3-5}$$

②标准化法

统计学原理告诉我们，要对多组不同量纲数据进行比较，可以先将它们标准化即转化成无量纲的标准化数据。而综合评价就是要将多组不同的数据进行综合，因而可以借助于标准化方法来消除数据量纲的影响。标准化公式如 3-6 所示：

$$y_i = \frac{x_i - \bar{x}}{s} \tag{3-6}$$

其中：$\bar{x} = \frac{1}{n} \sum_{i=1}^{n} x_i \tag{3-7}$

$$s = \sqrt{\frac{1}{n-1} \sum_{i=1}^{n} (x_i - \bar{x})^2} \tag{3-8}$$

③比重法

比重法是将实际值转化为它在指标值总和中所占的比重。主要公式有：

$$y_i = \frac{x_i}{\sum\limits_{i=1}^{n} x_i} \tag{3-9}$$

或 $y_i = \dfrac{x_i}{\sqrt{\sum\limits_{i=1}^{n} x_i^2}} \tag{3-10}$

以上介绍了三种常用的直线型无量纲化处理方法，这些方法的最大特点是简单、直观。直线型无量纲化方法的实质是假定指标评价值与实际值呈线性关系，评价值随实际值等比例变化，而这往往与事物发展的实际情况不相符。这也是直线型无量纲化方法的最大缺陷。为了解决这个问题，我们很自然想到用折线型无量纲化方法或曲线型无量纲化方法代替直线型无量纲化方法。

（2）折线型无量纲化方法

折线型无量纲化方法主要有凸折线型、凹折线型和三折线型三种类型。从理论上讲，折线型无量纲化方法比直线型无量纲化方法更符合事物发展的实际情况，但应用的前提是评价者必须对被评价事物有较为深刻的理解和认识，合理地确定指标值的转折点及其评价值。常用的公式如 3 – 11 所示：

$$y_t = \begin{cases} \dfrac{x_i}{x_m} y_m & 0 \leq x_i \leq x_m \\ y_m + \dfrac{x_i - x_m}{\max\limits_{1 \leq i \leq n} x_i}(1 - y_m) & x_i > x_m \end{cases} \qquad (3 - 11)$$

其中：x_m 为转折点指标值，y_m 为 x_m 的评价值。

（3）曲线型无量纲化方法

有些事物发展阶段性的临界点不很明显，而前中后各期发展情况截然不同，也就是说指标值变化对事物发展水平的影响是逐渐变化的，而非突变的。在这种情况下，曲线型无量纲化方法更为适用。常用的公式有：

$$y = \begin{cases} 0 & 0 \leq x \leq a \\ 1 - e^{-k(x-a)^2} & x > a \end{cases} \qquad (3 - 12)$$

$$y = \begin{cases} 0 & 0 \leq x \leq a \\ \dfrac{k(x-a)^2}{1 + k(y-a)^2} & x > a \end{cases} \qquad (3 - 13)$$

$$y = \begin{cases} 0 & 0 \leq x \leq a \\ a(x-a)k & a < x \leq a + \dfrac{1}{\sqrt[k]{a}} \\ 1 & x \geq a + \dfrac{1}{\sqrt[k]{a}} \end{cases} \qquad (3-14)$$

$$y = \begin{cases} 0 & 0 \leq x \leq a \\ \dfrac{1}{2} - \dfrac{1}{2}\sin\dfrac{x}{b-a}\left(x - \dfrac{a+b}{2}\right) & a < x \leq b \\ 1 & x > b \end{cases} \qquad (3-15)$$

　　无量纲化方法在使用时，应尽可能选择适合于讨论对象性质的方法，不能不加考虑随便选用一种方法。当然也可以选用几种，然后分析不同的无量纲化对结论会产生多大的影响。在对无量纲化方法进行选择时，一般的原则是遵循客观性，根据评价对象的实际情况确定选用的转化公式。也就是说，公式要能客观地反映指标实际值与事物综合发展水平之间的对应关系。实际工作表明，不是越复杂的方法就越合适，关键在于是否切合实际的要求，在这个前提下，应该说越简单、越方便使用，越会受欢迎。

（4）建立综合评价模型——构建总指数

　　在多指标的综合评价中，最终需要通过一定的算式或模型将多个指标对事物不同方面的评价值综合在一起，以得到一个整体性的评价，即构建出总指数。可用于合成的数学方法一般有：加权线性和法，连乘法以及两种方法的混合。具体选用时应根据被评价事物的特点选择合适的方法。这里就不再详细介绍具体公式了。

3.1.3　指数的性质与作用

　　概括地讲，指数具有以下性质：

（1）相对性。指数是反映现象在不同时间和空间上的相对指标，具有相对数的特点，一般以百分比表示。比如，2010 年 10 月，中国消费者物价指数达到 4.4％，这就意味着以 2010 年 9 月份为基准点，9 月份花费 95.6 元买到的商品，在 10 月份需要 100 元才可买到，人们的生活成本平均上升了 4.4％。

（2）综合性。指数是反映一组变量或事物在特定场合下综合对比形成的相对数，并不能反映具体变量或事物某部分具体变动的情况。例如，消费价格指数就是由若干商品或服务组成的一组消费项目，通过一定的计算方法，计算所有项目综合后的价格指数，以反映消费价格的综合变动水平。

（3）平均性。与综合性结合在一起，指数可以理解成总体水平的一个代表性数值，反映了所有变量的平均变动水平。同样以消费者价格指数为例，它正是反映了"一篮子消费品"在某一时期内的平均价格水平。

综合来讲，指数的作用主要体现在以下两个方面：

（1）综合分析事物的变动方向和变动程度，研究事物在长时间内的变动趋势；指数是一种相对数，选定事物对比的基准点，便可以迅速分析出现象变动的方向和程度。通过对指数数列的分析还可以反映事物发展变化的一种趋势。

（2）能够对复杂的社会经济现象进行因素分析。复杂现象的变动往往受到多种因素的影响，指数虽然不能反映综合现象中单一变量的具体变动，却可以通过指标体系分析各个构成因素对总指数变动的影响。

鉴于指数的性质，它方便了人们对研究事物的横向或纵向的比较，并已渐渐成为一种重要的统计分析方法。

3.2　指数的应用

3.2.1　经济学中指数应用示例

指数在经济领域的应用十分广泛，主要包括反映宏观经济发展和走势水平的各种统计指数、物价指数和股市指数等。

（1）反映宏观经济发展的指数示例

①国内生产总值（GDP）

GDP 是宏观经济中最受关注的经济统计数字，反映了一定时期内，一个国家或地区经济中生产出的全部产品和提供劳务的总值。GDP 是衡量国家或地区经济发展规模的通用指标，常被公认为衡量一个国家经济规模的最佳指标。

②宏观经济景气指数

经济景气指数是利用一系列相互关联的经济变量指标来描述整个经济景气的状态和程度、反映经济整体发展水平和趋势的指标体系，它是宏观经济的"晴雨表"，指示着经济的繁荣与萧条，为各国政府制定经济政策提供了重要依据。

表 3-1　中国经济景气指数体系

先行指标		一致指标		滞后指标	
8 个指标	权重	4 个指标	权重	5 个指标	权重
恒生内地流通股指数	0.6	工业生产指数	0.59	财政支出	0.68
产品销售率	1.15	工业从业人员数	0.5	工商业贷款	1.09
货币供应量 M_2	1.2	社会收入指数	1.28	居民储蓄	0.67
新开工项目	1.2	社会需求指数	1.63	居民消费价格指数	1.05
物流指数	1.05			工业企业产成品资金	1.51
房地产开发投资先行指数	0.8				

续表

先行指标		一致指标		滞后指标	
消费者预期指数	0.28				
国债利率差	0.36				

注：中国经济景气指标体系来源于中国经济景气监测中心（国家统计局直属机构之一），www.cemac.org.cn

③企业景气指数和企业家信心指数

企业景气和企业家信心指数是通过对企业家展开问卷调查，根据他们对于当前宏观经济状况和微观经营状况的判断与预期结果进行量化加工整理得到的指数，用以综合反映企业的生产经营景气状况以及未来经济[1]。

我国国家统计局开展企业景气调查采取重点调查和抽样调查相结合的方法，选取不同行业、不同规模、不同注册类型的样本企业。调查范围覆盖了八大行业，包括工业、建筑业、交通运输仓储和邮政业、批发和零售业、房地产业、社会服务业、信息传输计算机服务和软件业、住宿和餐饮业等。

④采购经理人指数

采购经理人指数（Purchase Management Index，PMI）是宏观经济中一项重要的先行指标，通过调查的方法获得经理人对生产经营与财务情况的分析判断；其中影响最大的是美国采购经理人指数，它通过调查的方法获得经理人对生产经营与财务情况的分析判断，综合了生产、新订单、商品价格、存货、雇员、订单交货、新出口订单和进口等八个方面状况的数据，经过汇总加工后得出指数。

---

① 详见国家统计局对企业景气和企业家信心指数的编制说明。

PMI一般是月度数据，数据范围在0～100％之间。通常以50％为分界点，高于50％反映经济总体扩张，低于50％反映经济衰退。PMI是快速及时反映市场动态的第一手数据指数，目前已成为国际通行的宏观经济监测指标体系，对国家经济活动的监测和预测具有重要作用。

（2）物价指数示例

①消费者物价指数（CPI）

消费者物价指数（Consumer Price Index，CPI），也称为居民消费价格指数，是反映一定时期内城乡居民所购买的生活消费品价格和服务项目价格（即固定一篮子消费品的价格）变动趋势和程度的相对数，是对城市居民消费价格指数和农村居民消费价格指数进行综合汇总计算的结果[①]。目前，CPI是世界各国普遍编制的一种指数，是衡量通货膨胀水平的重要指标。

我国的CPI涵盖食品、衣着、医疗保健和个人用品、交通及通讯、娱乐教育文化用品及服务、居住、杂项商品与服务等八大类，通常以上一个对比期为基准期，以百分比的形式表达。一般来说，CPI<3％，表示轻微的通货膨胀，而CPI>5％，表示通货膨胀严重。

②生产者价格指数（PPI）

生产者价格指数是从生产者方面考虑的物价指数，在我国也称为工业品出厂价格指数，是反映全部工业产品出厂价格总水平的变动趋势和程度的相对数。PPI是某一时期生产领域价格变动的重要经济指标，也是通货膨胀的一个先行指数。生产原料价格的上升，会反映到消费产品的价格上，进而引起整体物价水平的

———————

①　概念引自国家统计局对相关统计指标的解释。

上升，加剧通货膨胀的压力。

（3）股票价格指数

股票价格指数即股票指数，是由证券交易所或金融服务机构编制的用以表明股票市场上各种股票市场价格的总体水平及其变动情况的一种参考的指示数字。由于股票价格变动频繁，上市股票种类繁多，良莠不齐，投资者必然面临各种市场风险。面对多种股票的价格变化，逐一了解和分析股票价格波动将会增加个人投资者的交易成本。为了适应这种情况和投资需要，一些金融机构利用自身熟练的业务知识和信息优势，编制出了股票价格指数，作为市场价格变动的指标，以供投资者参考并预测股票的价格走势。

3.2.2 管理学中指数应用示例

①公司治理指数

完善的公司治理机制是公司可持续发展的重要组成条件。公司治理的研究也成为全球性的热点问题，从 20 世纪八九十年代开始，西方国家便开始关注公司治理的研究，研究内容也逐渐从理论研究转到实务研究。如今，公司治理质量和治理环境更是备受关注，很多机构和学者也都尝试着构建公司治理评价体系和构筑公司治理指数。

我国上市公司的公司治理指数主要有两个，一是由学者李维安教授研究设计并发布的指数[①]，该指数也是我国第一个公司治理评价体系，另外一个是由机构发布的治理指数。

南开大学公司治理研究中心的李维安教授带领一批学者从我

---

① 李维安：《公司治理评价与指数研究》，高等教育出版社 2005 年版。

国上市公司面临的治理环境特点出发，侧重公司内部治理机制，强调公司治理的信息披露、投资者保护以及上市公司的独立性等，结合六个维度（见图3-1）的指标对我国上市公司的公司治理状况进行评价，构建出了公司治理指标体系。

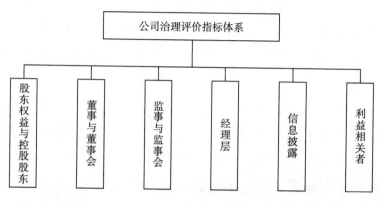

图 3-1　公司治理评价指标体系

为了鼓励和促进上市公司完善公司治理结构，提升上市公司的整体质量，上证交易所联合中证指数有限公司共同编制和发布了上证公司治理指数，简称治理指数。该指数综合反映上证公司治理板块的走势。指数以 2007 年 6 月 29 日为基准日，基点为1000 点，于 2008 年第一个交易日正式对外发布，该指数共选取了上证公司治理板块中的 199 只股票。

②中国市场化进程相对指数

中国市场化进程相对指数（学界简称"樊纲指数"），是对我国各省、自治区和直辖市的市场化进程的相对程度的测量。该指数由中国经济改革研究基金会国民经济研究所的樊纲等人研究编制，旨在对各地市场化的进展状况进行持续评价与跟踪分析，帮助各界了解我国市场化改革已经取得的进展和存在的不足。该指数从政府与市场的关系、非国有经济的发展、产品市场的发育程度、要素市场的发育程度以及市场中介组织发育和法律制度环境五个方面评价各省区市的市场化相对程度。从 2001 年开始，国民经济研究所持续发布五份市场化进程报告。

从上述示例可知，指数通过科学的统计方法对各种社会经济现象加以衡量，综合反映出现象的相对变化程度，简单直观，方便了大家对某种具体现象的理解和认识。现在，内部控制是社会研究的热点，监管机构、上市公司管理层、投资者以及其他的社会公众都非常关注上市公司的内部控制水平，本研究中设计的内部控制指数则可以如上述示例中的 GDP、CPI、PPI、股票价格指数和公司治理指数等一样，直观地反映出上市公司内部控制水平，能够帮助监管机构、上市公司管理层、投资者以及其他社会公众了解内部控制以及上市公司实施内部控制体系的现状和变动状况。

3.3 国外相关的内部控制指数研究

国内外关于内部控制研究热潮的兴起，也带动了学术界及实务界对内部控制指数的研究。众多学者从不同的角度设计内部控制指数，衡量企业的内部控制水平。本研究将在借鉴国内外关于内部控制指数的研究基础上，结合我国的国情、内部控制制度及上市公司实施内部控制的现状，构建适用于我国上市公司的科学合理的内部控制指数。

1992 年美国发布了著名的"内部控制——整合框架"（简称 COSO 报告）后，英国、加拿大等国家也相继发布了本国的内部控制框架。2002 年安然事件后，美国又颁布了《萨班斯——奥克斯利法案》（以下简称 SOX 法案）。近几十年来，国外理论界、实务界和监管机构对于如何评价企业内部控制展开了积极的讨论和研究。

国外内部控制指数的设计主要从以下三个方面入手：一是以会计师事务所发表的重大缺陷作为评价依据设计的指数；二是以企业自愿披露的关于内部控制的信息为基础设计的指数；三是以内部控制目标的实现程度为基础设计的指数。

3.3.1　以会计师事务所发表的重大缺陷为依据的指数

SOX 法案 302 和 404 条款要求上市公司管理层在定期报告中披露内部控制报告，并对控制的有效性进行评价，同时要求外部审计师提供内部控制鉴证报告，这些条款要求公司披露具有实质性内容的重大内部控制缺陷。研究者认为"内部控制缺陷是（财务报告）内部控制有效性较差、控制风险较高的标志，并把内部控制缺陷视为高管人员对内部控制责任的一种失职，以及公司治理问题的一种暴露"（李享，2009）。一些学者（Ashbaugh-Skaife *et al*., 2007, 2008；Leone, 2007；Doyle *et al*., 2007a, 2007b；Naiker & Sharma, 2009；Zhang, 2007；Li *et al*., 2010；Engel *et al*., 2007；Leuz *et al*., 2007, 2008；Costello & Wittenberg-Moerman, 2011 等）围绕内部控制缺陷的影响因素和经济后果做了大量的实证研究[1]，他们发现公司规模、成立时间、经营复杂程度、最近组织结构变化、披露会计风险、盈利状况、公司治理等企业内部因素，以及投资者保护、不同制度、不同文化均会对

---

[1]　近 5 年，在国际三大顶尖会计期刊（JAE，JAR，AR）上发表的关于内部控制的文章约有 40 篇。——编者注

企业内部控制产生显著影响。但是他们对内部控制给企业带来的经济后果有不同的结论："一是认为 SOX 法案 302 与 404 条款给企业带来正面的影响；二是认为 SOX 法案 302 与 404 条款给企业带来消极的影响；还有的人认为 SOX 法案 302 与 404 条款对企业没有产生显著影响"（林斌等，2010）。

Ashbaugh，Collins & Kinney（ACK），Doyle，Ge & McVay（DGM），根据 SOX 法案 302 与 404 条款，提供了最早的关于导致公司披露的重大缺陷或实质性缺陷（Leone 将它们简称为内部控制缺陷，ICDs）的因素的证据。Leone（2007）总结了 Ashbaugh-Skaife *et al*. 和 Doyle *et al*. 等人的研究，列出了可能会带来内部控制缺陷的指标，Leone（2007）认为这些研究为今后研究 ICDs 奠定了坚实的基础。现详细介绍这些指标以及指标的选取过程，如表 3-2 所示：

表 3-2　ACK & DGM① 内部控制缺陷的风险指标

	ACK—衡量	DGM—衡量
一、风险因素——组织复杂性		
1. 部门数量	商业部门数量	营运和区域部门数量
2. 海外销售指标	海外销售非零	外币交易非零（#150）
3. SPE 数量②	N/A	Log（SPE 数量）

① 即 Ashbaugh-Skaife *et al*.（2007）and Doyle *et al*.（2007）的简称。

② 20 世纪 90 年代，美国数以百计的大公司都开始创设特殊目的实体（SPE），其目的在于获取某项特定资产、建设特定项目及其有关活动所需的资金，但内在动机几乎都是"规避负债"。SPE 的创建为大公司不同目的的资金需求提供了一种融资体制，在这种体制下，大公司只需提供特殊目的实体所需资金的 3%，其余 97% 的资金可以向外部贷款人借入，或者通过抵押贷款取得，在合并财务报表时，大公司可以不将特殊目的实体纳入合并范围。资料来源于迈克尔·C. 克纳普著：《当代审计学：真实的问题与案例》，孟焰等译，经济科学出版社 2006 年版。

续表

	ACK—衡量	DGM—衡量
一、风险因素——组织复杂性		
4. 高存货水平	存货规模/总资产（♯3/♯6）	N/A
二、风险因素——组织变革		
1. 合并与并购	如果 2001～2003 年发生并购，指标为 1（Compustat AFTNT♯1）	在 t 期与 t−1 期的并购美元价值除以 t 期市场资本价值
2. 最近重组	如果公司在 2001～2003 年报告一项费用，指标为 1（♯376，♯377，♯378，或者♯379）	在 t 年与 t−1 年重组的总费用（♯376$_t$ + ♯376$_{t-1}$）/（♯25$_t$×♯199$_t$）
3. 销售增长	2001～2003 年平均销售增长率（♯12$_t$−♯12$_{t-1}$）/♯12$_{t-1}$	如果行业调整增长率（♯12）在前五分之一，则指标为 1
4. 公司规模	市场价值（♯25$_t$×♯199$_t$）	Log（市场价值）Log（♯25$_t$×♯199$_t$）
三、内部控制相关投资		
1. 损失	出现损失年份比例	如果在 t 期与 t−1 期的非经常项目（♯18）前的累计利润小于零，则指标为 1
2. 财务困境	Altman（1968）Z-score 的前十分位数	从 Shumway（2001）hazard model 中的破产风险的前十分位数
3. 公司年限	N/A	Log（CRSP 年数）
4. 公司治理指数	N/A	Brown & Caylor（2004）指数
四、其他相关风险		
1. 审计师辞职	如果审计师在 2003 年辞职，则指标为 1	N/A
五、发现与披露 ICDs 的激励因素		
1. 审计单位	如果公司是被四大会计师事务所、Grant Thomton 或 BDO Seidman 审计，则指标为 1	N/A
2. 报表重述	如果发生重述或者从 2001—2003 年的 AAER，则指标为 1	N/A
3. 机构投资者集中度	机构投资者持股比例除以机构投资者数量	N/A

续表

	ACK—衡量	DGM—衡量
4. 诉讼	如果有下列的 SIC 编码：2833—2836， 3570—3577， 3600—3674， 5200—5961， 7370—7374，则指标为 1	N/A

注： ♯N 代表 Compustat 数据中的第 N 个项目。例如， ♯6 代表 Compustat 数据中的第 6 个项目（总资产）。

资料来源：Leone J. Factors Related to Internal Disclosure：A Discussion of Ashbaugh, Collins, and Kinney（2007）and Doyle, Ge, and McVay（2007）［J］. Journal of Accounting and Economics, 2007（44）.

3.3.2 内部控制披露指数

（1）Botosan（1997）披露指数

Botosan（1997）年研究了公司层面披露水平和权益资本成本的关系，以前的研究中，怎样量化披露水平的有效性一直是个难题，Botosan（1997）以 122 家制造企业自愿披露的信息为基础，借鉴 The Association for Investment Management and Research（简称 AIMR）的公司报告排名①，构建了公司水平的披露指数（DSCORE），实证检验了披露水平对权益资本成本的影响。之后，有不少学者以 Botosan（1997）为基础，扩展了披露指数的研究，但是据我们的文献检索，Botosan（1997）是较早、较完整地采用量化的手段来建立公司水平披露指数的，这对我们研究上市公司内部控制指数有很大的帮助，下面介绍该指数的主要部分和指数的计算过程；更详细的部分，感兴趣的读者可

---

① 每年 AIMR 会从不同行业选取少量的公司作为样本，从三个维度提供行业内公司报告排名：年报，季报和其他公开报告以及投资者关系。这些排名每年都会以 AIMR，Report of the Corporate Information Committee 的名义公布。

以阅读 Botosan（1997）①。

表 3-3 **Botosan（1997）披露指数的主要构成**

一、背景资料

1. 公司目标的声明
2. 进入市场的障碍的讨论
3. 竞争环境
4. 经营的总体描述
5. 主要产品
6. 主要市场

二、十年或五年的公司历史业绩摘要

1. 资产回报率或计算资产回报率的充分信息（如：净利润、税率、利息支出和总资产）
2. 边际净利或计算边际净利的充分信息（如：净利润、税率、利息支出和销售额）
3. 资产周转率或计算资产周转率的充分信息（如：销售额和总资产）
4. 资本回报率或计算资本回报率的充分信息（如：净利润和所有者权益）
5. 至少八个季度的销售额和净利润的摘要

三、关键的非财务指标

1. 员工数
2. 员工的平均薪酬
3. 积压订单
4. 最近五年设计的产品销售百分比
5. 市场份额
6. 销售量
7. 单位销售价格
8. 销售增长率

四、预测信息

1. 预计市场份额
2. 预计现金流量
3. 预计资本开支或 R&D 支出
4. 预计利润
5. 预计销售

五、管理层讨论和分析

① Botosan, C. A., Disclosure Level and the Cost of Equity Capital, *The Accounting Review*, 72(3):323-349，1997.

1. 销售量的变化
2. 经营收入的变化
3. 产品成本的变化
4. 毛利润的变化
5. 销售和管理费用的变化
6. 利息费用或利息收入的变化
7. 净利润的变化
8. 存货的变化
9. 应收账款的变化
10. 资本开支或 R&D 的变化
11. 市场份额的变化

资料来源：Botosan, C. A., Disclosure Level and the Cost of Equity Capital, *The Accounting Review*, 72(3):323—349,1997。

披露指数（DSCORE）的计算过程如下：

一、分别对五个主要的构成部分进行打分，其中打分的原则如下[①]：

1. 背景资料：每披露一个指标赋值为 1。如果公司披露了不属于财务报告的定量信息（如产品的市场总容量，或者公司的目标等），每一个指标再加 1 分。

2. 公司历史业绩摘要：根据基本的利润指标给分，每一个指标赋值为 1。但是如果公司提供了多于 10 年（或者公司存在最长年限）的信息，则给双倍分数。

3. 关键的非财务指标：每一个指标赋值为 2。

4. 预测信息：每一个方向性的预测赋值为 2，每一个数字性的预测赋值为 3。

5. 管理层讨论和分析：每一个指标赋值为 1。如果披露了不

---

① 这里只介绍赋值情况，具体的赋值依据可参见 Botosan（1997）。

属于财务报表或报表附注的定量数据，每一个指标加 1 分。

二、权重

考虑到大的公司由于有更多的披露机会或者更复杂的组织机构而获得更多的分数，作者在计算前做了一定的处理。首先，分部门的预计销售和盈余信息被加权处理，权重为 1990 财政年度预计的贡献占总贡献的百分比。其次，作者限制了一些披露指标，对于同一公司多个部门披露的相同指标只计算一次。

三、计算公式

每一个公司的原始披露指数计算公式如下：

$$DSCORE_j = \sum_{i=1}^{5} SCORE_{ij} \qquad (3-16)$$

作者对五个构成项目做相同的加权，计算出一个检验指数，结果没有发生变化。

$$ESCORE_j = \sum_{i=1}^{5} \frac{SCORE_{ij}}{\max(SCORE_i)} \times 20\% \qquad (3-17)$$

（2）Moerland（2007）内部控制指数（IC Index）[①]

Moerland（2007）以实现内部控制目标为基础，构建了内部控制披露指数，对 2002—2005 年芬兰、挪威、瑞典、荷兰以及英国等欧洲国家的内部控制报告的影响因素进行了研究。实证结果表明国家层面和公司层面的因素都对内部控制报告有影响，其中国家层面的因素主要是公司治理联合准则所体现的法规水平，公司层面的因素主要是代理冲突和信息不对称，所选取的代理变量有股东结构、公司规模、经营的复杂程度等。Moerland

———————

① Moerland（2007）虽然以实现内部控制目标为基础构建指数，但是除了表 3-4 中 1.3 风险管理目标部分以外，其他大部分指标是反映公司内部控制相关问题的披露程度。基于此，编者将该指数在本节介绍。

（2007）构建的内部控制指数（IC Index）包含九个部分，具体内容如下表所示：

表 3-4 　Moerland（2007）内部控制指数（IC Index）

一、内部控制的范围	赋值情况
1.1　风险的识别	如果公司在年报中"风险因素"部分，或者报表附注中，披露了至少一条面对的风险，赋值为 1
1.2　风险的管理	公司报告了管理层对风险采取的措施（如利率掉期等金融工具），赋值为 1
1.3　风险管理的目标	
1.3.1　战略目标	公司在年报中报告了战略风险的应对，赋值为 1
1.3.2　财务报告目标	公司采用 SOX 法案披露财务报告，或者基于 SOX 过程披露财务报告，赋值为 1
1.3.3　合规性目标	公司披露了法律法规风险，赋值为 1
1.3.4　资产安全	公司披露了为减少资产损失的行动，赋值为 1
1.3.5　营运目标	公司披露了经营的目标，赋值为 1
二、内部控制系统描述的披露	公司清晰地描述了内部控制系统（如内部控制的目标、授权、内控的政策等等），赋值为 1
三、具体风险、内部控制系统改善或重大改变的披露	在财政年度，公司披露了内部控制系统的变化，或报告了新的风险，赋值为 1
四、内部控制系统有效性的评价	
4.1　内部控制系统有效性的披露	如披露，赋值为 1
4.2　基于财务报告内部控制有效性的披露	如披露，赋值为 1
五、管理层对内部控制的责任	公司确认并披露内部控制系统的负责人，赋值为 1
六、强调内部控制体系中监事会和审计委员会的职能作用	
6.1　监事会的职能作用	公司描述了监事会在内控中的职能，赋值为 1
6.2　审计委员会的职能作用	公司描述了审计委员会在内控中的职能，赋值为 1

续表

七、建立具有国际视野的内部控制指南	在年报中披露了内部控制的国际指南（Turnbull or COSO），赋值为 1
八、外部审计	
8.1 披露外部审计师在内部控制系统中的职能	公司明确定义了外部审计师在内控中的作用，赋值为 1
8.2 披露外部审计师对内部控制的内部报告（如对董事会）	公司披露了外部审计师与公司审计委员会等交流的结果，赋值为 1
8.3 披露外部审计师对内部控制的外部报告（对公众）	公司披露了外部审计师的发现，赋值为 1
九、披露内部审计师在公司内部控制的职能	公司披露了内部审计师的相关信息，赋值为 1
内部控制指数（IC Index）是用来衡量内部控制的披露程度。当公司披露了内部控制指标时，赋值为 1。当二级指标缺失时，赋值为 0。披露的总体水平为各部分得分之和，每部分的权重相同①。	

资料来源：Moerland, L., 2007, Incentives for Reporting on Internal Control—A Study of Internal Control Reporting Practices in Finland, Norway, Sweden, The Netherlands and United Kingdom, Maastricht University.

3.3.3 以实现内部控制目标为评价依据

虽然国际上关于内部控制目标的描述有所不同，但是内部控制的目标大部分与 COSO 类似，有不少学者从实现内控目标开始构建评价指数。Chil-Yang Tseng（2007）基于《企业风险管理——整合框架》，从战略目标、经营目标、报告目标和合规目标的实现程度出发，构建了企业风险管理指数，其中战略目标选取市场份额和风险系数两个变量，经营目标选取总资产周转率和劳动生产率两个变量，报告目标用重大缺陷、审计意见和财务重述以及盈余管理水平这几个变量来衡量，合规目标用审计费用和

---

① 限于篇幅，在这里不详细地介绍每个指标的定义，感兴趣的读者可以阅读 Moerland（2007）。

赔付的损失来衡量。据我们对文献的检索，Chil-Yang Tseng（2007）风险管理指数是国际上较早采用这种方法制定指数的，同时由于 COSO 报告的重要性和国际影响力，并且我国也是借鉴 COSO 来制定企业内部控制《基本规范》等相关法规，以下将详细介绍 Chil-Yang Tseng（2007）的指数构建过程。

该指数在 COSO 的四大目标之上，创建了一个衡量组织风险管理的绩效指标，该指标建立在组织实现四个目标的能力：战略目标，运营目标，报告目标和合规目标。企业风险管理指数的基本目标是将上述四个目标的实现情况进行加总。每个目标的实现情况都用两个指标来衡量。这样，企业的风险管理指数就等于四个目标的八个指标的加总，具体见公式 3-18。

$$ERMI = \sum_{k=1}^{2} Strategy_k + \sum_{k=1}^{2} Operation_k + \sum_{k=1}^{2} Reporting_k +$$

$$\sum_{k=1}^{2} Compliance_k \qquad (3-18)$$

在进入公式 3-18 之前，每个指标都预先在企业风险管理的 114 家样本中进行标准化。如果涉及行业，行业是用具有相同两位数字的 SIC 代码的所有活跃的企业衡量。

战略：战略是指相对于竞争对手，企业在市场中给自己的定位。在执行战略时，处于同一行业的企业试图建立自己的相对竞争优势。处于同行业的所有企业在同一市场中争夺有限的销售机会。这样，公司 i 超出行业平均销售水平的销售额意味着公司 i 比它的竞争者表现得更加优异。所以，衡量一个企业的战略是否成功可以用该公司标准化的销售量偏离行业平均销售量的程度来衡量，如下所示：

$$Strategy_1 = \frac{Sales_i - \mu_{sales}}{\sigma_{sales}} \qquad (3-19)$$

其中：$Sales_i =$ 2005 年公司 i 的销售额

$\mu_{sales} =$ 2005 年行业平均销售额

$\sigma_{sales} =$ 处于同一行业的所有公司销售额的标准差。

衡量战略是否成功的第二个方法是看公司在所处行业内是否具备降低系统风险的竞争优势。实施企业风险管理的一个主要好处是通过管理各种渠道来源的风险组合分散风险（Cummins，1976；Hoyt and Liebenberg，2006；Nocco and Stulz，2006；Schramm and Sherman，1974；Tufano，1996）。因此，企业风险管理可以被视为公司采用多元化战略管理风险。Thompson（1984）用公司系统风险（β 值）的降低来衡量多元化战略的表现。这种衡量方法的合理性在于市场模型中的系统风险衡量的是企业不可分散的市场风险，所以成功的多元化战略可以通过管理企业的风险投资组合分散风险，进而降低不可分散的市场风险。因此，衡量战略的第二种方法是相对于同行业的其他企业，企业 β 值的降低。

$$Strategy_2 = \frac{\Delta\beta_i - \mu_{\Delta\beta}}{\sigma_{\Delta\beta}} \tag{3-20}$$

其中：$\Delta\beta_i =$ （2005 年的 β_i — 2004 年的 β_i）

$\beta_i =$ 公司 i 的贝塔值（数据来自 Compustat）

$\mu_{\Delta\beta} =$ 2005 年行业平均 $\Delta\beta$ 值

$\sigma_{\Delta\beta} =$ 处于同一行业的所有公司 $\Delta\beta$ 值的标准差。

运营效率：运营效率可以用一个企业运营过程中收入—产出的关系来衡量（Banker *et al*，1989）。一定水平的投入对应着更多的产出或者达到某种程度的产出运用较少的投入都意味着更好的运营效率。因此，总资产周转率（收入除以总资产），是企业运营效率的一种衡量方法（Kiymaz，2006），如下所示：

$$Operation_1 = \frac{Sales}{TotalAssets} \qquad (3-21)$$

衡量运营效率的另一种方法是从运营过程中的收入—产出的有效性来看，用销售收入除以劳动者的数量衡量，如下所示：

$$Operation_2 = \frac{Sales}{Number\ of\ Employees} \qquad (3-22)$$

报告的可靠性：非法的盈余管理，财务重述和财务欺诈都可以抑制财务报告可靠性的实现。事实上，上述情形已经被视为低质量财务报告的证据（Cohen $et\ al$，2004）。因此，财务报告低可靠性的一个衡量方法是以下三个可观察变量的结合：重大缺陷，审计意见和财务重述。2002 年的 SOX 法案之后，公司被强制要求披露财务报告中的内部控制重大缺陷。如果公司在年报中披露重大缺陷，那么变量"重大缺陷"就被设定为-1，否则为 0。会计师在他们的审计报告中发表对公司财务报告的审计意见。如果一个公司被出具了标准审计意见，那么变量"审计意见"就被设定为 0，否则为-1。重大缺陷和审计意见的数据都是从 EDGAR 的数据库中公司 2005 年年报中手工收集的。公司财务报告的重述被认为可以降低财务报告可靠性。GAO（2006）提供了一个包含公司财务报告重述公告的数据库。如果一个公司在 2005 年度宣布重述，那么变量"财务重述"就取-1，否则取 0。这样，报告在-3 和 0 之间取值。

$$Reporting_1 = (Material\ Weakness) + (Auditor\ Opinion) + (Restatement) \qquad (3-23)$$

即，（报告=重大缺陷+审计意见+财务重述）

超额应计项的绝对值常被用来衡量低质量的财务报告（Johnson $et\ al$，2002）。因此，衡量财务报告可靠性的第二个指标是用超额应计项的绝对值除以正常和超额应计项绝对值的总和来衡量。此处用绝对值是因为正常和超额应计项可能是负值，用绝对值可以更好地衡量他们的相对强度。

超额应计项的估计是用 Jones（1991）的模型，详细描述见 DeFond and Jiambalvo（1994）和 Defond and Subramanyam（1997）。在该模型中，正常应计项是收入变动（Compustat ♯12）和财产，厂房，设备（Compustat ♯8）的函数。控制这些变量是为了控制企业的经济环境。模型中等式左右两边同除以年初总资产。超额应计项的估计见公式 3－24。

$$\frac{TA_{ijt}}{A_{ijt-1}} = a_{jt} \frac{1}{A_{ijt-1}} + \beta_{1jt} \frac{\Delta REV_{ijt}}{A_{ijt-1}} + \beta_{2jt} \frac{PPE_{ijt}}{A_{ijt-1}} + \varepsilon_{ijt} \qquad (3-24)$$

其中：t＝2005 年；

TA_{ijt} ＝行业 j 中的企业 i 的总应计项；

A_{ijt-1} ＝行业 j 中的企业 i 的总资产；

ΔREV_{ijt} ＝行业 j 中企业 i 的净收益的变动额；

PPE_{ijt} ＝行业 j 中企业 i 的财产，厂房和设备；

ε_{ijt} ＝残差。

定义应计项总额为扣除非经常性损益的收入（Compustat ♯18）减去营运现金流量（Compustat ♯308）。行业特征的估计可以从公式 3.2 中用最小二乘法估计的系数中得出。变量超额应计项（i.e., $Abnormal\ Accruals$）的数额等于上述回归模型中的残差值。变量正常应计项（i.e., $Normal\ Accruals$）定义为总应计项减去超额应计项。财务报告可靠性的第二个衡量（Reporting₂）方法如下所示：

$$Reporting_2 = \frac{|Normal\ Accruals|}{|Normal\ Accruals| + |Abnormal\ Accruals|}$$

$$(3-25)$$

合规性努力（Compliance effort）：O'keefe *et al*（1994）发现审计准则的遵循程度越高，审计费用也越高。因此，他们衡量合规性努力的第一个指标是审计费用与净销售收益 Compustat ♯12 的比例。审计费用主要来自以下审计服务：财务报告审计，鉴证，检查个人和综合账目，尽职审查，商定程序（如，确认是否遵守具体合同协议）和税务合规和咨询服务。审计费用（*AuditorFees*）的数据用财务报告审计作为替代变量，并用总资产（Compustat ♯6）控制公司规模。

$$Compliance_1 = \frac{Auditor\ Fees}{Total\ Assets} \qquad (3-26)$$

如果一个公司投入更多努力去遵守规定，就会期望该公司有更少的赔付损失和更多的赔付收益。因此，第二个衡量合规性努力的指标等于赔付损失或收益（Compustat ♯372）除以总资产。

$$Compliance_2 = \frac{Settlement\ Net\ Gain}{Total\ Assets} \qquad (3-27)$$

我们总结公司风险管理指数的定义如表 3-5：

表 3-5 企业风险管理指数（ERMI）

$$ERMI = \sum_{k=1}^{2} Strategy_k + \sum_{k=1}^{2} Operation_k + \sum_{k=1}^{2} Reporting_k + \sum_{k=1}^{2} Compliance_k$$

指标	定义
$Strategy_1$	$Strategy_1 = (Sales_i - \mu_{Sales})/\sigma_{Sales}$，其中 $Sales_i$ 为公司 i 在 2005 年的销售收入，σ_{Sales} 为在同一行业中全部公司销售收入的标准差
$Strategy_2$	$Strategy_2 = \triangle\beta_i - \mu_{\triangle\beta})/(\sigma_{\triangle\beta}$，其中 $\triangle\beta_i = 2004$ 年 β_i 减去 2005 年的 β_i，$\mu_{\triangle\beta}$ 为 2005 年行业的 $\triangle\beta$ 平均值，$\sigma_{\triangle\beta}$ 为同一行业中全部公司 $\triangle\beta$ 的标准差
$Operation_1$	$Operation_1$ 等于销售收入除以总资产
$Operation_2$	$Operation_2$ 等于销售收入除以公司雇员人数

续表

指标	定义
$Reporting_1$	$Reporting = （Material\ Weakness）+（Auditor\ Opinion）+（Restatement）$ 其中在 10K 表格中披露任何重大缺陷，$Material\ Weakness$ 则为 -1，否则为 0；在 10K 表格中拥有无保留审计意见，则为 0，否则为 -1；2005 年公司发布重述报告，则为 -1，否则为 0（数据来自于 GAO，2006）
$Reporting_2$	$Reporting_2 = \mid NormalAccruals \mid /（\mid NormalAccruals \mid + \mid AbnormalAccruals \mid）$ 其中，$Abnormal\ Accruals$ 为以下回归模型的残差 $$\frac{TA_{ijt}}{A_{ijt-1}} = a_{jt}\frac{1}{A_{ijt-1}} + \beta_{1jt}\frac{\Delta REV_{ijt}}{A_{ijt-1}} + \beta_{2jt}\frac{PPE_{ijt}}{A_{ijt-1}} + \varepsilon_{ijt}$$ TA_{ijt} 为总应计，等于扣除非经常性项目的收入减去经营活动现金流量，A_{ijt-1} 为总资产，$\triangle REV_{ijt}$ 为净收入变动，PPE_{ijt} 为财产，厂房及设备，ε_{ijt} 为残差项，正常应计等于总应计减去非正常应计
$Compliance_1$	$Compliance$ 等于审计费用除以总资产，审计费用数据从公司报表中获得，总资产数据从 Compustat 数据库中获得
$Compliance_2$	$Compliance$ 等于净清算收益除以总资产，净清算收益和总资产分别从 Compustat 数据库中的 ♯372 和 ♯6 获得

注释：1. 每项指标以企业被合并前指标为标准。

   2. 表中所指的行业，该行业以在 Compustat 数据库中相同的两位数为同一行业。

3.3.4 国外研究现状评述

从国外的研究可以看出，Botosan（1997）提出的披露指数为后人研究指数的量化提供了很好的借鉴。Ashbaugh-Skaife *et al.*（2007）和 Doyle *et al.*（2007）等人设计的内部控制缺陷指标（ICDs），对我们认识企业内部控制质量的高低发挥了重要的作用，但是这些指标不具有普遍性和全面性。Moerland（2007）构建的北欧国家内部控制指数（ICI）主要是考察内部控制的披露程度。Chil-Yang Tseng（2007）基于 ERM 框架构建风险管理指数是从实现内部控制有效性出发，他们的研究为我们的后续研究提供了很好的理论基础。

3.4　国内相关的内部控制指数研究

借鉴美国的经验，我国监管部门也相继出台了一系列关于内部控制的政策规范，如沪深证券交易所发布的《上市公司内部控制指引》，强制要求公司董事会披露年度内控自我评估报告及会计师事务所的核实评价意见。2008 年 6 月 28 日，我国财政部等五部委联合发布了《企业内部控制基本规范》，要求"上市公司应当对本公司内部控制的有效性进行自我评价，披露年度自我评价报告，并可聘请具有证券、期货业务资格的中介机构对内部控制的有效性进行审计"。相继出台的这一系列政策规范引起了理论界和实务界对内部控制高度关注（李万福等，2010）。

3.4.1　国内内部控制指数研究

国内学者关于内部控制评价指数的研究主要包括以下几个方面：一是理论上的探讨，如朱荣恩等（2003），陈汉文、张宜霞（2008），杨有红、陈凌云（2009），池国华（2010）；二是案例研究，如吴轶伦（2005），戴彦（2006），于增彪等（2007），杨雄胜等（2010）等；三是建立评价体系的数学模型，如王立勇（2004），骆良彬、王河流（2008），韩传模、汪士果（2009），王海林（2009）等。

以上这些学者的研究为我们的研究提供了丰富的理论基础。还有一些学者和研究机构则从完善内部控制建设或实现内控的目标的角度，构建了上市公司内部控制指数，如陈汉文（2010），张先治、戴文涛（2011），深圳市迪博企业风险管理技术有限公司的胡为民（2008，2009，2010）。总结他们的研究发现，构建内部控制评价指数的思路可以分为三种：基于目标实现的程度设计指数、基于过程的完善程度设计指数、综合考虑目标与过程两个方面设计指数。下面将详细介绍他们的研究。

陈汉文（2010）以内部控制五要素为整体逻辑框架，构建了上市公司内部控制评价指数。评价指数的设计思路是：基于过程的完善程度设计指数。指标设置及结构如下。第一层为内部控制五要素（5个），即内部环境、风险评估、控制活动、信息与沟通、内部监督。第二层根据内部控制要素的具体内容细分为24个二级指标：内部环境包含公司治理、内部审计、人力资源、道德修养及胜任能力、社会责任、企业文化及法制观念等6个二级指标；风险评估包含目标设定、风险识别、风险分析和风险应对等4个二级指标；控制活动包含不相容职责分离及授权审批控制、会计控制、财产安全控制、预算控制、运行分析控制、绩效控制、突发事件控制等7个二级指标；信息与沟通包含信息收集、信息沟通（内部沟通、外部沟通、信息完整性、准确性和及时性）、信息系统、反舞弊等4个二级指标；内部监督包含内部监督检查、内控缺陷、内部控制信息披露行为等3个二级指标。根据以上的二级指标又细分了43个三级指标和144个四级指标。

张先治、戴文涛（2011）提出构建企业、注册会计师和有关监管部门三位一体的内外部监督综合评价体系的理论框架与评价模型，即"董事会内部控制评价＋注册会计师财务报告内部控制审计＋政府监管部门（或非盈利性机构）内部控制综合评价"模型。其中企业内部控制评价指数的设计思路是：基于内部控制目标的实现的程度设计指数。指标设置及结构如下：共分为三层指标。第一层为目标层指标（4个）：战略目标、财务报告的可靠性、经营活动的效率、效果以及法律法规的遵循。第二层为准则层指标（11个）：目标制定、目标保证、企业层面控制、业务活动层面控制、盈利能力、营运能力、偿债能力、发展能力、监管者监督、注册会计师监督。第三层为具体评价指标（61个）[1]。但是他们"并没有给出内部控制评价指标体系中各指标层、准则层、目标层指标的权重确定过程和内部控制评价分值的具体计算步骤，也没利用内部控制评价指标体系和多层模糊综合评价模型对中国上市公司内部控制状况进行实证检验"（张先治、戴文涛，2011）。

深圳市迪博企业风险管理技术有限公司以五要素为基础，在2008年、2009年、2010年发布了中国上市公司内部控制披露指数，引起了相关监管机构和上市公司对内部控制建设的高度重视。由于我们的后续研究将会采用深圳迪博发布的内部控制披露指数对我们的研究进行稳健性检验，所以下文将重点介绍该指数，方便读者理解。

3.4.2　深圳迪博内部控制白皮书

深圳市迪博企业风险管理技术有限公司（简称迪博公司）[2]从成立开始，就一直致力于研究上市公司的内部控制体系建设情况和构建上市公司内部控制指数。迪博公司的内部控制披露指数设计的思路是：基于过程的完善程度设计指数。指标设置及结构如下：共分为两层指标。第一层为内部控制五大要素（5个）。

---

[1]　由于篇幅的原因，具体评价指标在这里不详细介绍，感兴趣的读者请参阅：张先治、戴文涛：《中国企业内部控制评价系统研究》，《审计研究》2011年第1期，第58—69页。

[2]　深圳市迪博企业风险管理技术有限公司，http://www.dibcn.com/。

第二层根据五大要素下设 63 个二级指标。2008 年 6 月 24 日[①]、2009 年 7 月 16 日[②]、2010 年 9 月 2 日[③]，迪博公司在《中国证券报》、《上海证券报》、《证券时报》等媒体披露我国上市公司的内部控制建设情况，并通过实证研究，评价上市公司的内部控制整体水平。这些指数的建立和发布为上市公司建设企业内部控制规范体系提供了指引，同时也为监管部门了解目前上市公司的内部控制体系建设情况提供实证依据。

其中，企业内部控制信息来源于上市公司年报中的"公司治理"、"重要事项"一节或者单独披露的"内部控制自我评估报告"。上市公司的基本资料来源于 wind 数据库和 CCER 数据库。总结迪博公司的《中国上市公司 2008 年内部控制白皮书摘要》、《中国上市公司 2009 年内部控制白皮书摘要》、《中国上市公司 2010 年内部控制白皮书摘要》的结果发现[④]：

1. 控制人为中央国有企业的上市公司整体内部控制水平优于其他控制类型的上市公司。

2. 上市时间较短的上市公司整体内部控制水平优于上市时间较长的公司。

---

① 深圳市迪博企业风险管理技术有限公司：《中国上市公司 2008 年内部控制白皮书摘要》，《中国证券报》2008 年 6 月 24 日 A12 版。

② 深圳市迪博企业风险管理技术有限公司：《中国上市公司 2009 年内部控制白皮书摘要》，《中国证券报》2009 年 7 月 16 日 A14 版；《上海证券报》2009 年 7 月 16 日 B8 版。

③ 深圳市迪博企业风险管理技术有限公司：《中国上市公司 2009 年内部控制白皮书摘要》，《中国证券报》2010 年 9 月 2 日 A08 版；《上海证券报》2010 年 9 月 2 日封十版。

④ 由于篇幅的原因，我们只列出三年的白皮书中共性的结论，详细的情况请阅读相关的资料。

3. 非 ST 股上市公司的整体内部控制水平优于 ST 股上市公司。

4. 沪深 300 指数成分股的上市公司整体内部控制水平优于非成分股上市公司。

5. 中小板上市公司整体内部控制水平优于主板上市公司。

6. 实施（或拟实施）股权激励的上市公司整体内部控制水平优于未实施的上市公司。

7. 披露了内部控制自我评估报告的上市公司整体内部控制水平优于未披露的上市公司。

8. 披露了会计师事务所内部控制鉴证报告的上市公司整体内部控制水平优于未披露的上市公司。

9. 披露了监事会和独立董事对内部控制自我评价的意见的上市公司整体内部控制水平优于未披露该项意见的上市公司。

10. 设立了内部审计机构的上市公司整体内部控制水平优于未设立的上市公司。

11. 深圳证券交易所的上市公司整体内部控制水平优于上海证券交易所的上市公司。

12. 未遭受违法违规处罚的上市公司整体内部控制水平优于遭受处罚的上市公司。

13. 内控水平与前三名董事薪酬总额显著正相关，即前三名董事会成员薪酬越高，内控水平越好。

14. 投入资本回报率与内部控制水平之间呈显著的正相关关系，即内部控制越好的公司投入资本回报率越高。

3.4.3 国内研究现状评述

综合上述，我们可以发现，一些学者提出的评价指标体系仅仅是理论上的探讨，没有实际操作性。一些学者根据案例提出的评价体系也只是介绍了案例公司业务的某个环节，比较适合个例，并不具有通用性。另一些学者从数学模型上入手，或者引入管理学等学科的方法构建了新的模型，其目的主要是保证内部控制评价的客观性。但是张先治、戴文涛（2011）认为"这些模型或者是因为需要过多地依靠评价者的主观判断，或者是因为纯数学上的理论模型，在实际中无法找到可行的替代变量，或者是因为模型的假设难以被接受、模型的使用成本较高等原因，在内部控制评价实践中并没有被广泛采用"①。

一些学者和专业技术公司以内部控制五要素为整体逻辑框架，构建了上市公司内部控制评价指数。特别是迪博在媒体发布的上市公司内部控制指数，为上市公司建设企业内部控制规范体系提供了指引，同时也为监管部门了解目前上市公司的内部控制体系建设情况提供了实证依据。

那么企业的内部控制是不是保证了《企业内部控制基本规范》等法规所要求的目标呢？借鉴国外的研究（Moerland，2007；Chil-Yang Tseng，2007）可以发现，以实现内部控制目标为基础的评价体系是解决这个问题的一个途径，并且最近几年，一些国内的学者也开始以控制目标为基础，提出构建内部控制评价体系的理论框架，如杨有红、陈凌云（2009），张先治、戴文涛（2011）等。但他们只是提供了理论框架并没有提供详细的指标构建过程，并且缺乏实际的、具体的操作指南。

本研究将在遵循指数设计的原则的基础上，借鉴国外和国内

---

① 转引自：张先治、戴文涛：《中国企业内部控制评价系统研究》，《审计研究》2011 年第 1 期，第 58—69 页。

关于内部控制指数的研究，从结果导向的角度出发，基于内部控制目标的实现程度选取指数变量，并利用无量纲化中的标准化法对内部控制指数变量进行无量纲化，然后建立内部控制指数模型，最后利用该模型计算我国上市公司的内部控制指数。

第四章 内部控制指数设计

4.1 内部控制指数设计原则

本研究将以《企业内部控制基本规范》、《企业内部控制配套指引》、《中央企业全面风险管理指引》、《商业银行内部控制指引》、《保险机构风险管理指引》、《内部监控与风险管理的基本架构》以及其他的内部控制与风险管理框架体系为制度依据，借鉴国内外关于内部控制指数的研究，同时结合我国上市公司实施内部控制和信息披露的状况选取内部控制指数变量。在内部控制指数设计的过程中，本研究遵循以下几项原则：

4.1.1 系统性原则

科学地衡量内部控制的有效性必须避免片面和孤立地设计变量与指数，仅从内部控制的某些要素或者内部控制的某一目标出发就形同瞎子摸象，难以保证评价结果的公允性与权威性。为此，本研究在设计内部控制指数时，全面考虑影响内部控制水平的各种因素，围绕内部控制的五大目标设计内部控制指数，确保内部控制指数综合反映上市公司的内部控制水平和风险管控能力。

4.1.2 科学性原则

科学性原则是指内部控制指数的设计既要以《企业内部控制

基本规范》、《企业内部控制配套指引》以及其他法律法规为基础，又必须与我国上市公司的发展历程和实际经营状况相结合。本研究将根据我国上市公司的经营规模、业务范围、竞争状况、风险水平、管理哲学和思维习惯以及内部控制体系实施的现状，选取适合我国上市公司的内部控制指数变量。

4.1.3　客观性原则

客观性又称真实性，上市公司内部控制指数设计的客观性是指上市公司内部控制指数应当根据上市公司设计和运行的内部控制体系的实际情况，全面、真实、客观、公正、不偏不倚地评价其内部控制水平和风险管控能力。为此，本研究在选取指数变量时尽量采用可量化的变量。然而合规及报告目标实现的状况根本无法用数据表示，只能定性地描述，因此，本研究在指数设计时将这些定性的指数变量进行定量化处理，最终成为可量化的变量。

4.1.4　可比性原则

可比性原则是内部控制指数应具有普遍的统计意义，这样衡量出的内部控制水平才能实现时间上的比较和空间上的比较，确保内部控制指数具有横向和纵向的可比性。

4.1.5　可操作性原则

为使本研究的内部控制指数具有可操作性，本研究在坚持系统性的基础上，精选指数变量并尽量减少非主要性指数变量，减轻评价噪音和工作强度。同时，本研究中的数据都来源于上市公司公开披露的信息和公开媒介发布的资料，不必向每一家上市公司单独调查取证，既避免了主观因素的干扰又降低了获取资料的难度。

4.2 内部控制指数设计思路

4.2.1 内部控制指数设计的基础环境

国内目前关于内部控制指数的设计有两种基本思路：一种是以内部控制要素为基础构建内部控制指数；另一种是以实现内部控制目标为基础构建内部控制指数。这两种思路的根本区别在于评价的角度和指数变量的选取不同。以内部控制要素为基础构建的内部控制指数关注的重点在于企业是否实施了内部控制体系，指数变量的选取来源于企业出具的内部控制自我评价报告及会计师事务所出具的内部控制审计报告；以实现内部控制目标为基础构建的内部控制指数关注的重点在于企业实现内部控制体系的有效性，指数变量的选取来源于企业的战略、经营、报告、合规及资产安全各个方面，全面反映企业内部控制体系实施的效果。

目前，学术界及实务界对内部控制的评价绝大部分都是采用以内部控制要素为基础的思路。其中，深圳市迪博企业风险管理技术有限公司在 2008 年、2009 年和 2010 年连续三年发布的《中国上市公司内部控制白皮书》以及陈汉文发布的《中国上市公司内部控制指数（2009）：制定、分析与评价》中构建的指数实质上是内部控制披露指数，而不是反映上市公司内部控制实施有效性的内部控制指数。

SOX 法案第 404 条款要求管理层对财务报告的内部控制进行报告，同时要求注册会计师对管理层的评估进行认证和报告。因此，国外对上市公司内部控制有效性的评价主要是以管理层出具的评价报告以及注册会计师事务所出具的内部控制审计报告为依据。然而，美国的雷曼、美林等一些自称或被外部审计机构鉴证为拥有"健全内部控制"的大公司在金融危机中纷纷破产或被收购，对内部控制理论形成了巨大的挑战。

为何众多内部控制的"好"公司在金融危机中逃避不了破产或者被收购的厄运？出现这种现象表明现有的内部控制评价标准模型缺乏可操作性，不能有效指导企业内部控制实践①。

为了充分了解目前关于我国上市公司内部控制的评价现状，本研究收集与整理了 2010 年上市公司的内部控制自我评价报告与会计师事务所出具的内部控制审计报告。截至 2010 年 12 月 31 日，沪市和深市总共有 2105 家上市公司，其中 1618 家上市公司出具了内部控制自我评价报告，占上市公司总量的 76.86%，如图 4-1 所示。

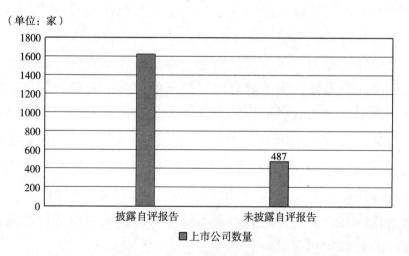

（单位：家）

图 4-1 2010 年上市公司披露内部控制自我评价报告的状况

在 1618 家披露了内部控制自我评价报告的上市公司中，

---

① 转引自：张先治、戴文涛：《中国企业内部控制评价系统研究》，《审计研究》2011 年第 1 期，第 58—69 页。

1605家上市公司认为自身的内部控制体系是有效的，不存在重大缺陷，占总样本量的99.20％；11家上市公司未出具结论，占总样本量的0.68％；仅2家上市公司认为自身的内部控制体系未得到有效实施，占总样本量的0.12％。如图4－2所示。

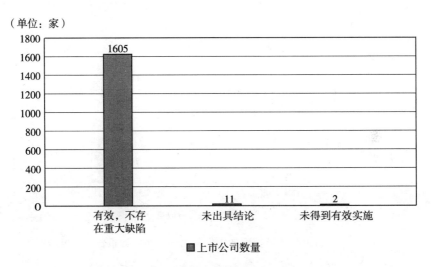

（单位：家）

图4－2 2010年内部控制自我评价报告的结论

2010年，沪市和深市总共有2105家上市公司，其中875家上市公司披露了会计师事务所出具的内部控制审计报告，占上市公司总量的41.57％。如图4－3所示。

在875家披露了会计师事务所出具的内部控制审计报告的上市公司中，会计师事务所对873家上市公司的内部控制体系出具的为无保留意见，占总样本量的99.77％；1家上市公司的内部控制体系被会计师事务所出具了保留意见，占总样本量的0.11％；1家上市公司的内部控制体系被会计师事务所出具了否定意见，占总样本量的0.11％。如图4－4所示。

由上述2010年的数据可知，我国上市公司自愿披露内部控

（单位：家）

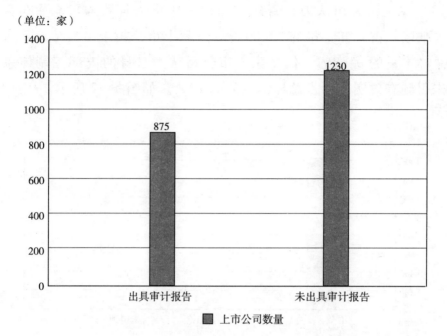

图 4 - 3　2010 年会计师事务所出具内部控制审计报告的状况

（单位：家）

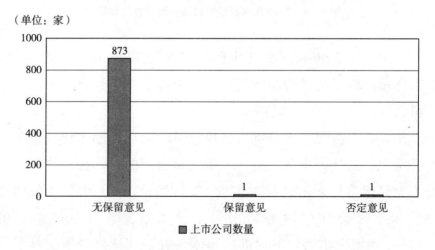

图 4 - 4　2010 年内部控制审计报告中内部控制有效性的审计意见

制缺陷的比例远小于1%；而与我国的上市公司相比，美国自愿披露内部控制缺陷的比例较高，具体比例约为13.8%。

（单位：%）

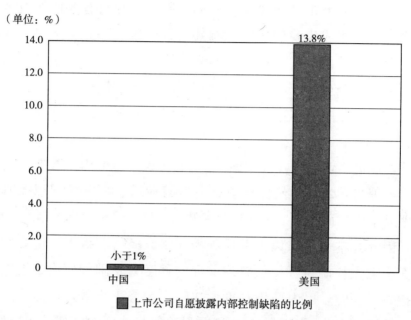

图4-5　中美上市公司自愿披露内部控制缺陷的比例

　　这种状况是否能说明我国的上市公司的内部控制质量比美国的上市公司要好？本研究认为，实际状况应该是上市公司并没有充分披露或有意回避了其内部控制体系中存在的缺陷。

4.2.2　内部控制指数设计的基本思路

　　评价企业内部控制通常从内部控制的存在性、合理性与有效性等角度展开。我们对2010年上市公司披露的内部控制自我评价报告的统计反映了我国上市公司对已经制订内部控制（即存在性）的描述较多，对内部控制的合理性与有效性披露较少或有意回避，自愿披露内部控制缺陷的比例不足1%就是明证。

作为一项覆盖面广泛的指数研究，我们的研究基础离不开上市公司公开披露的信息与数据和公开媒体发布的其他信息。但如上所述，当前上市公司对自身内部控制合理性与有效性的披露与自我认知无法成为我们研究的有效信息渠道。因此，必须从其他途径入手设计内部控制指数。

依据《企业内部控制基本规范》对内部控制的定义，企业建立与实施内部控制体系的目的是"合理保证企业经营管理合法合规、资产安全、财务报告及相关信息真实完整，提高经营效率和效果，促进企业实现发展战略"。我们认为，企业内部控制是否规范、合理与有效，必然传导至企业经营业绩、财务状况以及其他管理成果中，而企业发生的负面事件则从反向显示内部控制的缺陷。

因此，本研究将以内部控制为战略、经营、报告、合规和资产安全五大控制目标提供合理保证的程度为基础构建内部控制基本指数，同时，以内部控制重大缺陷作为修正指数，最后设计出综合反映上市公司内部控制水平与风险管控能力的内部控制指数。

4.2.3 内部控制的评价模式

内部控制作为企业管理的重要组成部分，试图解决三方面的基本问题（财务报告及相关信息的可靠性、资产的安全完整以及对法律法规的遵循），并促进提高企业的经营效率和效果、促进实现企业的发展战略。

安然、世通等一系列公司财务舞弊事件发生后，人们认识到健全有效的内部控制对预防此类事件的发生至关重要，对企业充分地披露内部控制相关信息和增加信息的可靠性提出了更高的期望。

各国政府和资本市场监管机构、企业界和会计界对内部控制的重视程度也进一步提升，从注重财务报告本身的可靠性转向注重对保证财务报告可靠性机制的建设，也就是通过过程的有效保证结果的有效。美国 SOX 法案要求管理层对企业财务报告内部控制的有效性进行评价、注册会计师对财务报告内部控制的有效性进行审计，其实质是基于监管的视角而建立的一种内部控制评价与报告的制度安排，通过财务报告内部控制评价的目标导向，来推动内部控制建设和强化过程控制。

我国企业内部控制规范体系由标准体系和评价体系两部分组成，其中标准体系由《企业内部控制基本规范》和《企业内部控制应用指引》构成，评价体系由《企业内部控制评价指引》和《企业内部控制审计指引》构成。形成了政策主导标准与实施节奏、企业强制执行与自主管理提升相结合的内部控制实施体系，以及企业内部自我评价与外部审计评价相结合的强制评价体系。

除了强制性的评价体系外，非强制性的外部评价（主要是第三方的独立评价）在市场经济中发挥越来越重要的作用，资本市场的反应本质上也是外部评价的一种形式。本研究立足于建立一套公正、客观的独立评价指数体系，致力于成为我国内部控制评价的权威性指数。作为评价的基础，企业内外部的强制性评价与资本市场的反应是我们研究的重要基础和信息来源渠道。因此我们需要对这些评价模式作必要的评述。

（1）政策性监管

我国有关政府部门和监管机构是推动上市公司实施内部控制体系的主导力量，并持续监督上市公司是否依据规范要求进行内部控制规范建设和信息披露。有关部门和监管机构并不是对各上市公司进行常规评价，而是对违反法律法规或没有履行相应义务的事项进行相应处罚。这类处罚是监察上市公司内部控制的重要信息，是一种特殊的评价。

（2）内部控制审计

内部控制审计是指会计师事务所接受委托，对特定基准日内部控制设计与运行的有效性进行审计。注册会计师应当对财务报告内部控制的有效性发表审计意见，并对内部控制审计过程中注意到的非财务报告内部控制的重大缺陷，在内部控制审计报告中增加"非财务报告内部控制重大缺陷描述段"予以披露。

财务报告内部控制是指企业为了合理保证财务报告及相关信息真实、完整而设计和运行的内部控制，以及用于保护资产安全的内部控制中与财务报告可靠性目标相关的控制。非财务报告内部控制，是指除财务报告内部控制之外的其他控制，通常是指为了合理保证除财务报告及相关信息、资产安全外的其他控制目标的实现而设计和运行的内部控制。

注册会计师按照《企业内部控制审计指引》的要求发表的审计意见，是我国内部控制规范建设的一项强制性制度安排，其审计意见是一种具有强约束力的外部评价。为此，本研究将内部控制审计报告作为重要的评价基础和信息来源渠道，其中发表的内部控制重大缺陷则作为构建修正指数的依据之一。

（3）内部控制自我评价

在实施内部控制规范后，上市公司至少应该每年进行一次内部控制评价并由董事会对外发布内部控制评价报告。内部控制评价对外报告一般包括：董事会声明、内部控制评价工作的总体情况、内部控制评价的依据、内部控制评价的范围、内部控制评价的程序和方法、内部控制缺陷及其认定、内部控制缺陷的整改情况、内部控制有效性的结论。其中，对于企业不存在重大缺陷的情形，出具评价期末内部控制有效结论；对于存在重大缺陷的情形，不得作出内部控制有效的结论，并需描述该重大缺陷的性质及其对实现相关控制目标的影响程度，可能给公司未来生产经营带来的相关风险。虽然内部控制自我评价理论上因缺乏独立性而降低了可靠性，但由于该报告通过制度性安排成为内部控制审计的对象，因而可靠性得到了提高。

与其他评价相比，上市公司内部控制评价所披露的信息最为丰富，无论是正面观察还是反向监控，都是本研究最重要的信息渠道，其中披露的内部控制重大缺陷作为构建内部控制修正指数的依据之一。

（4）资本市场反应

依据有效市场假说，股票的价格能充分反映上市公司所有可获得的信息，即"信息有效"，当信息变动时，股票的价格就会随之变动。因此，当上市公司的内部控制失效时，它也会在上市公司的股票上反映出来。

双汇发展"十八道检验、十八个放心"的宣传，给顾客传导了严格控制的理念。2011年3月15日央视曝光了双汇发展的"瘦肉精事件"，由于猪肉不检测"瘦肉精"导致被非法添加"瘦肉精"养殖的有毒生猪顺利卖到双汇集团旗下公司。受此消息影响，双汇发展当日股票跌停，而且一直往下跌，截至2011年5月25日，双汇发展的股价由3月15日86.61元跌至59元（如图4-6所示），双汇发展的市场价值缩水高达31.87%，产品销售也陷入苦战。

该事件反映了两方面的重要信息：一是内部控制并不限于财务报告的控制，非财务报告的控制失效也将传导至财务环节，二是资本市场的反应能够从侧面验证内部控制缺陷的后果。因此，跟踪资本市场的重大反应事件是本研究发现上市公司内部控制缺陷的重要手段。

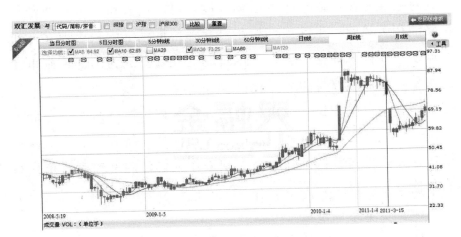

图 4-6　"瘦肉精事件"对双汇发展股价的影响

4.3　内部控制指数模型

4.3.1　内部控制指数变量选取

（1）内部控制目标与指数变量的关系

《企业内部控制基本规范》明确了内部控制目标的五个方面：一是合理保证企业经营管理合法合规；二是维护资产安全；三是保证财务报告及相关信息真实完整；四是提高经营效率和效果；五是促进企业实现发展战略。

企业经营管理合法合规强调的是企业要在法律允许的经营范围内开展经营活动，严禁违法经营、非法获利。

资产安全主要是防止资产流失。要确保企业的各项存款等货币资金的安全，防止被挪用、转移、侵占、盗窃。同时还要保护实物资产，防止低价出售，要充分发挥资产使用效率，提高资产管理水平。

财务报告及相关信息反映了企业的经营业绩，以及价值增值过程。财务报告反映企业的过去与现状，并可预测企业的未来发展，是投资人进行投资决策、债权人进行信贷决策、管理者进行管理决策和宏观经济调控部门进行政策决策的重要依据。同时，财务报告作为社会公共产品，其真实完整地体现了企业履行的社会责任。

提高经营效率和效果构成企业内部控制的重要目标。企业建立和实施内部控制的内在要求之一是相互制衡、相互监督，这一要求看似与提高效率效果相矛盾，实际上是协调一致的。因为忽视控制的经营管理，将导致重大风险的发生，可能造成企业难以为继，最终降低了经营的效率效果。因此，企业必须正确认识和处理强化内部控制与提高效率效果的关系。

促进企业实现发展战略是内部控制的最高目标，也是终极目标。只要企业在内部控制上下工夫，切实保证经营管理合法合规、资产安全完整、财务报告及相关信息真实可靠、经营效率效果稳步提高，就一定能提高核心竞争力，促进企业实现发展战略。

在上述五个控制目标中，企业经营管理合法合规、资产安全完整、财务报告及相关信息真实完整是内部控制的基础目标。我国早期的内部控制是从基础目标开始的。在现代市场经济条件下，建立现代企业制度，促进企业长远发展，不仅要求企业必须围绕这三个基础目标真抓实干，而且必须在提高经营效率和效果上更上一层楼，最终促进企业实现发展战略。

本研究与内部控制的五大目标相对应构建内部控制基本指数，其制度依据为《企业内部控制基本规范》、《企业内部控制配套指引》、《中央企业全面风险管理指引》、《商业银行内部控制指引》、《保险机构风险管理指引》与《内部监控与风险管理的基本架构》。在深入了解国内外相关的内部控制指数研究的基础上，主要借鉴 Leone（2007），Botosan（1997）和 Chih-Yang Tseng（2007）等人的研究，并结合我国的国情和上市公司的特质设计内部控制指数及其变量。

（2）内部控制指数变量

内部控制指数变量分为两个层次，第一层为内部控制五大目标变量，第二层为各类目标下的分类变量。

①战略目标变量

企业战略是指企业根据环境的变化、本身的资源和实力选择适合的经营领域和产品，形成自己的核心竞争力，并通过差异化在竞争中取胜。由于战略在企业发展过程中发挥着重要的作用，《企业内部控制应用指引》中单独立项制定了《企业内部控制应用指引第 2 号发展战略》。战略目标是企业制定战略的基本点和出发点，是战略实施的指导方针和战略控制的评价标准。战略目标反映了企业在一定时期内经营活动的方向和所要达到的水平。促进企业战略目标的实现是内部控制的最高目标，也是最终目标，企业只有在保证经营目标、合规目标、报告目标及资产安全目标实现的情况下才能达到战略目标。

每家企业由于行业、规模、发展阶段、拥有的资源和管理层的偏好等因素的不同，制定的战略目标也存在较大的差异，同一家企业由于内外部环境的变化及企业自身的发展等因素也会不断调整战略目标。随着经济全球化的高速发展和信息技术的不断更新，企业发展过程中外部环境如政治、经济、文化方面的不断变化，内部环境如人员变动、组织结构调整等方面的困境，急需健全内部控制体系，提高适应新环境、有效贯彻企业经营战略的能力，促进经济全球化的进一步发展。

不管企业制定何种战略目标，最终的目标都是为了确立自身在市场中的定位，并据此正确配置资源，从而形成可以持续的竞争优势。因此，本研究将通过分析上市公司在行业中的竞争优势，衡量上市公司战略目标的实现程度。

上市公司在行业的竞争优势的衡量指数变量之一为市场份额。在同一行业中，所有企业都在同一市场中争夺有限的销售机会，其中市场份额是指一家企业的销售收入在市场同类产品中所占的比重，直接反映消费者对企业所提供的商品和劳务的满意程度，表明了企业的商品在市场上所处的地位。

衡量战略是否成功的第二个指数变量是上市公司在所处行业内是否具有降低系统风险的竞争优势。学术界及实务界中反映上市公司系统风险的指标有贝塔系数、波动率和夏普系数等，其中应用范围最广的是贝塔系数。贝塔系数是对上市公司股票的系统风险的度量，它等于股票和市场之间的协方差除以市场的方差。如果上市公司的股票的贝塔系数大于1，说明该股票的系统风险比市场平均风险大。

②经营目标变量

内部控制并不是为了控制而控制，内部控制本身不是目标，它只是实现控制目标的一个过程。内部控制不能也无法在企业内单独运行，而是企业经营管理体系中的一个推动器。内部控制通过帮助企业提高确认潜在事项、评估风险和制定应对措施来减少风险发生的可能性和降低风险的影响程度，从而减少相应的成本或损失等方法提高企业的经营效率和效果。同时，通过内部控制体系，企业可以加强财务风险的管理，并提高企业财务活动的运作效率和效益，进而不断提高企业财务系统的透明度，最终主动把握企业经营的发展方向，使得企业价值最大化。因此，本研究将依据企业的经营效率和效果提升的程度检验内部控制能否帮助企业实现经营目标。从内部控制的角度而言，经营效率和效果中最具代表的两个指标为投资资本回报率和净利润率。

投资资本回报率等于息税前经营利润率乘以投资资本周转率，其中息税前经营利润率体现企业经营的效果，投资资本周转率体现企业经营的效率，因此，投资资本回报率综合反映了企业的经营和效果。迪博公司的2009年和2010年的白皮书中的研究发现投资资本回报率与内部控制水平呈显著的正相关，即内部控制越好的公司投资资本回报率越高，内部控制的加强有助于提高投资资本回报率。因此本研究选取投资资本回报率为第一个经营目标的指数变量。

本研究选取净利润率作为经营目标的第二指数变量，净利润率又称销售净利润率，是反映公司盈利能力的一项重要指标，是扣除所有成本、费用和企业所得税后的利润率，是衡量企业经营效果的指标。

③报告目标变量

合理保证财务报告及相关信息的真实完整是内部控制的基础目标之一，财务报告及相关信息是投资者、债权人及其他使用者了解企业运营状况及企业价值的渠道。加强企业财务报告的内部控制，确保财务报告的信息质量，对于提高企业的公司治理和经营管理水平、促进资本市场和市场经济健康可持续发展至关重要。财务报告相关信息的真实完整也是政府及监管层最重视的目标，美国SOX法案404条款和日本《金融商品交易法》要求审计师及企业管理层对财务报告内部控制的评价进行审计；我国的《企业内部控制基本规范》要求会计师事务所对企业内部控制的有效性进行审计，出具审计报告，并专门制定《企业内部控制审计指引》规范内部控制审计工作。

本研究从两方面选取报告目标变量，一是注册会计师发表的审计意见，二是上市公司进行的财务重述。本研究将对这些定性变量运用数学模型进行量化处理。

由于内部控制审计尚未在全部上市公司中实施，因此当前的审计意见变量主要采用财务报表审计意见，即财务报表是否在重大方面公允地反映了被审计者的财务状况、经营成果和现金流量。

财务报表审计的审计意见类型分为5种，分别是：标准的无保留意见，说明审计师认为被审计者编制的财务报表已按照适用的会计准则的规定编制并在所有重大方面公允反映了被审计者的财务状况、经营成果和现金流量；带强调事项段的无保留意见，说明审计师认为被审计者编制的财务报表符合相关会计准则的要求并在所有重大方面公允反映了被审计者的财务状况、经营成果和现金流量，但是存在需要说明的事项，如对持续经营能力产生重大疑虑及重大不确定事项等；保留意见，说明审计师认为财务报表整体是公允的，但是存在影响重大的错报；否定意见，说明审计师认为财务报表整体是不公允的或没有按照适用的会计准则的规定编制；无法表示意见，说明审计师的审计范围受到了限制，且其可能产生的影响是重大而广泛的，审计师不能获取充分的审计证据。

报告目标的第二个变量为财务重述。上市公司进行财务重述意味着前期公布的报表中存在重大会计差错，影响会计报表使用者对公司财务状况、经营成果和现金流量作出正确判断。公司内部控制制度的完善需要管理层、员工和其他利益相关者长期的努力，不可能一蹴而就。因此，前期存在的内部控制缺陷很可能延续到当期和以后各期，从而增加了财务报表出现重大错报或漏报的可能性。

④合规目标变量

上市公司作为一个社会单元，必须履行相应的责任和义务，比如，向消费者提供合格的产品与服务，遵守各种法律法规与监管要求，保证从股东和债权人处所获得的资本的安全并提供合理的回报，向公司的各种利益相关者提供决策所需的相关、可靠信息。我们熟悉的《公司法》、《会计法》、《证券法》、《企业内部控制基本规范》、《中央企业全面风险管理指引》、《企业内部控制配套指引》等这些法律、法规和规章构成了公司经营的准则，上市公司必须按照这些准则参与市场竞争，获取正当收益，履行相应义务。从某种程度上讲，有效的内部控制如同缰绳，当公司这匹骏马恣意驰骋时，它总是能掌控前进的方向和活动范围，避免公司信马由缰、误入歧途。而且，内部控制有效的公司，能够使法制、道德与诚信观念被员工高度认同，使遵纪守法和诚信经营成为一种自觉行为。因此，上市公司的合法合规目标实现的程度可以用违法违规事项及诉讼事项来衡量，用以考察内部控制的缺陷。

上市公司的公司自身及其高管的违法违规行为都说明上市公司的内部控制体系未能合理保证企业经营管理合法合规，违反了相关的法律法规，可能导致内部控制体系失效。

公司由于诉讼可能导致重大财务风险和声誉风险。诉讼之后公司往往面临着还债或清欠，对公司经营影响较大。诉讼事项可以分为两类：一类是公司主动发起的诉讼事项，另一类是公司被其他个人或者公司诉讼事项。公司主动发起的诉讼事项主要目的在于维护公司自身的权益，对内部控制有正面意义，除非从中获取内部控制重大缺陷的线索，否则主动诉讼将不作为本研究选取合规变量的依据。当公司被诉讼时，说明公司的内部控制存在缺陷，所以本研究将公司的被诉事项作为合规目标的一个变量。

⑤资产安全变量

资产安全主要是防止资产流失，这种流失可以是由于偷窃、浪费、经营的无效性，也可以是由于企业商业上简单的错误决策，如以过低的价格出售产品、没有阻止对本企业专利权的侵害行为，或者是出现未预期的负债等引起的资产流失。这里的资产既包括企业的货币资金、存货、固定资产及其他实物资产，也包括无形资产。

完善的内部控制体系能够合理保证资产安全，防止资产流失，提高资产的使用效率，优化资源的有效配置，从而实现资产的保值与增值。资产的保值增值可以通过综合考虑企业净资产的增加、为股东发放的现金红利以及为国家缴纳的税收三个方面来衡量。

（3）内部控制修正指数变量

内部控制修正指标的设定以内部控制缺陷为基础，内部控制缺陷是评价内部控制有效性的负向维度，如果内部控制的设计或运行无法合理保证内部控制目标的实现，即意味着存在内部控制缺陷。本研究中选取可能导致企业严重偏离控制目标的重大缺陷作为内部控制修正指标。常见的内部控制重大缺陷主要有以下几种情形：

①企业的财务报表已经或者很可能被注册会计师出具否定意见或者无法表示意见；

②企业董事、监事和高级管理人员已经或者涉嫌舞弊，或者

企业员工存在串谋舞弊情形并给企业造成重大损失和不利影响；

③企业在财务会计、资产管理、资本运营、信息披露、产品质量、安全生产、环境保护等方面发生重大违法违规事件和责任事故，给企业造成重大损失和不利影响，或者遭受重大行政监管处罚；

④会计师事务所在内部控制审计报告中发布的重大缺陷以及公司在内部控制自我评价报告中披露的重大缺陷。

4.3.2 内部控制指数模型设计

（1）内部控制指数变量的无量纲化处理

本研究运用标准化法无量纲化内部控制指数变量。标准化法是将上市公司的内部控制评价指标的数值与行业的平均水平对比，然后再除以标准差对数值进行无量纲化处理。采用标准化法能够反映出上市公司的内部控制水平在整个行业中所处的位置，促使内部控制指数具有横向的可比性。标准化法是属于直线型无量纲化方法，具体的方法如公式 4-1 所示：

$$y_{ij} = \frac{x_{ij} - \bar{x}_i}{s_i} \qquad i \in [1, 10] \ \& \ j \in [1, \ n] \ \& \ i, j \in N$$

$$(4-1)$$

其中：x_{ij} 为上市公司 j 所在行业中内部控制评价指标 x_i 的分值；

y_{ij} 为上市公司 j 所在行业中内部控制评价指标 x_i 的无量纲化后的数值；

$\bar{x}_i = \frac{1}{n} \sum_{j=1}^{n} x_{ij}$ 表示上市公司 j 所在行业中内部控制评价指标 x_i 的平均值；

$s_i = \sqrt{\dfrac{1}{n-1}\sum\limits_{j=1}^{n}(x_{ij}-\bar{x}_i)^2}$ 表示上市公司 j 所在行业中内部

控制评价指标 x_i 标准差。

在内部控制指数的计算过程中，本研究将某一行业参与评价的所有上市公司视为一个整体，在内部控制指数的计算过程中，样本量为上市公司 j 所在行业内所有参与评价的上市公司，$\bar{x}_i$ 和 s_i 分别为行业内所有参与评价的上市公司的平均值和标准差。

（2）内部控制指数模型

在指数的构建过程中，用主成分分析法可以避免主观赋权重的问题，但是，这种以数据自身特征确定的权重也会带来一个弊端，即随着时间的推移和数据的变化，各因素的权重将发生变化，这将导致最后计算出来的指数不具纵向的可比性。樊纲和王小鲁（2006）研究发现，当指标体系中含有较多的变量，所包含的信息比较充分的情况下，采用主成分分析法和算术平均法计算的结果非常接近。因此，本研究中将直接采用算术平均法计算指数变量的权重。

依据上述步骤中选取的内部控制指数变量、内部控制指数变量无量纲化后的数值以及利用算术平均法得出的权重，本研究将建立适用于我国上市公司的内部控制综合评价模型，并根据模型计算上市公司的内部控制指数，具体的综合评价模型如公式 4 - 2 所示：

$$ICI = \sum_{k=1}^{2}Strategy_k + \sum_{k=1}^{2}Operation_k + \sum_{k=1}^{2}Reporting_k +$$

$$\sum_{k=1}^{2}Compliance_k + Assetsafe - Correction \qquad (4-2)$$

其中：ICI 为上市公司的内部控制指数；

Strategy 为上市公司的战略指数；

Operation 为上市公司的经营指数；

Reporting 为上市公司的报告指数；

Compliance 为上市公司的合规指数；

Assetsafe 为上市公司的资产安全指数；

Correction 为上市公司的修正指数。

第五章 内部控制指数实证分析

为验证内部控制指数的有效性，本研究以 2009 年 1 月 1 日之前在沪交所和深交所上市的 A 股公司作为实证分析的样本，以 2009 年的数据计算上市公司 2009 年内部控制指数。本研究选取截止自 2009 年 1 月 1 日之前在沪深上市的 A 股公司，共 1602 家；剔除无法通过公开资料获得其 2009 年的财务报表及所需数据，包括 2009 年 1 月至 2009 年 12 月 31 日期间退市的上市公司 5 家，和 2010 年 2 月 12 日退市的上实药业（600607）、中西药业（600840）、＊ST 上航（600591）3 家上市公司，获得最终的样本量为 1594 家。本研究的数据来自于 CSMAR 数据库、Wind 数据库和 CCER 数据库，上市公司的违法违规事项、诉讼事项和财务报表重述数据通过手工搜集获得。本研究采用 Stata11 软件分析与整理数据，得出 2009 年上市公司内部控制指数。

5.1 内部控制指数描述性统计

5.1.1 上市公司内部控制整体水平

本研究中的内部控制指数的取值范围为 [0，1000]，上市公司内部控制指数中，内部控制指数的最大值为 990.42，最小值为 0。上市公司整体的内部控制指数分布的散点图如图 5-1 所示，上市公司的内部控制指数分布以 700 为中轴线，呈上下波动的趋势，大部分上市公司的内部控制指数落在［600，800］的区间之内。

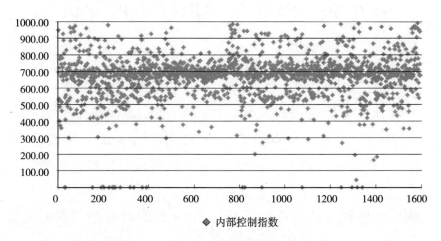

图 5-1 上市公司内部控制指数分布图

上市公司内部控制指数的直方图及正态分布图如图 5-2 所示，上市公司的内部控制指数集中分布在［600，700］和［700，800］之间，总体的指数呈现出正态分布的趋势。

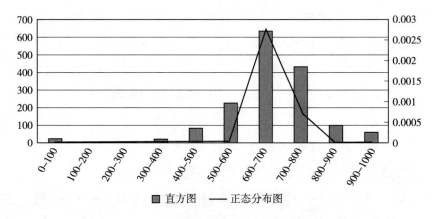

图 5-2 上市公司内部控制指数直方图及正态分布

本研究将上市公司的内部控制水平分为 5A 级、4A 级、3A
级、2A 级和 1A 级；内部控制指数大于或等于 900 分，则将上
市公司的内部控制水平评为 5A 级；内部控制指数大于或等于
800 且小于 900，则将上市公司的内部控制水平评为 4A 级；内
部控制指数大于或等于 700 且小于 800，则将上市公司的内部控
制水平评为 3A 级；内部控制指数大于或等于 600 且小于 700，
则将上市公司的内部控制水平评为 2A 级；内部控制指数大于或
等于 300 且小于 600，则将上市公司的内部控制水平评为 1A 级；
内部控制指数小于 300，则将上市公司的内部控制水平列入无 A
级。按照此类标准划分，内部控制水平为 5A 级的上市公司为 63
家，占总样本的 3.95％；内部控制水平为 4A 级的上市公司为
98 家，占总样本的 6.15％；内部控制水平为 3A 级的上市公司
为 432 家，占总样本的 27.10％；内部控制水平为 2A 级的上市
公司为 635 家，占总样本的 39.84％；内部控制水平为 1A 级的

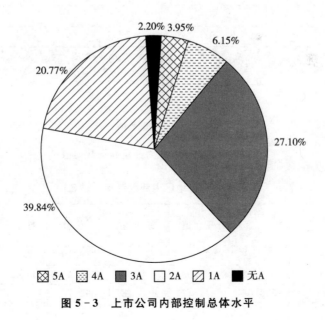

图 5 - 3 上市公司内部控制总体水平

上市公司为331家，占总样本的20.77%，内部控制水平为无A级的上市公司为35家，占总样本的2.20%。具体情况如图5-3所示。

5.1.2 分地区的内部控制指数排名

由于各地区的经济发展水平及监管力度存在差异，所以各个地区的上市公司的内部控制水平存在着显著的差异。图5-4为各地区内部控制指数均值的折线图，表5-1为各个地区依据内部控制指数均值的排行榜，其中，排名前三位的分别为北京市、上海市和安徽省。

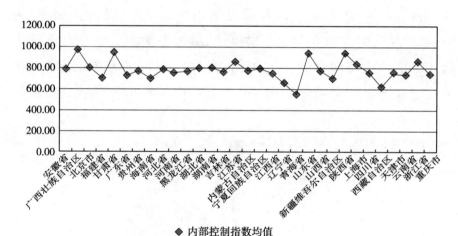

◆ 内部控制指数均值

图5-4 各地区的内部控制指数均值

表5-1 分地区内部控制指数排名

地区排名	省份	内部控制指数	最大值	最小值	中位数	标准差	样本量
1	北京市	718.79	990.42	345.31	712.90	134.96	113
2	上海市	695.03	986.98	0.00	696.08	146.41	151
3	安徽省	693.66	841.17	495.18	698.78	72.23	55

续表

地区排名	省份	内部控制指数	最大值	最小值	中位数	标准差	样本量
4	内蒙古自治区	692.79	918.21	512.08	689.35	91.03	18
5	江西省	690.28	897.61	549.25	688.77	89.76	26
6	贵州省	684.60	972.11	202.76	708.79	158.15	18
7	浙江省	684.29	932.37	195.75	689.70	89.58	128
8	福建省	677.93	903.52	314.56	696.69	100.92	53
9	山东省	675.96	984.41	0.00	690.62	162.13	94
10	江苏省	674.33	961.91	0.00	687.39	125.43	117
11	河北省	670.61	912.36	377.79	678.67	108.36	31
12	云南省	663.18	905.54	363.68	680.19	100.69	26
13	新疆维吾尔自治区	662.55	942.94	474.76	676.27	97.72	32
14	辽宁省	661.08	968.40	380.58	678.56	112.23	50
15	湖北省	655.99	912.71	0.00	683.10	135.88	61
16	广东省	653.34	978.95	0.00	688.39	171.21	200
17	吉林省	652.15	906.96	409.00	667.01	109.11	32
18	四川省	650.86	955.55	45.05	688.09	136.92	66
19	湖南省	649.66	940.40	303.78	667.27	125.44	48
20	河南省	646.43	864.39	0.00	682.26	136.78	39
21	天津市	640.30	845.12	379.33	662.66	111.98	29
22	广西壮族自治区	635.94	876.56	390.30	667.26	115.71	25
23	山西省	630.68	957.45	0.00	676.76	167.38	29
24	西藏自治区	619.82	690.05	521.77	656.92	74.22	8
25	甘肃省	599.53	795.44	296.64	660.54	139.98	20
26	宁夏回族自治区	596.79	754.79	0.00	655.75	209.03	11
27	黑龙江省	595.46	958.43	0.00	639.02	218.13	26
28	陕西省	589.71	758.59	270.47	654.88	135.02	30

续表

地区排名	省份	内部控制指数	最大值	最小值	中位数	标准差	样本量
29	海南省	581.82	818.28	0.00	659.33	184.01	20
30	重庆市	574.57	887.59	0.00	667.25	251.71	28
31	青海省	548.31	809.73	185.59	564.47	201.11	10

为了更加清晰地展示各地区的上市公司内部控制水平的状况，本研究列出各地区中内部控制指数排名前十的公司。由于有些省份的上市公司数量较少，所以当该省（市、自治区）的上市公司的数量少于 15 家时，对该省（市、自治区）只评内部控制水平的前五强。

安徽省内部控制水平前十强为：马钢股份、海螺水泥、江淮汽车、合肥三洋、海螺型材、中鼎股份、铜陵有色、皖通高速、黄山旅游和合肥百货，具体情况如图 5-5 所示：

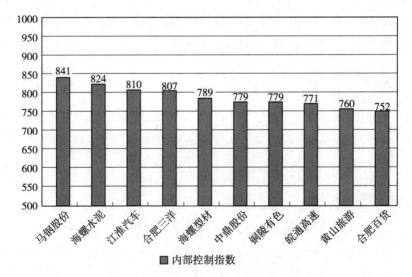

图 5-5　安徽省内部控制水平前十强

北京市内部控制水平前十强为：中国石油、中国石化、华能国际、中国铁建、工商银行、中国南车、中国中铁、建设银行、中国银行和大唐发电，具体情况如图5-6所示。

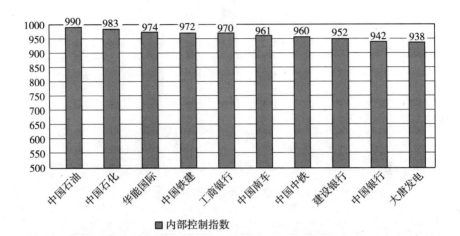

图5-6　北京市内部控制水平前十强

福建省内部控制水平前十强为：建发股份、厦门国贸、福耀玻璃、七匹狼、福建高速、厦门信达、金龙汽车、法拉电子、厦门钨业和阳光城，具体情况如图5-7所示。

甘肃省内部控制水平前十强为：国投电力、亚盛集团、酒钢宏兴、华天科技、兰州黄河、三毛派神、靖远煤电、兰州民百、独一味和莫高股份，具体情况如图5-8所示。

广东省内部控制水平前十强为：格力电器、中兴通讯、TCL集团、美的电器、万科A、保利地产、华侨城A、招商地产、金地集团和华润三九，具体情况如图5-9所示。

广西壮族自治区内部控制水平前十强为：桂冠电力、柳工、柳钢股份、中恒集团、南宁糖业、贵糖股份、柳化股份、桂林旅游、阳光股份和银河科技，具体情况如图5-10所示。

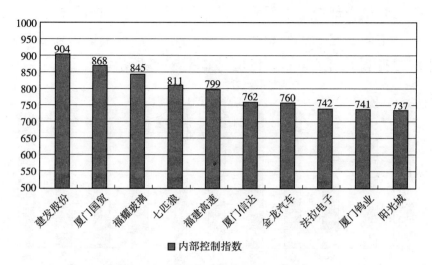

图 5－7　福建省内部控制水平前十强

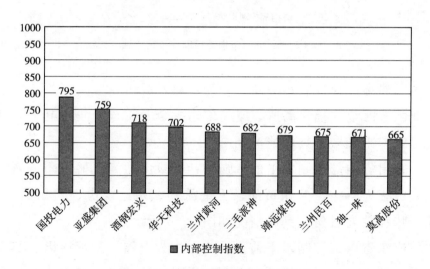

图 5－8　甘肃省内部控制水平前十强

　　贵州省内部控制水平前十强为：贵州茅台、黔轮胎 A、中天城投、振华科技、益佰制药、黔源电力、中航重机、赤天化、贵航股份和航天电器，具体情况如图 5－11 所示。

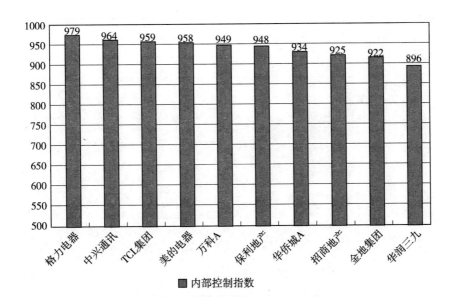

图 5-9　广东省内部控制水平前十强

　　海南省内部控制水平前十强为：华闻传媒、罗牛山、海南椰岛、新大洲A、海南海药、珠江控股、海南航空、海南高速、海德股份和正和股份，具体情况如图5-12所示。

　　河北省内部控制水平前十强为：河北钢铁、冀东水泥、新兴铸管、凌云股份、天威保变、荣盛发展、常山股份、冀中能源、承德露露和沧州明珠，具体情况如图5-13所示。

　　河南省内部控制水平前十强为：华兰生物、宇通客车、安阳钢铁、中原高速、风神股份、平高电气、瑞贝卡、神马实业、新野纺织和同力水泥，具体情况如图5-14所示。

　　黑龙江省内部控制水平前十强为：北大荒、S佳通、三精制药、哈药股份、恒丰纸业、航天科技、哈飞股份、大庆华科、亿阳信通和东安动力，具体情况如图5-15所示。

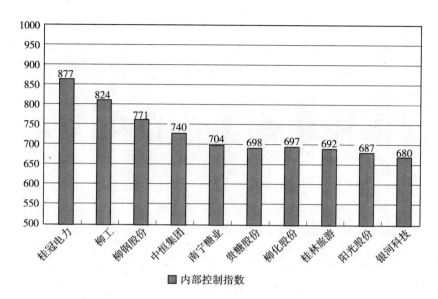

图 5-10　广西壮族自治区内部控制水平前十强

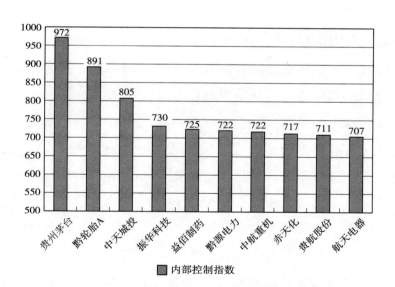

图 5-11　贵州省内部控制水平前十强

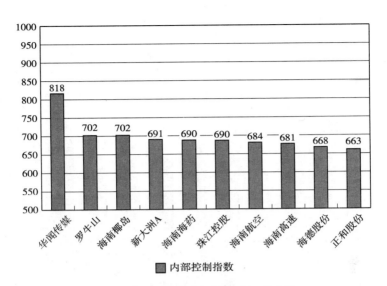

图 5-12　海南省内部控制水平前十强

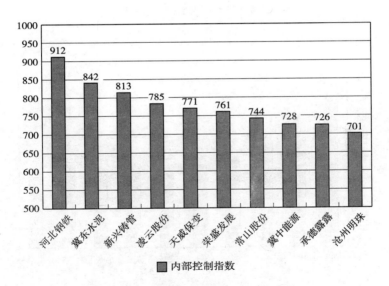

图 5-13　河北省内部控制水平前十强

　　湖北省内部控制水平前十强为：葛洲坝、武钢股份、华工科技、湖北宜化、东风汽车、烽火通信、华新水泥、武汉凡谷、武汉中百和鄂武商 A，具体情况如图 5-16 所示。

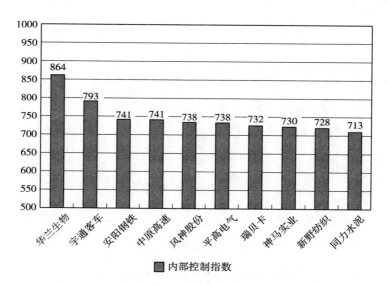

图 5-14 河南省内部控制水平前十强

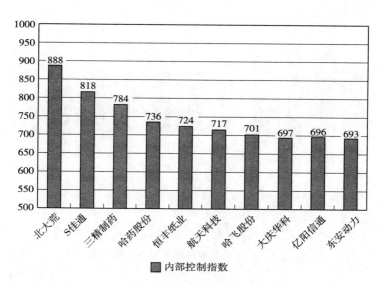

图 5-15 黑龙江省内部控制水平前十强

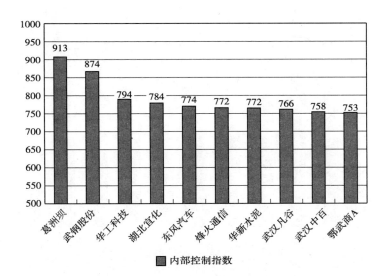

图 5-16　湖北省内部控制水平前十强

湖南省内部控制水平前十强为：中联重科、三一重工、嘉凯城、电广传媒、华菱钢铁、现代投资、南岭民爆、湘电股份、拓维信息和华银电力，具体情况如图 5-17 所示。

吉林省内部控制水平前十强为：亚泰集团、一汽轿车、吉林敖东、苏宁环球、启明信息、欧亚集团、一汽富维、领先科技、吉电股份和长春高新，具体情况如图 5-18 所示。

江苏省内部控制水平前十强为：苏宁电器、恒瑞医药、宁沪高速、黑牡丹、S 仪化、徐工机械、中材国际、中天科技、悦达投资和国电南瑞，具体情况如图 5-19 所示。

江西省内部控制水平前十强为：江西铜业、江铃汽车、赣粤高速、天音控股、洪都航空、江中药业、新钢股份、黑猫股份、赣能股份和江西水泥，具体情况如图 5-20 所示。

辽宁省内部控制水平前十强为：国电电力、东北制药、鞍钢股份、东软集团、獐子岛、辽宁成大、亿城股份、辽通化工、大杨创世和大连友谊，具体情况如图 5-21 所示。

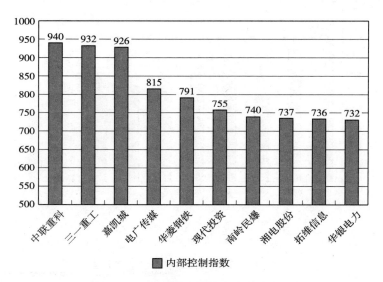

图 5-17　湖南省内部控制水平前十强

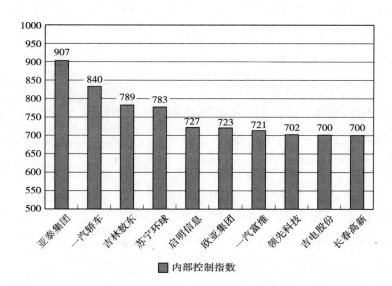

图 5-18　吉林省内部控制水平前十强

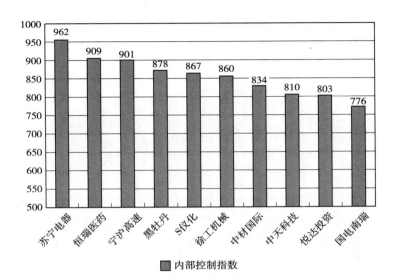

图 5 - 19 江苏省内部控制水平前十强

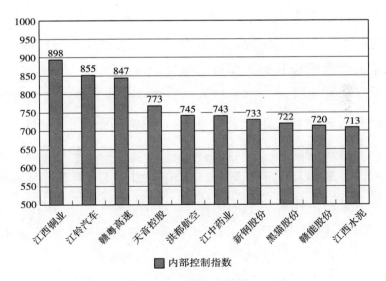

图 5 - 20 江西省内部控制水平前十强

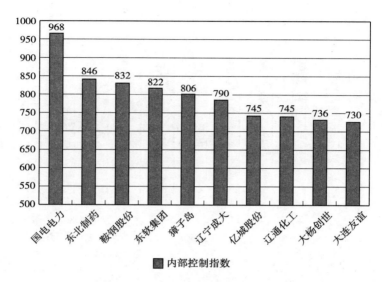

图 5 - 21　辽宁省内部控制水平前十强

内蒙古自治区内部控制水平前十强为：鄂尔多斯、远兴能源、内蒙华电、亿利能源、北方股份、兰太实业、平庄能源、北方创业、西水股份和露天煤业，具体情况如图 5-22 所示。

宁夏回族自治区内部控制水平前五强为：赛马实业、新华百货、英力特、美利纸业和宁夏恒力，具体情况如图 5-23 所示。

青海省内部控制水平前五强为：盐湖钾肥、盐湖集团、西部矿业、青海华鼎和西宁特钢，具体情况如图 5-24 所示。

山东省内部控制水平前十强为：青岛啤酒、海信电器、潍柴动力、山东高速、青岛海尔、华电国际、晨鸣纸业、华泰股份、烟台万华和鲁泰 A，具体情况如图 5-25 所示。

山西省内部控制水平前十强为：大秦铁路、太钢不锈、兰花科创、山西汾酒、山煤国际、太原重工、潞安环能、国阳新能、太工天成和鲁润股份，具体情况如图 5-26 所示。

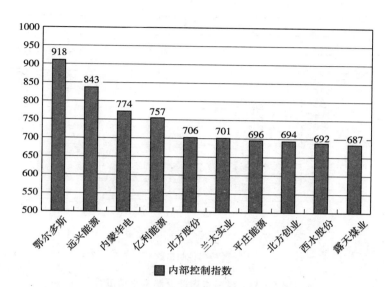

图 5 - 22 内蒙古自治区内部控制水平前十强

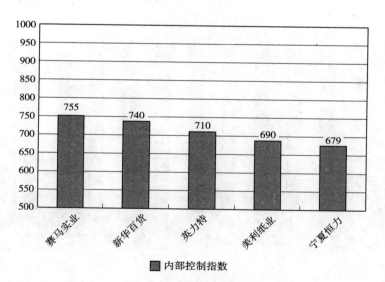

图 5 - 23 宁夏回族自治区内部控制水平前五强

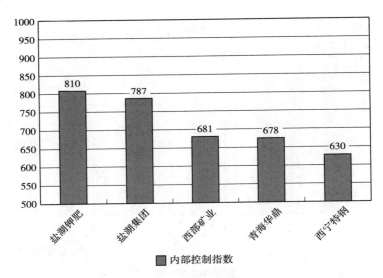

图 5 - 24 青海省内部控制水平前五强

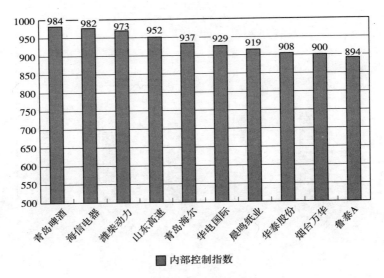

图 5 - 25 山东省内部控制水平前十强

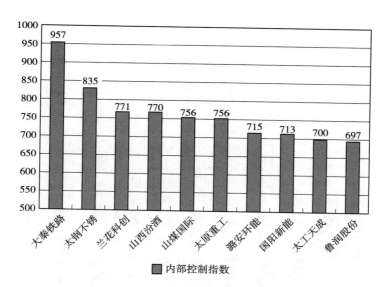

图 5－26　山西省内部控制水平前十强

陕西省内部控制水平前十强为：西飞国际、航空动力、开元控股、陕天然气、西部材料、兴化股份、延长化建、秦川发展、宝光股份和航天动力，具体情况如图 5－27 所示。

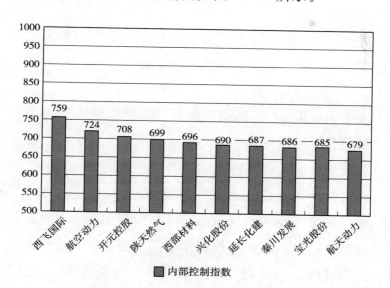

图 5－27　陕西省内部控制水平前十强

上海市内部控制水平前十强为：S 上石化、华域汽车、宝钢股份、上海汽车、中国联通、复星医药、中国船舶、紫江企业、老凤祥和上港集团，具体情况如图 5－28 所示。

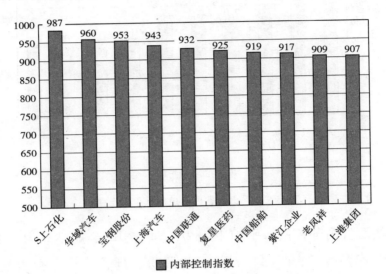

图 5－28　上海市内部控制水平前十强

四川省内部控制水平前十强为：四川长虹、五粮液、泸州老窖、通威股份、东方电气、博瑞传播、中铁二局、新希望、泸天化和水井坊，具体情况如图 5－29 所示。

天津市内部控制水平前十强为：泰达股份、天士力、天津港、中新药业、创业环保、中海油服、海油工程、一汽夏利、中储股份和天房发展，具体情况如图 5－30 所示。

西藏自治区内部控制水平前五强为：五洲明珠、西藏旅游、西藏发展、西藏药业和西藏天路，具体情况如图 5－31 所示。

新疆维吾尔自治区内部控制水平前十强为：特变电工、广汇股份、天山股份、金风科技、新农开发、青松建化、美克股份、中泰化学、国统股份和天康生物，具体情况如图 5－32 所示。

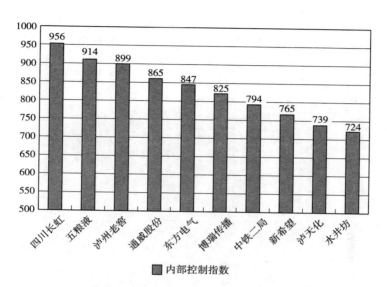

图 5-29 四川省内部控制水平前十强

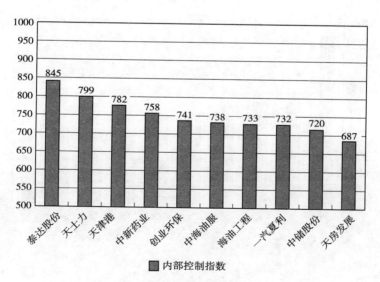

图 5-30 天津市内部控制水平前十强

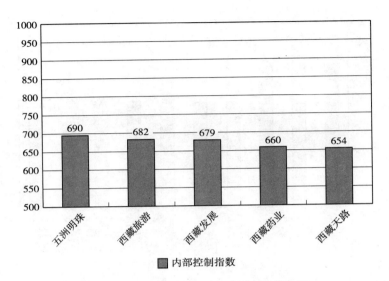

图 5-31 西藏自治区内部控制水平前五强

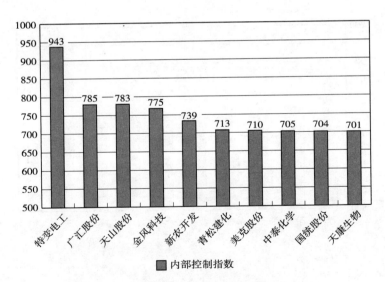

图 5-32 新疆维吾尔自治区内部控制水平前十强

云南省内部控制水平前十强为：云南白药、云天化、云南铜业、云南城投、云维股份、丽江旅游、昆明制药、南天信息、名流置业和昆明机床，具体情况如图 5 - 33 所示。

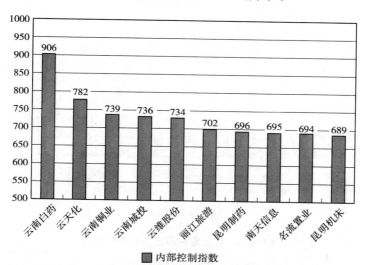

图 5 - 33　云南省内部控制水平前十强

浙江省内部控制水平前十强为：新和成、雅戈尔、浙江医药、新湖中宝、浙江龙盛、华东医药、报喜鸟、海正药业、新安股份和天马股份，具体情况如图 5 - 34 所示。

重庆市内部控制水平前十强为：长安汽车、重庆百货、重庆啤酒、建峰化工、宗申动力、太极集团、华邦制药、渝三峡 A、中国嘉陵和三峡水利，具体情况如图 5 - 35 所示。

5.1.3　分行业的内部控制指数排名

不同行业由于经营方式、生产的产品或提供的服务等方面的差异性较大，所以不同行业的上市公司的内部控制水平存在着差异。图 5 - 36 为各行业内部控制指数均值的折线图，表 5 - 2 为各个地区依据内部控制指数均值的排行榜，其中，排名前三的分别为金融业、建筑业和采掘业。

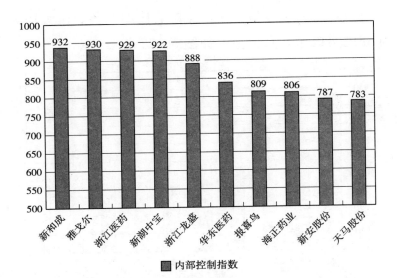

图 5 - 34　浙江省内部控制水平前十强

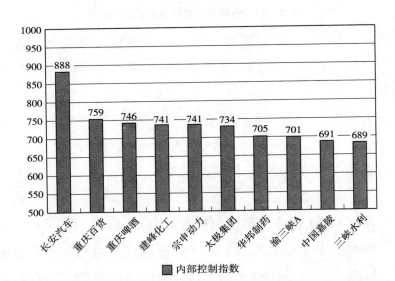

图 5 - 35　重庆市内部控制水平前十强

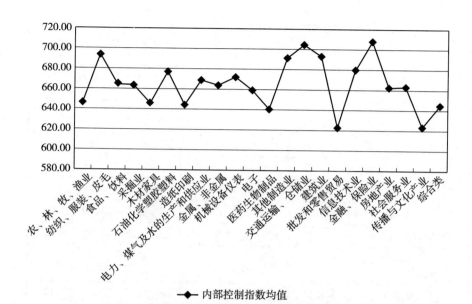

◆ 内部控制指数均值

图 5-36 各行业的内部控制指数均值

表 5-2 分行业内部控制指数排名

行业排名	行业	内部控制指数均值	最大值	最小值	中位数	标准差	样本量
1	金融、保险业	708.03	970.13	488.59	691.55	104.95	29
2	建筑业	703.38	971.80	457.61	687.47	115.34	31
3	采掘业	693.48	990.42	409.59	686.88	106.60	39
4	交通运输、仓储业	692.17	957.45	379.33	691.64	101.56	64
5	电力、煤气及水的生产和供应业	691.05	974.16	498.60	683.87	107.41	66
6	批发和零售贸易	678.55	961.91	298.96	690.00	113.22	101
7	造纸印刷	676.60	919.00	409.00	691.53	113.78	30
8	机械设备仪表	671.82	978.95	0.00	685.96	118.62	244
9	电子	669.04	981.80	314.56	688.24	115.25	72
10	食品、饮料	664.70	984.41	296.64	686.54	117.33	67

行业排名	行业	内部控制指数均值	最大值	最小值	中位数	标准差	样本量
11	纺织、服装、皮毛	663.51	929.88	0.00	688.43	147.16	61
12	社会服务业	663.44	952.47	0.00	672.38	151.81	49
13	金属、非金属	663.44	952.88	0.00	690.15	138.99	132
14	房地产业	663.07	949.45	0.00	675.60	140.81	102
15	医药生物制品	659.55	958.43	0.00	681.79	171.87	98
16	农、林、牧、渔业	646.13	890.50	0.00	659.91	165.78	32
17	木材家具	645.72	767.81	477.65	673.97	113.50	7
18	综合类	644.62	922.22	0.00	687.50	182.42	66
19	石油化学塑胶塑料	644.58	986.98	0.00	677.68	143.76	174
20	其他制造业	640.03	908.87	0.00	684.01	217.28	14
21	信息技术业	623.48	964.03	0.00	692.38	208.44	101
22	传播与文化产业	623.38	825.01	0.00	677.40	207.87	15

为了更加清晰地展示各行业的上市公司的内部控制水平的状况，本研究列出各行业中内部控制指数排名前十的公司。由于有些行业的上市公司数量较少，所以当该行业的上市公司的数量少于15家时，对该行业只评内部控制水平的前5强。各行业的内部控制水平的前10（或5）强的具体情况如图5-36至图5-57所示，其中行业的分类依据证监会的行业分类标准，制造业按二级分类，其他行业都为一级分类：

农、林、牧、渔业的内部控制水平前十强为：顺鑫农业、北大荒、通威股份、獐子岛、开创国际、亚盛集团、登海种业、新农开发、隆平高科和中福实业。具体情况如图5-37所示。

采掘业的内部控制水平前十强为：中国石油、中国石化、中

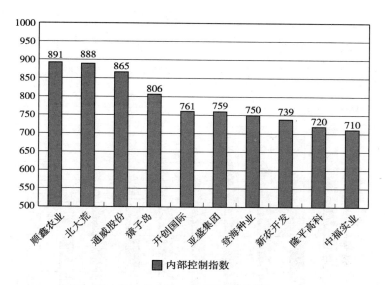

图5-37 农、林、牧、渔业内部控制水平前十强

国神华、中煤能源、兰花科创、山煤国际、中海油服、中金黄金、海油工程和山东黄金。具体情况如图5-38所示。

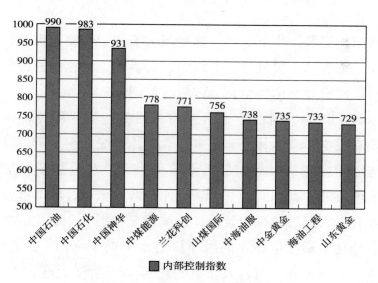

图5-38 采掘业内部控制水平前十强

131

食品、饮料业的内部控制水平前十强为：青岛啤酒、贵州茅台、五粮液、泸州老窖、山西汾酒、新希望、燕京啤酒、重庆啤酒、广弘控股和安琪酵母。具体情况如图5-39所示。

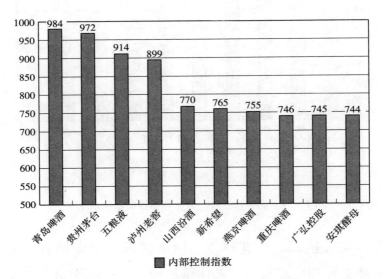

图5-39 食品、饮料业内部控制水平前十强

纺织、服装、皮毛业的内部控制水平前十强为：雅戈尔、鄂尔多斯、鲁泰A、黑牡丹、七匹狼、报喜鸟、杉杉股份、申达股份、航民股份和常山股份。具体情况如图5-40所示。

木材家具业的内部控制水平前五强为：大亚科技、宜华木业、美克股份、升达林业和兔宝宝。具体情况如图5-41所示。

造纸印刷业的内部控制水平前十强为：晨鸣纸业、华泰股份、太阳纸业、劲嘉股份、山鹰纸业、博汇纸业、恒丰纸业、岳阳纸业、合兴包装和贵糖股份。具体情况如图5-42所示。

石油化学塑胶塑料业的内部控制水平前十强为：S上石化、新和成、紫江企业、烟台万华、黔轮胎A、浙江龙盛、S仪化、上海家化、双钱股份和远兴能源。具体情况如图5-43所示。

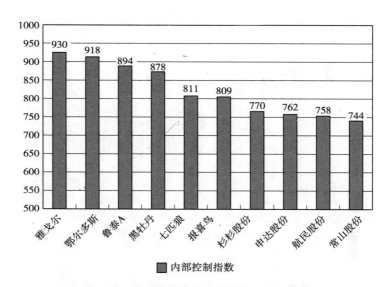

图 5-40　纺织、服装、皮毛业内部控制水平前十强

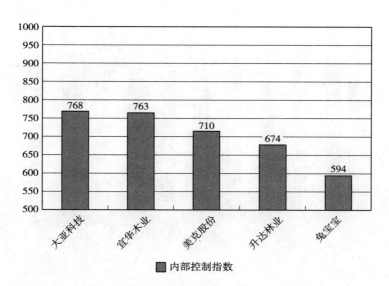

图 5-41　木材家具业内部控制水平前五强

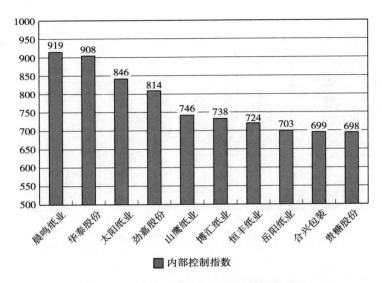

表 5 - 42   造纸印刷业内部控制水平前十强

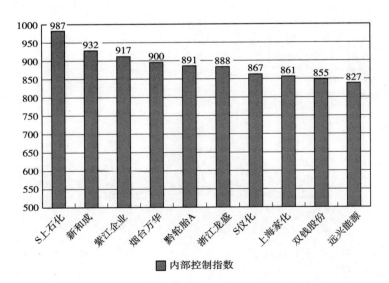

图 5 - 43   石油化学塑胶塑料业内部控制水平前十强

电子业的内部控制水平前十强为：海信电器、TCL 集团、四川长虹、生益科技、合肥三洋、华工科技、莱宝高科、大华股份、浙江阳光和超声电子。具体情况如图 5-44 所示。

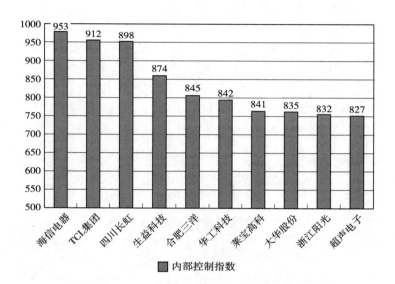

图 5-44　电子业内部控制水平前十强

金属非金属业的内部控制水平前十强为：宝钢股份、河北钢铁、江西铜业、武钢股份、福耀玻璃、冀东水泥、马钢股份、太钢不锈、鞍钢股份和中集集团。具体情况如图 5-45 所示。

机械设备仪表业的内部控制水平前十强为：格力电器、潍柴动力、中国南车、华域汽车、美的电器、特变电工、上海汽车、中联重科、青岛海尔和三一重工。具体情况如图 5-46 所示。

医药生物制品业的内部控制水平前十强为：浙江医药、复星医药、恒瑞医药、云南白药、华润三九、华兰生物、健康元、东北制药、上海医药和双鹤药业。具体情况如图 5-47 所示。

其他制造业的内部控制水平前五强为：老凤祥、安泰科技、长园集团、伟星股份和中科英华。具体情况如图 5-48 所示。

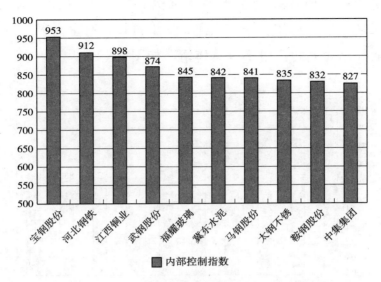

图 5-45　金属非金属业内部控制水平前十强

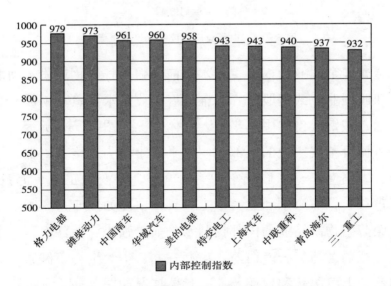

图 5-46　机械设备仪表业内部控制水平前十强

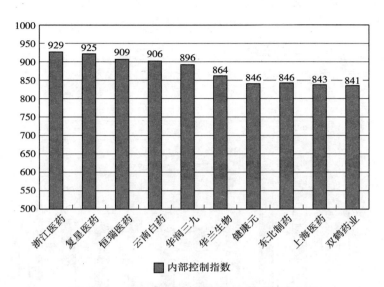

图 5 - 47 医药生物制品业内部控制水平前十强

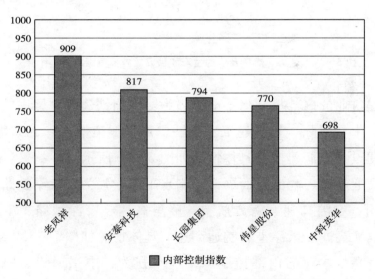

图 5 - 48 其他制造业内部控制水平前五强

电力、煤气及水的生产和供应业的内部控制水平前十强为：华能国际、国电电力、大唐发电、华电国际、深圳能源、申能股份、长江电力、粤电力 A、国投电力和上海电力。具体情况如图 5－49 所示。

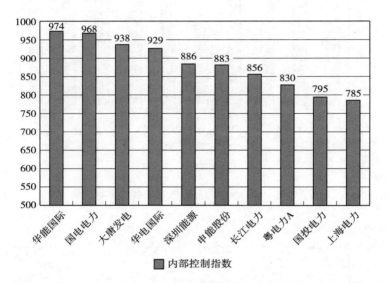

图 5－49　电力、煤气及水的生产和供应业内部控制水平前十强

建筑业的内部控制水平前十强为：中国铁建、中国中铁、葛洲坝、中材国际、上海建工、中铁二局、隧道股份、北京城建、路桥建设和宏润建设。具体情况如图 5－50 所示。

交通运输、仓储业的内部控制水平前十强为：大秦铁路、上港集团、宁沪高速、南方航空、赣粤高速、广深铁路、中国国航、福建高速、天津港和皖通高速。具体情况如图 5－51 所示。

信息技术业的内部控制水平前十强为：中兴通讯、中国联通、长城电脑、航天信息、用友软件、同方股份、东软集团、中天科技、电子城和长城开发。具体情况如图 5－52 所示。

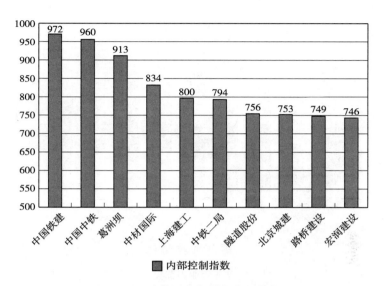

图 5 - 50   建筑业内部控制水平前十强

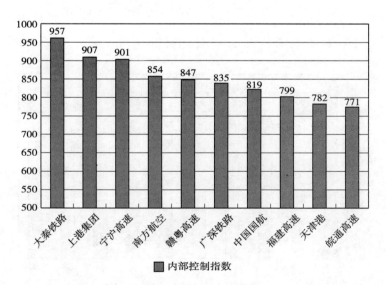

图 5 - 51   交通运输、仓储业内部控制水平前十强

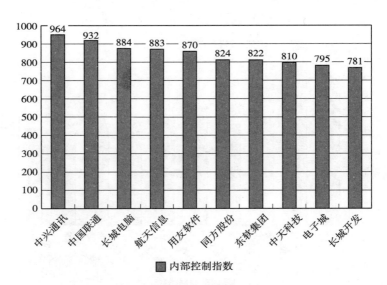

图 5 - 52　信息技术业内部控制水平前十强

批发和零售贸易业的内部控制水平前十强为：苏宁电器、建发股份、友谊股份、中化国际、厦门国贸、王府井、百联股份、华东医药、美邦服饰和五矿发展。具体情况如图 5 - 53 所示。

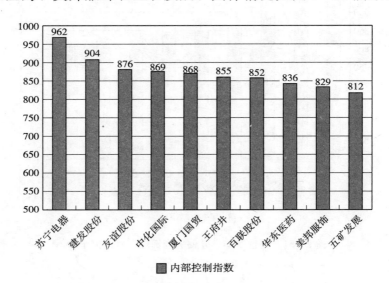

图 5 - 53　批发和零售贸易业内部控制水平前十强

　　金融、保险业的内部控制水平前十强为：工商银行、建设银行、中国银行、中国人寿、交通银行、中信银行、民生银行、招商银行、中国平安和浦发银行。具体情况如图 5-54 所示。

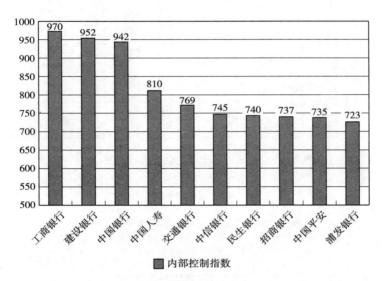

图 5-54　金融、保险业内部控制水平前十强

　　房地产业的内部控制水平前十强为：万科 A、保利地产、嘉凯城、招商地产、金地集团、陆家嘴、金融街、首开股份、外高桥和信达地产。具体情况如图 5-55 所示。

　　社会服务业的内部控制水平前十强为：山东高速、华侨城 A、大众交通、桂冠电力、中青旅、首创股份、锦江股份、黄山旅游、锦江投资和创业环保。具体情况如图 5-56 所示。

　　传播与文化产业的内部控制水平前五强为：博瑞传播、华闻传媒、电广传媒、歌华有线和时代出版。具体情况如图 5-57 所示。

　　综合类的内部控制水平前十强为：新湖中宝、亚泰集团、张江高科、泰达股份、东方明珠、银座股份、中信国安、中天城投、悦达投资和宁波联合。具体情况如图 5-58 所示。

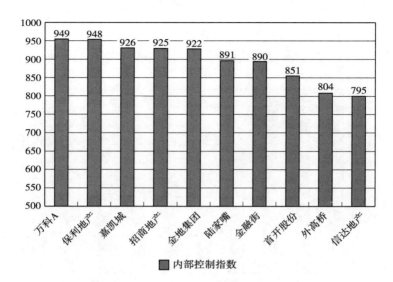

图 5-55 房地产业内部控制水平前十强

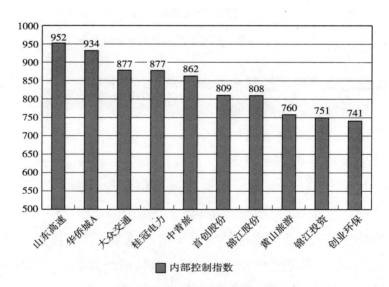

图 5-56 社会服务业内部控制水平前十强

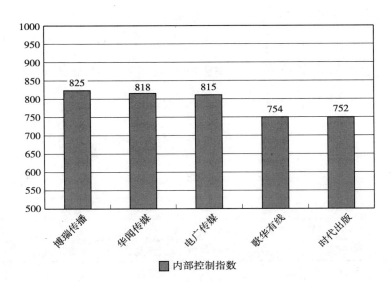

图 5-57　传播与文化产业内部控制水平前五强

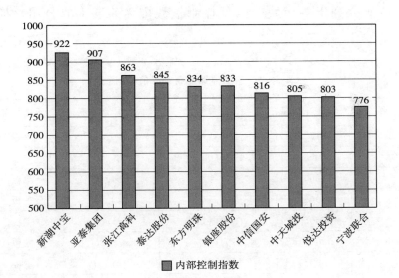

图 5-58　综合类内部控制水平前十强

5.1.4 分板块的内部控制指数排名

由于主板和中小板的公司规模之间存在差异，所以各个板块的上市公司的内部控制水平存在着显著的差异，如表5-3所示，中小板的上市公司的内部控制指数均值略高于主板的上市公司。

表5-3 分板块的内部控制指数均值

板块	内部控制指数均值	最大值	最小值	中位数	标准差	样本量
主板	661.50	990.42	0.00	684.75	151.82	1321
中小板	677.34	961.91	295.47	690.61	76.79	273
总计	664.22	990.42	0.00	686.23	141.92	1594

为了更加清晰地展示各板块的上市公司的内部控制水平的状况，本研究列出各板块中内部控制指数排名前五十的公司，如表5-4和表5-5所示。

表5-4 主板内部控制水平前50强

板块排名	证券代码	证券简称	内部控制指数	所属板块
1	601857.SH	中国石油	990.42	主板
2	600688.SH	S上石化	986.98	主板
3	600600.SH	青岛啤酒	984.41	主板
4	600028.SH	中国石化	983.43	主板
5	600060.SH	海信电器	981.80	主板
6	000651.SZ	格力电器	978.95	主板
7	600011.SH	华能国际	974.16	主板
8	000338.SZ	潍柴动力	972.78	主板
9	600519.SH	贵州茅台	972.11	主板
10	601186.SH	中国铁建	971.80	主板
11	601398.SH	工商银行	970.13	主板

续表

板块排名	证券代码	证券简称	内部控制指数	所属板块
12	600795.SH	国电电力	968.40	主板
13	000063.SZ	中兴通讯	964.03	主板
14	601766.SH	中国南车	960.66	主板
15	600741.SH	华域汽车	960.34	主板
16	601390.SH	中国中铁	959.72	主板
17	000100.SZ	TCL 集团	958.97	主板
18	000527.SZ	美的电器	958.26	主板
19	601006.SH	大秦铁路	957.45	主板
20	600839.SH	四川长虹	955.55	主板
21	600019.SH	宝钢股份	952.88	主板
22	600350.SH	山东高速	952.47	主板
23	601939.SH	建设银行	951.83	主板
24	000002.SZ	万科 A	949.45	主板
25	600048.SH	保利地产	947.86	主板
26	600089.SH	特变电工	942.94	主板
27	600104.SH	上海汽车	942.61	主板
28	601988.SH	中国银行	941.72	主板
29	000157.SZ	中联重科	940.40	主板
30	601991.SH	大唐发电	938.49	主板
31	600690.SH	青岛海尔	937.23	主板
32	000069.SZ	华侨城 A	933.55	主板
33	600050.SH	中国联通	932.33	主板
34	600031.SH	三一重工	931.82	主板
35	601088.SH	中国神华	931.41	主板
36	600177.SH	雅戈尔	929.88	主板
37	600027.SH	华电国际	929.17	主板
38	600216.SH	浙江医药	928.70	主板
39	000918.SZ	嘉凯城	925.79	主板
40	600196.SH	复星医药	925.47	主板

续表

板块排名	证券代码	证券简称	内部控制指数	所属板块
41	000024.SZ	招商地产	925.15	主板
42	600383.SH	金地集团	922.26	主板
43	600208.SH	新湖中宝	922.22	主板
44	600150.SH	中国船舶	919.30	主板
45	000488.SZ	晨鸣纸业	919.00	主板
46	600295.SH	鄂尔多斯	918.21	主板
47	600210.SH	紫江企业	916.95	主板
48	000858.SZ	五粮液	914.17	主板
49	600068.SH	葛洲坝	912.71	主板
50	000709.SZ	河北钢铁	912.36	主板

表 5-5 中小板内部控制水平前 50 强

板块排名	证券代码	证券简称	内部控制指数	所属板块
1	002024.SZ	苏宁电器	961.91	中小板
2	002001.SZ	新和成	932.37	中小板
3	002007.SZ	华兰生物	864.39	中小板
4	002078.SZ	太阳纸业	845.52	中小板
5	002028.SZ	思源电气	831.10	中小板
6	002269.SZ	美邦服饰	829.38	中小板
7	002191.SZ	劲嘉股份	813.85	中小板
8	002029.SZ	七匹狼	810.66	中小板
9	002154.SZ	报喜鸟	808.53	中小板
10	002069.SZ	獐子岛	805.88	中小板
11	002122.SZ	天马股份	783.36	中小板
12	002202.SZ	金风科技	774.82	中小板
13	002244.SZ	滨江集团	770.37	中小板
14	002003.SZ	伟星股份	770.22	中小板
15	002194.SZ	武汉凡谷	766.32	中小板
16	002106.SZ	莱宝高科	765.86	中小板
17	002236.SZ	大华股份	763.78	中小板

续表

板块排名	证券代码	证券简称	内部控制指数	所属板块
18	002152.SZ	广电运通	762.90	中小板
19	002146.SZ	荣盛发展	760.56	中小板
20	002065.SZ	东华软件	759.30	中小板
21	002215.SZ	诺普信	756.39	中小板
22	002038.SZ	双鹭药业	753.52	中小板
23	002080.SZ	中材科技	752.55	中小板
24	002032.SZ	苏泊尔	751.62	中小板
25	002187.SZ	广百股份	750.63	中小板
26	002041.SZ	登海种业	749.82	中小板
27	002045.SZ	广州国光	748.27	中小板
28	002062.SZ	宏润建设	745.92	中小板
29	002073.SZ	软控股份	745.74	中小板
30	002096.SZ	南岭民爆	739.60	中小板
31	002140.SZ	东华科技	736.29	中小板
32	002261.SZ	拓维信息	736.17	中小板
33	002010.SZ	传化股份	734.69	中小板
34	002241.SZ	歌尔声学	734.08	中小板
35	002214.SZ	大立科技	732.83	中小板
36	002115.SZ	三维通信	731.63	中小板
37	002056.SZ	横店东磁	729.42	中小板
38	002054.SZ	德美化工	729.09	中小板
39	002022.SZ	科华生物	728.86	中小板
40	002087.SZ	新野纺织	727.53	中小板
41	002232.SZ	启明信息	727.07	中小板
42	002116.SZ	中国海诚	726.51	中小板
43	002011.SZ	盾安环境	723.69	中小板
44	002014.SZ	永新股份	723.55	中小板
45	002039.SZ	黔源电力	722.02	中小板
46	002172.SZ	澳洋科技	722.02	中小板
47	002068.SZ	黑猫股份	721.96	中小板
48	002204.SZ	华锐铸钢	721.03	中小板
49	002230.SZ	科大讯飞	720.70	中小板
50	002070.SZ	众和股份	719.67	中小板

5.2 内部控制指数统计分析

5.2.1 内部控制自我评价报告与内部控制指数

本研究按照是否披露内部控制自我评价报告对上市公司的内部控制指数进行分类统计，分析结果如图 5 - 59 所示，披露了内部控制自我评价报告的上市公司的内部控制指数均值高于不披露内部控制自我评价报告的上市公司的内部控制指数均值。

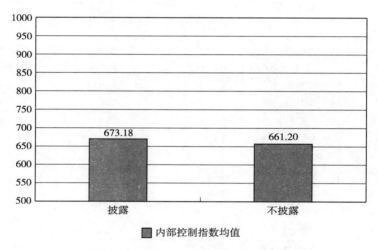

图 5 - 59　内部控制自我评价报告与内部控制指数

运用 stata11.0 对是否披露内部控制自我评价报告的上市公司的内部控制指数进行 T 检验，实证结果如表 5 - 6 所示，实证结果在 10% 的水平下显著，表明披露了内部控制自我评价报告的上市公司的内部控制水平优于没有披露内部控制自我评价报告的上市公司。

表 5-6　内部控制自我评价报告与内部控制指数

	内部控制指数均值	最大值	最小值	中位数	标准差	样本量	T 检验（双侧）	
							T 值	P 值
披露	669.11	990.42	0.00	688.43	141.17	951		
不披露	656.97	986.98	0.00	681.43	142.83	643	1.6767 *	0.0938
总计	664.22	990.42	0.00	686.23	141.92	1594		

注：* 表示在 10％的水平下是显著的。

5.2.2　内部控制审计报告与内部控制指数

本研究按照是否出具内部控制审计报告对上市公司的内部控制指数进行分类统计，分析结果如图 5-60 所示，出具了内部控制审计报告的上市公司的内部控制指数均值高于没有出具内部控制审计报告的上市公司的内部控制指数均值。

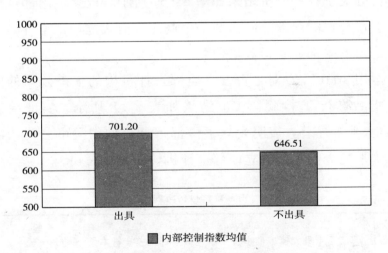

图 5-60　内部控制审计报告与内部控制指数

运用 stata11.0 对是否出具内部控制审计报告的上市公司的内部控制指数进行 T 检验，实证结果如表 5-7 所示，实证结果在

1%的水平下显著，表明出具了内部控制审计报告的上市公司的内部控制水平显著优于没有出具内部控制审计报告的上市公司。

表 5-7　内部控制审计报告与内部控制指数

	内部控制指数均值	最大值	最小值	中位数	标准差	样本量	T 检验（双侧）	
							T 值	P 值
出具	701.20	986.98	0.00	694.33	99.69	516		
不出具	646.51	990.42	0.00	679.94	155.15	1078	7.3159***	0.0000
总计	664.22	990.42	0.00	686.23	141.92	1594		

注:***表示在1%的水平下是显著的。

5.2.3　内部审计机构与内部控制指数

本研究按照是否设立内部审计机构对上市公司的内部控制指数进行分类统计，分析结果如图 5-61 所示，设立了内部审计机构的上市公司的内部控制指数均值高于没有设立内部审计机构的上市公司的内部控制指数均值。

运用 stata11.0 对是否设立内部审计机构的上市公司的内部控制指数进行 T 检验，实证结果如表 5-8 所示，实证结果在 1%的水平下显著，表明设立了内部审计机构的上市公司的内部控制水平显著优于未设立内部审计机构的上市公司。

表 5-8　内部审计机构与内部控制指数

	内部控制指数均值	最大值	最小值	中位数	标准差	样本量	T 检验（双侧）	
							T 值	P 值
设立	671.11	983.43	0.00	688.20	126.52	1150		
未设立	646.36	990.42	0.00	680.89	174.55	444	3.1294***	0.0018
总计	664.22	990.42	0.00	686.23	141.92	1594		

注:***表示在1%的水平下是显著的。

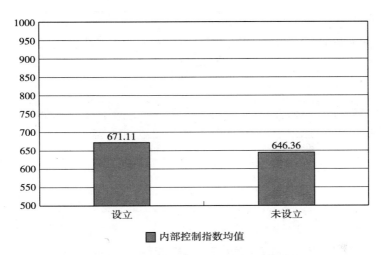

图 5-61　内部审计机构与内部控制指数

5.2.4　股权激励与内部控制指数

本研究按照是否实施了股权激励对上市公司的内部控制指数进行分类统计，分析结果如图 5-62 所示，实施了股权激励的上市公司的内部控制指数均值高于没有实施股权激励的上市公司的内部控制指数均值。

运用 stata11.0 对是否实施了股权激励的上市公司的内部控制指数进行 T 检验，实证结果如表 5-9 所示，实证结果在 1% 的水平下显著，表明实施了股权激励的上市公司的内部控制水平显著优于没有实施股权激励的上市公司。

表 5 - 9　股权激励与内部控制指数

	内部控制指数均值	最大值	最小值	中位数	标准差	样本量	T 检验（双侧）	
							T 值	P 值
有股权激励	736.84	981.80	363.68	723.56	101.90	45		
无股权激励	662.11	990.42	0.00	685.16	142.39	1549	3.3868***	0.0007
总计	664.22	990.42	0.00	686.23	141.92	1594		

注:***表示在1%的水平下是显著的。

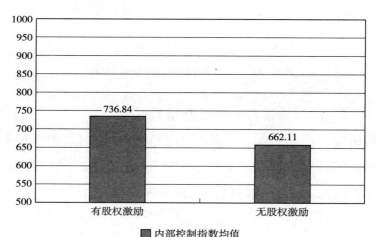

图 5 - 62　股权激励与内部控制指数

5.2.5　实际控制人与内部控制指数

本研究依据实际控制人对上市公司的内部控制指数进行分类统计，分析结果如图 5 - 63 所示。

详细的排名如表 5 - 10 所示，实际控制人为职工持股会（工会）的上市公司的内部控制水平最高，中央国有企业的上市公司的内部控制水平排名第二，地方国有企业的上市公司的内部控制水平排名第三。

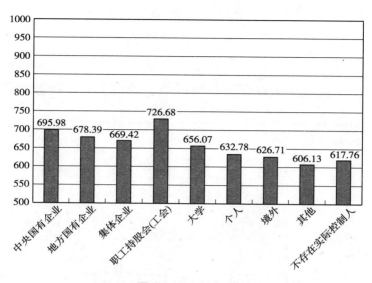

内部控制指数均值

图 5 - 63　实际控制人与内部控制指数

表 5 - 10　实际控制人与内部控制指数

	内部控制指数均值	最大值	最小值	中位数	标准差	样本量
职工持股会（工会）	726.68	877.18	627.86	692.38	81.72	9
中央国有企业	695.98	990.42	0.00	695.13	138.98	302
地方国有企业	678.39	984.41	0.00	687.96	120.78	635
集体企业	669.42	937.23	434.59	679.74	92.20	43
大学	656.07	793.87	524.91	669.80	72.05	14
个人	632.78	961.91	0.00	676.11	157.39	564
境外	626.71	773.72	0.00	698.94	218.53	14
不存在实际控制人	617.76	964.03	0.00	673.78	244.04	14
其他	606.13	729.90	290.48	675.61	178.75	5

5.2.6 指数成分股与内部控制指数

本研究依据是否为沪深 300 指数的成分股对上市公司的内部控制指数进行分类统计，分析结果如图 5-64 所示，指数成分股的内部控制指数均值高于非指数成分股的内部控制指数均值。

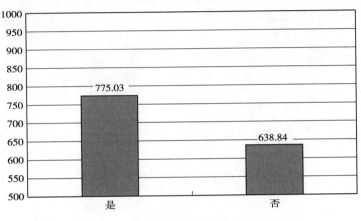

图 5-64 指数成分股与内部控制指数

运用 stata11.0 对是否指数成分股的上市公司的内部控制指数进行 T 检验，实证结果如表 5-11 所示，实证结果在 1% 的水平下显著，表明是指数成分股的上市公司的内部控制水平优于非指数成分股的上市公司。

表 5-11 指数成分股与内部控制指数

	内部控制指数均值	最大值	最小值	中位数	标准差	样本量	T 检验（双侧）	
							T 值	P 值
是	775.03	990.42	433.33	765.28	110.37	300		
否	638.84	981.80	0.00	677.82	136.08	1294	16.0777***	0.0000
总计	664.22	990.42	0.00	686.23	141.92	1594		

注:***表示在 1% 的水平下是显著的。

5.2.7　是否 ST 公司与内部控制指数

本研究依据是否为 ST 公司对上市公司的内部控制指数进行分类统计，分析结果如图 5-65 所示，非 ST 公司的内部控制指数均值高于 ST 公司的内部控制指数均值。

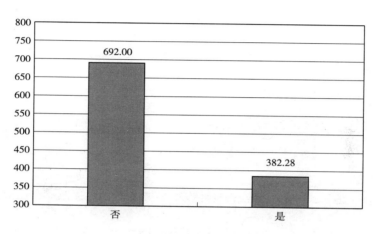

图 5-65　是否 ST 公司与内部控制指数

运用 statal1.0 对是否 ST 的上市公司的内部控制指数进行 T 检验，实证结果如表 5-12 所示，实证结果在 1％的水平下显著，表明非 ST 的上市公司的内部控制水平优于 ST 的上市公司。

表 5-12　是否 ST 公司与内部控制指数

	内部控制指数均值	最大值	最小值	中位数	标准差	样本量	T 检验（双侧）T 值	P 值
否	692.00	990.42	0.00	690.75	100.59	1451		
是	382.28	624.53	0.00	467.52	186.29	143	31.8484***	0.0000
总计	664.22	990.42	0.00	686.23	141.92	1594		

注:***表示在1％的水平下是显著的。

5.2.8　上市时间与内部控制指数

本研究依据上市时间对上市公司的内部控制指数进行分类统计，分析结果如图 5-66 所示，由图可知，上市时间小于 5 年的上市公司的内部控制指数均值最高。

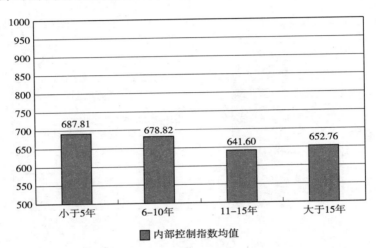

图 5-66　上市时间与内部控制指数

运用 stata11.0 按照上市时间对上市公司的内部控制指数进行 T 检验，实证结果如表 5-13 和表 5-14 所示，实证结果在 1% 的水平下显著，表明上市时间越短的公司内部控制水平越好。

表 5-13　上市时间与内部控制指数

上市时间	内部控制指数均值	最大值	最小值	中位数	标准差	样本量
小于 5 年	687.81	990.42	290.48	691.31	95.89	383
6—10 年	678.82	983.43	0.00	688.31	123.10	445
11—15 年	641.60	981.80	0.00	676.74	163.33	606
大于 15 年	652.76	986.98	0.00	686.98	178.53	160
总计	664.22	990.42	0.00	686.23	141.92	1594

表 5－14 上市时间与内部控制指数的相关性分析

上市时间与内部控制指数	相关系数	显著性	样本量
	−0.1313***	0.000	1594

注:***表示在 1% 的水平下是显著的。

5.2.9 董事长和总经理兼任与内部控制指数

本研究董事长是否兼任总经理对上市公司的内部控制指数进行分类统计,分析结果如图 5－67 所示,不兼任的上市公司的内部控制指数均值高于兼任的上市公司的内部控制指数均值。

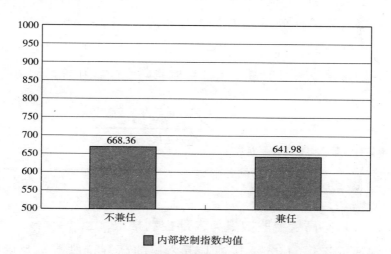

图 5－67 董事长和总经理兼任情况与内部控制指数

运用 stata11.0 依据董事长是否兼任总经理的情况对上市公司的内部控制指数进行 T 检验,实证结果如表 5－15 所示,实证结果在 5% 的水平下显著,表明董事长不兼任总经理的上市公司的内部控制水平优于董事长兼任总经理的上市公司。

表 5-15 董事长和总经理兼任情况与内部控制指数

	内部控制指数均值	最大值	最小值	中位数	标准差	样本量	T 检验（双侧）	
							T 值	P 值
不兼任	668.36	990.42	0.00	687.12	138.94	1327		
兼任	641.98	986.98	0.00	680.21	157.03	256	2.7205***	0.0066
总计	664.09	990.42	0.00	686.26	142.30	1583		

注:***表示在 1% 的水平下是显著的。

5.2.10 董事长持股数量与内部控制指数

本研究运用 stata11.0 对上市公司的董事长持股数量与内部控制指数进行相关性分析，实证结果如表 5-16 所示，董事长持股数量与内部控制指数之间的相关性为 0.0647，并在 5% 的水平下显著，即董事长持股数量与内部控制指数之间存在着正相关关系。

表 5-16 董事长持股数量与内部控制指数

	相关系数	显著性	样本量
董事长持股数量与内部控制指数	0.0647**	0.0176	1594

注:**表示在 5% 的水平下是显著的。

5.2.11 高管持股数量与内部控制指数

本研究运用 stata11.0 对上市公司的高管持股数量与内部控制指数进行相关性分析，实证结果如表 5-17 所示，高管持股数量与内部控制指数之间的相关为 0.0685，并在 5% 的水平下显著，即高管持股数量与内部控制指数之间存在着正相关关系。

表 5-17 高管持股数量与内部控制指数

	相关系数	显著性	样本量
高管持股数量与内部控制指数	0.0685**	0.0120	1594

注:**表示在 5% 的水平下是显著的。

5.2.12　董事、监事及高管年薪总额与内部控制指数

本研究运用 stata11.0 对上市公司的董事、监事及高管年薪总额与内部控制指数进行相关性分析，实证结果如表 5－18 所示，董事、监事及高管年薪总额与内部控制指数之间的相关为 0.2805，并在 1％的水平下显著，即董事、监事及高管年薪总额与内部控制指数之间存在着正相关关系。

表 5－18　董事、监事及高管年薪总额与内部控制指数

董事、监事及高管年薪总额与内部控制指数	相关系数	显著性	样本量
	0.2805***	0.0000	1594

注:***表示在 1％的水平下是显著的。

5.3　内部控制指数稳健性检验

《企业内部控制基本规范》中规定了内部控制的五要素，即内部环境、风险评估、控制活动、信息与沟通和内部监督。其中，内部环境是建立内部控制体系的基础，直接影响内部控制目标的实现。风险评估是及时识别、科学分析影响目标实现的各种不确定因素并制定解决方案的过程，是实施内部控制的重要环节。控制活动确保企业内部控制目标得以实现的方法和手段。信息与沟通保证了企业及时、准确、完整地收集与传递经营管理相关的各种信息，是实施内部控制的重要条件。内部监督是对企业内部控制建立和实施情况进行监督检查，以评价内部控制的有效性，发现内部控制缺陷，是实施内部控制的重要保证。内部控制目标与五要素之间的关系，可以用一个三维矩阵图来表示，如图 5－68 所示:

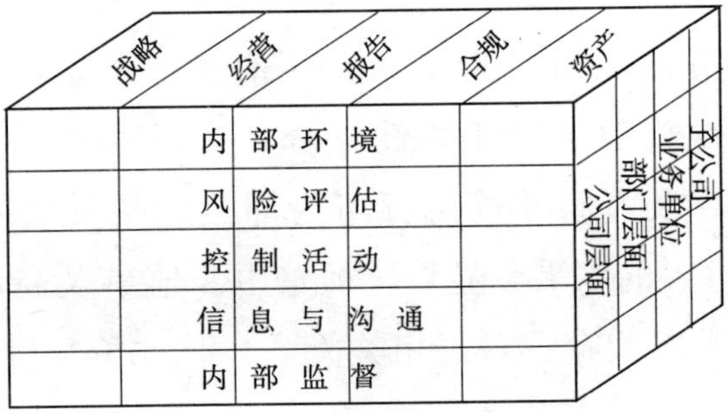

图 5-68　内部控制体系框架

　　从图 5-68 可知，我国的内部控制体系框架有三个维度，第一维是内部控制的目标；第二维是内部控制五要素；第三维是企业的各个层级，包括公司层面、部门层面、业务单位和子公司等。这三个维度之间的关系是：内部控制的五要素都是为实现内部控制的五个目标服务的；企业各个层级都要坚持同样的五个目标；每个层级都必须从五个要素入手实施内部控制。

　　综上所述，尽管本研究的基于内部控制的目标实现程度的构建内部控制指数，但内部控制指数也能够反映出内部控制体系设计的合理性，即内部控制指数与内部控制五要素之间存在着相关关系。为此，本研究将以深圳市迪博企业风险管理技术有限公司在白皮书中的建立的迪博内部控制披露指数对本研究中设计的内部控制指数进行稳健性检验。

　　内部控制披露指数以内部控制五要素为基础，下设内部环境、风险评估、控制活动、信息与沟通和内部监督五大一级指标。本研究将迪博内部控制披露总指数、内部环境、控制活动、信息与沟通、内部监督与内部控制指数进行相关性分析，实证研究的结果如表 5-19 所示：

表 5 - 19 内部控制指数与迪博内部控制披露指数

	Index	Disclousure	D1	D2	D3	D4	D5
Index	1.000						
Disclousure	0.156	1.000					
	(0.0000)**						
D1	0.175	0.914	1.000				
	(0.000)***	(0.000)***					
D2	0.171	0.665	0.560	1.000			
	(0.0000)***	(0.000)***	(0.000)***				
D3	0.116	0.865	0.707	0.483	1.000		
	(0.0000)***	(0.000)***	(0.000)***	(0.000)***			
D4	0.081	0.807	0.682	0.470	0.665	1.000	
	(0.0013)***	(0.000)***	(0.000)***	(0.000)***	(0.000)***		
D5	0.060	0.744	0.562	0.322	0.576	0.563	1.000
	(0.0169)**	(0.000)***	(0.000)***	(0.000)***	(0.000)***	(0.000)***	

注：Index 代表内部控制指数；D1、D2、D3、D4、D5、Disclousure 依次代表迪博内部控制披露指数的一级指标内部环境、风险评估、控制活动、信息与沟通、内部监督、总评分数。*、**、*** 分别表示在 10%、5%、1% 的水平下是显著的。

依据表 5 - 19 的实证研究结果可知：

（1）迪博内部控制披露指数与内部控制指数的相关系数为 0.156，在 1% 的水平下显著，即迪博内部控制披露指数与内部控制指数之间存在着正相关关系。

（2）内部环境与内部控制指数的相关系数为 0.175，在 1% 的水平下显著，即内部环境与内部控制指数之间存在着正相关关系。

（3）风险评估与内部控制指数的相关系数为 0.171，在 1% 的水平下显著，即风险评估与内部控制指数之间存在着正相关关系。

（4）控制活动与内部控制指数的相关系数为 0.116，在 1％的水平下显著，即控制活动与内部控制指数之间存在着正相关关系。

（5）信息与沟通和内部控制指数的相关系数为 0.081，在 1％的水平下显著，即信息与沟通和内部控制指数之间存在着正相关关系。

（6）内部监督与内部控制指数的相关系数为 0.060，在 5％的水平下显著，即内部监督与内部控制指数之间存在着正相关关系。

综合以上结论，可知本研究内部控制指数能综合反映出上市公司的内部控制体系的设计合理性和运行的有效性。

第六章 总结与展望

6.1 总 结

6.1.1 本研究的方法论回顾

本研究以《企业内部控制基本规范》、《企业内部控制配套指引》、《中央企业全面风险管理指引》、《商业银行内部控制指引》、《保险机构风险管理指引》、《内部监控与风险管理的基本架构》及国内外其他的内部控制的框架体系为制度基础，以一般指数构建的方法和国内外相关的内部控制指数研究作为方法基础，基于内部控制目标的实现程度来设计内部控制指数。

内部控制指数包括战略指数、经营指数、报告指数、合规指数和资产安全指数五大分类指数。战略指数中选取市场占有率和风险系数两个变量衡量战略目标的实现程度，经营指数中选取投资资本回报率和净利润率两个变量衡量经营目标的实现程度，报告指数中选取审计意见和财务重述两个变量衡量报告目标的实现程度，合规指数中选取违法违规和诉讼事项两个变量衡量合规目标的实现程度，资产安全指数中选取资产保值增值变量衡量资产安全目标的实现程度。同时，为使内部控制指数更加科学合理，当上市公司的内部控制体系中存在重大缺陷时，本研究将对以内部控制重大缺陷作为修正变量对内部控制指数进行修正。

本研究利用标准化法对战略指数变量、经营指数变量、报告指数变量、合规指数变量和资产安全指数变量进行无量纲化，使得各变量之间具有可比性，并采用算术平均法为各变量赋予权重。最后，本研究依据选取的内部控制指数变量、内部控制指数变量无量纲化的结果以及各变量的权重，建立内部控制指数模型。

6.1.2　本研究的实证结论

为检验内部控制指数模型的合理性与适用性，本研究以2009年以来我国所有的 A 股上市公司作为研究样本，运用内部控制指数模型测算 2009 年我国上市公司的内部控制指数，并对其进行统计分析与稳健性检验。

1. 本研究的总体结果

（1）2009 年我国上市公司的内部控制整体状况较好，但仍有较大的提升空间。2009 年上市公司的内部控制指数以 1000 分为满分，实证结果分布以 700 分为中轴线，呈上下波动的趋势，具体情况如表 6-1 所示：

表 6-1　内部控制指数分布

指数区间	样本公司数量	占总样本比重
900 以上	63	3.95%
800—900	98	6.15%
700—800	432	27.10%
600—700	635	39.84%
300—600	331	20.77%
300 以下	35	2.20%
合计	1594	100.00%

（2）按地区、行业、板块进行内部控制水平的排名处理。

按地区对上市公司的内部控制水平进行分类统计，内部控制水平排名前三的地区分别为北京、上海和安徽省。同时，本研究依据各个地区中每家上市公司的内部控制指数，评选出各地区的内部控制水平前十强（样本少于 15 个的只排列前五强，下同）。

按行业对上市公司的内部控制水平进行分类统计，内部控制水平排名前三的行业分别为金融业、建筑业和采掘业。同时本研究依据各个行业中每家上市公司的内部控制指数，评选出各行业的内部控制水平前十强（或前五强）。

按板块对上市公司的内部控制水平进行分类统计，中小板的上市公司的内部控制平均水平略高于主板的上市公司。同时本研究依据各个板块中每家上市公司的内部控制指数，评选出各板块的内部控制水平前五十强。

2. 基于实证研究数据的结论

根据内部控制指数的统计与排列组合，本实证研究得出以下结论：

（1）2009 年，披露了内部控制自我评价报告的上市公司的内部控制指数均值为 673.18，未披露内部控制自我评价报告的上市公司的内部控制指数均值为 661.20。对是否披露内部控制自我评价报告的上市公司的内部控制指数进行 T 检验，实证结果在 10％的水平下显著，表明披露了内部控制自我评价报告的上市公司的内部控制水平优于没有披露内部控制自我评价报告的上市公司。

（2）2009 年，会计师事务所出具了内部控制审计报告的上市公司的内部控制指数均值为 701.20，没有出具内部控制审计报告的上市公司的内部控制指数均值为 646.51。对是否出具内部控制审计报告的上市公司的内部控制指数进行 T 检验，实证结果在 1‰ 的水平下显著，表明出具了内部控制审计报告的上市公司的内部控制水平显著优于没有出具内部控制审计报告的上市公司。

（3）2009 年，设立了内部审计机构的上市公司的内部控制指数均值为 671.11，未设立内部审计机构的上市公司的内部控制指数均值为 646.36。对是否设立内部审计机构的上市公司的内部控制指数进行 T 检验，实证结果在 1‰ 的水平下显著，表明设立了内部审计机构的上市公司的内部控制水平显著优于未设立内部审计机构的上市公司。

（4）实施了股权激励的上市公司的内部控制指数均值为 736.84，未实施股权激励的上市公司的内部控制指数均值为 662.11。对是否实施了股权激励的上市公司的内部控制指数进行 T 检验，实证结果在 1‰ 的水平下显著，表明实施了股权激励的上市公司的内部控制水平显著优于没有实施股权激励的上市公司。

（5）按实际控制人对上市公司的内部控制水平进行分类统计，内部控制水平排名依次为职工持股会（工会）、中央国有企业、地方国有企业、集体企业、大学、个人、境外和其他。

（6）指数成分股的内部控制指数均值为 775.03，非指数成分股的上市公司的内部控制指数均值为 638.84，对是否指数成分股的上市公司的内部控制指数进行 T 检验，实证结果在 1‰ 的水平下显著，表明是指数成分股的上市公司的内部控制水平优于非指数成分股的上市公司。

（7）非 ST 公司的内部控制指数均值为 692.00，ST 公司的内部控制指数均值为 382.28。对是否 ST 的上市公司的内部控制指数进行 T 检验，实证结果在 1％的水平下显著，表明非 ST 的上市公司的内部控制水平优于 ST 的上市公司。

（8）董事长不兼任总经理的上市公司的内部控制指数均值为 668.36，董事长兼任总经理的上市公司的内部控制指数均值为 641.98，依据董事长是否兼任总经理的情况对上市公司的内部控制指数进行 T 检验，实证结果在 5％的水平下显著，表明董事长不兼任总经理的上市公司的内部控制水平优于董事长兼任总经理的上市公司。董事长持股数量与内部控制指数之间存在着正相关关系，董事长持股数量与内部控制指数之间的相关性为 0.0647，并在 5％的水平下显著。高管持股数量与内部控制指数之间存在着正相关关系，高管持股数量与内部控制指数之间的相关为 0.0685，并在 5％的水平下显著。董事、监事及高管年薪总额与内部控制指数之间存在着正相关关系，董事、监事及高管年薪总额与内部控制指数之间的相关为 0.2805，并在 5％的水平下显著。

（9）迪博内部控制披露指数与内部控制指数之间存在着正相关关系，迪博内部控制披露指数与内部控制指数的相关系数为 0.156，在 1％的水平下显著。内部环境与内部控制指数之间存在着正相关关系，内部环境与内部控制指数的相关系数为 0.175，在 1％的水平下显著。风险评估与内部控制指数之间存在着正相关关系，风险评估与内部控制指数的相关系数为 0.171，在 1％的水平下显著。控制活动与内部控制指数之间存在着正相关关系，控制活动与内部控制指数的相关系数为 0.116，在 1％的水平下显著。信息与沟通和内部控制指数之间存在着正相关关系，信息与沟通和内部控制指数的相关系数为 0.081，在 1％的水平下显著。内部监督与内部控制指数之间存

在着正相关关系，内部监督与内部控制指数的相关系数为
0.060，在 5％的水平下显著。

6.2　政策建议

目前，我国的上市公司建立健全内部控制体系的工作正在如
火如荼地展开。依据上市公司实施内部控制体系的现状与本研究
的研究结论，本研究提出以下两点政策建议：

1. 加强对会计师事务所的独立性的监管。

会计师事务所的内部控制审计是外部评价，其评价结果的有
效性建立在它作为独立的第三方才能够公正地衡量上市公司的内
部控制水平，如果会计师事务所还为同一家上市公司提供包括内
部控制相关的咨询服务时，会计师事务所的独立性就会受到一定
影响。

《企业内部控制基本规范》第一章第十条规定：为企业内部
控制提供咨询的会计师事务所，不得同时为同一企业提供内部控
制审计服务。《企业内部控制评价指引》中第三章第十五条规定：
企业可以委托中介机构实施内部控制评价，为企业提供内部控制
审计服务的会计师事务所，不得同时为同一企业提供内部控制评
价服务。2010 年 4 月 26 日，中国证监会纪委书记李小雪在《企
业内部控制配套指引》发布会上的讲话中进一步强调："要正确
处理内控咨询与内控审计的关系，确保执业过程中的独立性。企
业内部控制规范体系的实施对于有些上市公司还相对陌生，执行
过程中可能会聘请会计师事务所提供咨询。事务所应把握内控咨
询与内控审计的关系，避免以牺牲独立性为代价从事内控咨询和
审计业务。"

　　然而，目前我国仍存在会计师事务所在为一家上市公司提供财务报表和内部控制审计服务的同时，存在该所咨询部门或其关联公司也为同一上市公司提供咨询服务的情形。这种情形，即使其关联公司在注册设立上已有表面区隔，但实质上会计师事务所仍会丧失其第三方的独立性，其出具审计报告的公信度将受到公众质疑。由2001年美国爆发的震惊世界的安然事件可知，会计师事务所缺乏独立性将导致严重的不良后果。为此，美国的SOX法案修改了1934年《证券交易法》，禁止执行公众公司审计的会计师事务所为审计客户提供列入禁止清单的非审计服务，未明确列入禁止清单的非审计服务也要经过公司审计委员会的事先批准。被禁止的非审计服务包括：簿记服务以及审计客户提供的与会计记录或财务报表相关的其他服务、财务信息系统设计与实施、评估或估价服务、精算服务、内部审计外包服务、管理职能或人力资源服务、经纪人、投资顾问或投资银行服务、法律服务以及与审计无关的专家服务、公众公司监察委员会根据有关规则认为不可提供的其他服务。

　　为促进我国上市公司有效实施内部控制体系，避免出现会计师事务所与上市公司联合舞弊的状况出现，建议监管机构在现有规定的基础上，提出明确的具体监管办法，并要求上市公司在信息披露时披露聘请的会计师事务所和咨询机构（如有聘请）是否存在关联关系，以此确保内部控制审计报告的可信度与有效性。

　　2. 建议出台法律法规监督上市公司实施内部控制体系的有效性

　　政府部门和监管机构纷纷出台了相应的法律法规要求上市公司建立健全内部控制体系，并指导上市公司实施内部控制体系。然而，我国还缺乏相应的法律法规监督上市公司实施内部控制体系的有效性。

美国在 SOX 法案 404 条款中，要求上市公司的首席执行官和首席财务官对主体财务呈报的内部控制的有效性进行评价和报告，906 条款中规定：故意进行证券欺诈的犯罪最高可判处 25 年入狱。对犯有欺诈罪的个人和公司的罚金最高分别可达 500 万美元和 2500 万美元；公司首席执行官和财务总监必须对报送给 SEC 的财务报告的合法性和公允表达进行保证，违反此项规定，将处以 50 万美元以下的罚款，或判处入狱 5 年。美国的 404 条款的明确规定和 906 条款的严厉处罚迫使美国的上市公司依据相关的法律法规如实地向社会公众披露内部控制的有效性，美国上市公司披露内部控制缺陷的比例高达 13.8％。与美国相比，2010 年我国上市公司披露内部控制缺陷的比例低于 1％，然而，在 99％以上认为自身内部控制体系有效的上市公司中，多家上市公司很可能存在内部控制的重大缺陷，其内部控制体系实际上倾于失效，如双汇发展、紫金矿业和江苏三友等公司。针对此种现象，建议我国借鉴美国的 906 条款，出台相应的法律法规对隐瞒内部控制缺陷、虚假披露内部控制有效性的上市公司进行严厉处罚，以此促进我国资本市场健康发展。

另外，监管机构可以结合内部控制规范实施计划的推进，评选出内部控制较好的企业，为其他上市公司建设内部控制体系树立标杆，并可将内部控制与再融资政策有机对接，让内部控制规范成为优胜劣汰的重要依据，以此来促进上市公司主动完善内部控制体系。

6.3　研究展望

　　本研究对我国上市公司 2009 年的内部控制状况进行实证研究，本课题组将在现有研究的基础上进行持续研究和不断完善研究方法，以评价 2010 年及之后年度我国上市公司的内部控制水平，深入研究我国上市公司的内部控制水平随时间的变化趋势。通过持续的内部控制指数研究，探讨影响内部控制指数的趋势和内部控制有效性的因素，为上市公司建立健全内部控制体系提供实证依据。

　　本研究中内部控制指数设计的制度基础包括《中央企业全面风险管理指引》、《商业银行内部控制指引》和《保险机构风险管理指引》等，因此本研究中构建的内部控制指数模型同样适用于中央企业、商业银行和保险机构。今后，我们将进一步拓展部控制指数研究的领域，使之应用至中央企业、商业银行和保险机构等特色行业或板块。

　　除企业以外，我国的政府部门以及非营利组织也在积极地探索建立与实施内部控制体系，课题组以后将在总结本研究构建的内部控制指数模型的基础上，依据政府部门及非营利组织实施内部控制体系的现状，适时推出适用于政府部门的内部控制指数和适用于非营利组织的内部控制指数。

附录1 2009年中国上市公司内部控制指数综合排名

排名	证券代码	证券简称	内部控制指数	省、自治区、直辖市	行业
1	601857.SH	中国石油	990.42	北京市	采掘业
2	600688.SH	S上石化	986.98	上海市	石油化学塑胶塑料
3	600600.SH	青岛啤酒	984.41	山东省	食品、饮料
4	600028.SH	中国石化	983.43	北京市	采掘业
5	600060.SH	海信电器	981.80	山东省	电子
6	000651.SZ	格力电器	978.95	广东省	机械设备仪表
7	600011.SH	华能国际	974.16	北京市	电力、煤气及水的生产和供应业
8	000338.SZ	潍柴动力	972.78	山东省	机械设备仪表
9	600519.SH	贵州茅台	972.11	贵州省	食品、饮料
10	601186.SH	中国铁建	971.80	北京市	建筑业
11	601398.SH	工商银行	970.13	北京市	金融、保险业
12	600795.SH	国电电力	968.40	辽宁省	电力、煤气及水的生产和供应业
13	000063.SZ	中兴通讯	964.03	广东省	信息技术业
14	002024.SZ	苏宁电器	961.91	江苏省	批发和零售贸易
15	601766.SH	中国南车	960.66	北京市	机械设备仪表
16	600741.SH	华域汽车	960.34	上海市	机械设备仪表
17	601390.SH	中国中铁	959.72	北京市	建筑业
18	000100.SZ	TCL集团	958.97	广东省	电子
19	000527.SZ	美的电器	958.26	广东省	机械设备仪表

续表

排名	证券代码	证券简称	内部控制指数	省、自治区、直辖市	行业
20	601006.SH	大秦铁路	957.45	山西省	交通运输、仓储业
21	600839.SH	四川长虹	955.55	四川省	电子
22	600019.SH	宝钢股份	952.88	上海市	金属非金属
23	600350.SH	山东高速	952.47	山东省	社会服务业
24	601939.SH	建设银行	951.83	北京市	金融、保险业
25	000002.SZ	万科A	949.45	广东省	房地产业
26	600048.SH	保利地产	947.86	广东省	房地产业
27	600089.SH	特变电工	942.94	新疆维吾尔自治区	机械设备仪表
28	600104.SH	上海汽车	942.61	上海市	机械设备仪表
29	601988.SH	中国银行	941.72	北京市	金融、保险业
30	000157.SZ	中联重科	940.40	湖南省	机械设备仪表
31	601991.SH	大唐发电	938.49	北京市	电力、煤气及水的生产和供应业
32	600690.SH	青岛海尔	937.23	山东省	机械设备仪表
33	000069.SZ	华侨城A	933.55	广东省	社会服务业
34	002001.SZ	新和成	932.37	浙江省	石油化学塑胶塑料
35	600050.SH	中国联通	932.33	上海市	信息技术业
36	600031.SH	三一重工	931.82	湖南省	机械设备仪表
37	601088.SH	中国神华	931.41	北京市	采掘业
38	600177.SH	雅戈尔	929.88	浙江省	纺织、服装、皮毛
39	600027.SH	华电国际	929.17	山东省	电力、煤气及水的生产和供应业
40	600216.SH	浙江医药	928.70	浙江省	医药生物制品
41	000918.SZ	嘉凯城	925.79	湖南省	房地产业
42	600196.SH	复星医药	925.47	上海市	医药生物制品
43	000024.SZ	招商地产	925.15	广东省	房地产业
44	600383.SH	金地集团	922.26	广东省	房地产业
45	600208.SH	新湖中宝	922.22	浙江省	综合类
46	600150.SH	中国船舶	919.30	上海市	机械设备仪表

续表

排名	证券代码	证券简称	内部控制指数	省、自治区、直辖市	行业
47	000488.SZ	晨鸣纸业	919.00	山东省	造纸印刷
48	600295.SH	鄂尔多斯	918.21	内蒙古自治区	纺织、服装、皮毛
49	600210.SH	紫江企业	916.95	上海市	石油化学塑胶塑料
50	000858.SZ	五粮液	914.17	四川省	食品、饮料
51	600068.SH	葛洲坝	912.71	湖北省	建筑业
52	000709.SZ	河北钢铁	912.36	河北省	金属非金属
53	600276.SH	恒瑞医药	909.16	江苏省	医药生物制品
54	600612.SH	老凤祥	908.87	上海市	其他制造业
55	600308.SH	华泰股份	907.78	山东省	造纸印刷
56	600881.SH	亚泰集团	906.96	吉林省	综合类
57	600018.SH	上港集团	906.67	上海市	交通运输、仓储业
58	601727.SH	上海电气	906.60	上海市	机械设备仪表
59	000538.SZ	云南白药	905.54	云南省	医药生物制品
60	600153.SH	建发股份	903.52	福建省	批发和零售贸易
61	600377.SH	宁沪高速	900.68	江苏省	交通运输、仓储业
62	600309.SH	烟台万华	900.07	山东省	石油化学塑胶塑料
63	000568.SZ	泸州老窖	898.63	四川省	食品、饮料
64	600362.SH	江西铜业	897.61	江西省	金属非金属
65	000999.SZ	华润三九	896.17	广东省	医药生物制品
66	000726.SZ	鲁泰A	893.53	山东省	纺织、服装、皮毛
67	600663.SH	陆家嘴	891.11	上海市	房地产业
68	000589.SZ	黔轮胎A	890.60	贵州省	石油化学塑胶塑料
69	000860.SZ	顺鑫农业	890.50	北京市	农、林、牧、渔业
70	000402.SZ	金融街	890.01	北京市	房地产业
71	600582.SH	天地科技	888.96	北京市	机械设备仪表
72	600166.SH	福田汽车	888.28	北京市	机械设备仪表
73	600598.SH	北大荒	888.22	黑龙江省	农、林、牧、渔业

续表

排名	证券代码	证券简称	内部控制指数	省、自治区、直辖市	行业
74	600352.SH	浙江龙盛	887.64	浙江省	石油化学塑胶塑料
75	000625.SZ	长安汽车	887.59	重庆市	机械设备仪表
76	000027.SZ	深圳能源	885.71	广东省	电力、煤气及水的生产和供应业
77	000066.SZ	长城电脑	884.09	广东省	信息技术业
78	600271.SH	航天信息	883.21	北京市	信息技术业
79	600642.SH	申能股份	882.79	上海市	电力、煤气及水的生产和供应业
80	600510.SH	黑牡丹	877.70	江苏省	纺织、服装、皮毛
81	600611.SH	大众交通	877.18	上海市	社会服务业
82	600236.SH	桂冠电力	876.56	广西壮族自治区	社会服务业
83	600827.SH	友谊股份	875.63	上海市	批发和零售贸易
84	600005.SH	武钢股份	873.68	湖北省	金属非金属
85	600588.SH	用友软件	870.13	北京市	信息技术业
86	600500.SH	中化国际	869.16	上海市	批发和零售贸易
87	600755.SH	厦门国贸	868.38	福建省	批发和零售贸易
88	600871.SH	S仪化	867.24	江苏省	石油化学塑胶塑料
89	600438.SH	通威股份	864.67	四川省	农、林、牧、渔业
90	002007.SZ	华兰生物	864.39	河南省	医药生物制品
91	600895.SH	张江高科	863.12	上海市	综合类
92	600138.SH	中青旅	861.85	北京市	社会服务业
93	600183.SH	生益科技	860.79	广东省	电子
94	600315.SH	上海家化	860.64	上海市	石油化学塑胶塑料
95	000425.SZ	徐工机械	860.05	江苏省	机械设备仪表
96	600900.SH	长江电力	856.37	北京市	电力、煤气及水的生产和供应业
97	000550.SZ	江铃汽车	854.98	江西省	机械设备仪表
98	600623.SH	双钱股份	854.79	上海市	石油化学塑胶塑料
99	600859.SH	王府井	854.53	北京市	批发和零售贸易
100	600029.SH	南方航空	854.32	广东省	交通运输、仓储业

续表

排名	证券代码	证券简称	内部控制指数	省、自治区、直辖市	行业
101	600631.SH	百联股份	852.09	上海市	批发和零售贸易
102	600376.SH	首开股份	850.71	北京市	房地产业
103	600269.SH	赣粤高速	846.75	江西省	交通运输、仓储业
104	600875.SH	东方电气	846.52	四川省	机械设备仪表
105	600380.SH	健康元	845.86	广东省	医药生物制品
106	000597.SZ	东北制药	845.82	辽宁省	医药生物制品
107	002078.SZ	太阳纸业	845.52	山东省	造纸印刷
108	000652.SZ	泰达股份	845.12	天津市	综合类
109	600660.SH	福耀玻璃	844.56	福建省	金属非金属
110	601607.SH	上海医药	842.63	上海市	医药生物制品
111	000683.SZ	远兴能源	842.62	内蒙古自治区	石油化学塑胶塑料
112	000401.SZ	冀东水泥	841.69	河北省	金属非金属
113	600808.SH	马钢股份	841.17	安徽省	金属非金属
114	600062.SH	双鹤药业	840.75	北京市	医药生物制品
115	000800.SZ	一汽轿车	839.56	吉林省	机械设备仪表
116	000963.SZ	华东医药	835.54	浙江省	批发和零售贸易
117	601333.SH	广深铁路	835.34	广东省	交通运输、仓储业
118	000825.SZ	太钢不锈	835.13	山西省	金属非金属
119	600970.SH	中材国际	834.34	江苏省	建筑业
120	600832.SH	东方明珠	833.94	上海市	综合类
121	600858.SH	银座股份	832.97	山东省	综合类
122	000898.SZ	鞍钢股份	832.42	辽宁省	金属非金属
123	002028.SZ	思源电气	831.10	上海市	机械设备仪表
124	000539.SZ	粤电力A	829.61	广东省	电力、煤气及水的生产和供应业
125	002269.SZ	美邦服饰	829.38	上海市	批发和零售贸易
126	600426.SH	华鲁恒升	829.15	山东省	石油化学塑胶塑料
127	000039.SZ	中集集团	826.72	广东省	金属非金属

续表

排名	证券代码	证券简称	内部控制指数	省、自治区、直辖市	行业
128	600880.SH	博瑞传播	825.01	四川省	传播与文化产业
129	000528.SZ	柳工	824.45	广西壮族自治区	机械设备仪表
130	600100.SH	同方股份	824.37	北京市	信息技术业
131	600585.SH	海螺水泥	823.66	安徽省	金属非金属
132	000423.SZ	东阿阿胶	823.62	山东省	医药生物制品
133	000513.SZ	丽珠集团	823.43	广东省	医药生物制品
134	600718.SH	东软集团	821.90	辽宁省	信息技术业
135	601111.SH	中国国航	818.52	北京市	交通运输、仓储业
136	000793.SZ	华闻传媒	818.28	海南省	传播与文化产业
137	600182.SH	S佳通	817.54	黑龙江省	石油化学塑胶塑料
138	000969.SZ	安泰科技	816.55	北京市	其他制造业
139	000839.SZ	中信国安	815.92	北京市	综合类
140	000917.SZ	电广传媒	814.63	湖南省	传播与文化产业
141	002191.SZ	劲嘉股份	813.85	广东省	造纸印刷
142	000778.SZ	新兴铸管	812.55	河北省	金属非金属
143	600058.SH	五矿发展	812.20	北京市	批发和零售贸易
144	000599.SZ	青岛双星	811.55	山东省	石油化学塑胶塑料
145	002029.SZ	七匹狼	810.66	福建省	纺织、服装、皮毛
146	601628.SH	中国人寿	809.85	北京市	金融、保险业
147	000792.SZ	盐湖钾肥	809.73	青海省	石油化学塑胶塑料
148	600418.SH	江淮汽车	809.70	安徽省	机械设备仪表
149	600522.SH	中天科技	809.66	江苏省	信息技术业
150	600008.SH	首创股份	809.38	北京市	社会服务业
151	000028.SZ	一致药业	808.57	广东省	批发和零售贸易
152	002154.SZ	报喜鸟	808.53	浙江省	纺织、服装、皮毛
153	600754.SH	锦江股份	808.09	上海市	社会服务业
154	600983.SH	合肥三洋	806.55	安徽省	电子

续表

排名	证券代码	证券简称	内部控制指数	省、自治区、直辖市	行业
208	600085.SH	同仁堂	772.82	北京市	医药生物制品
209	600845.SH	宝信软件	772.75	上海市	信息技术业
210	000829.SZ	天音控股	772.67	江西省	批发和零售贸易
211	600498.SH	烽火通信	772.15	湖北省	信息技术业
212	600801.SH	华新水泥	771.52	湖北省	金属非金属
213	600012.SH	皖通高速	771.43	安徽省	交通运输、仓储业
214	600550.SH	天威保变	771.26	河北省	机械设备仪表
215	600123.SH	兰花科创	770.93	山西省	采掘业
216	600635.SH	大众公用	770.72	上海市	综合类
217	600009.SH	上海机场	770.57	上海市	交通运输、仓储业
218	601003.SH	柳钢股份	770.54	广西壮族自治区	金属非金属
219	600809.SH	山西汾酒	770.46	山西省	食品、饮料
220	002244.SZ	滨江集团	770.37	浙江省	房地产业
221	600884.SH	杉杉股份	770.32	浙江省	纺织、服装、皮毛
222	002003.SZ	伟星股份	770.22	浙江省	其他制造业
223	601328.SH	交通银行	769.43	上海市	金融、保险业
224	000910.SZ	大亚科技	767.81	江苏省	木材家具
225	002194.SZ	武汉凡谷	766.32	湖北省	信息技术业
226	002106.SZ	莱宝高科	765.86	广东省	电子
227	000659.SZ	珠海中富	765.78	广东省	石油化学塑胶塑料
228	000876.SZ	新希望	765.28	四川省	食品、饮料
229	000418.SZ	小天鹅 A	764.99	江苏省	机械设备仪表
230	002236.SZ	大华股份	763.78	浙江省	电子
231	600978.SH	宜华木业	763.26	广东省	木材家具
232	002152.SZ	广电运通	762.90	广东省	机械设备仪表
233	600102.SH	莱钢股份	762.42	山东省	金属非金属
234	600626.SH	申达股份	761.89	上海市	纺织、服装、皮毛

续表

排名	证券代码	证券简称	内部控制指数	省、自治区、直辖市	行业
235	000701.SZ	厦门信达	761.65	福建省	综合类
236	600097.SH	开创国际	761.07	上海市	农、林、牧、渔业
237	600822.SH	上海物贸	760.65	上海市	批发和零售贸易
238	002146.SZ	荣盛发展	760.56	河北省	房地产业
239	600686.SH	金龙汽车	760.43	福建省	机械设备仪表
240	600054.SH	黄山旅游	760.12	安徽省	社会服务业
241	002065.SZ	东华软件	759.30	北京市	信息技术业
242	600108.SH	亚盛集团	759.20	甘肃省	农、林、牧、渔业
243	600729.SH	重庆百货	759.03	重庆市	批发和零售贸易
244	000768.SZ	西飞国际	758.59	陕西省	机械设备仪表
245	600329.SH	中新药业	758.29	天津市	医药生物制品
246	000759.SZ	武汉中百	758.02	湖北省	批发和零售贸易
247	600987.SH	航民股份	757.90	浙江省	纺织、服装、皮毛
248	600261.SH	浙江阳光	757.50	浙江省	电子
249	600004.SH	白云机场	757.41	广东省	交通运输、仓储业
250	600570.SH	恒生电子	757.06	浙江省	信息技术业
251	600277.SH	亿利能源	756.89	内蒙古自治区	石油化学塑胶塑料
252	002215.SZ	诺普信	756.39	广东省	石油化学塑胶塑料
253	600546.SH	山煤国际	756.19	山西省	采掘业
254	600820.SH	隧道股份	756.18	上海市	建筑业
255	600169.SH	太原重工	755.94	山西省	机械设备仪表
256	600486.SH	扬农化工	755.86	江苏省	石油化学塑胶塑料
257	600219.SH	南山铝业	755.44	山东省	金属非金属
258	000729.SZ	燕京啤酒	755.10	北京市	食品、饮料
259	000900.SZ	现代投资	755.07	湖南省	交通运输、仓储业
260	600713.SH	南京医药	754.94	江苏省	医药生物制品

续表

排名	证券代码	证券简称	内部控制指数	省、自治区、直辖市	行业
261	600449.SH	赛马实业	754.79	宁夏回族自治区	金属非金属
262	600037.SH	歌华有线	754.28	北京市	传播与文化产业
263	002038.SZ	双鹭药业	753.52	北京市	医药生物制品
264	600517.SH	置信电气	753.48	上海市	机械设备仪表
265	000501.SZ	鄂武商A	753.17	湖北省	批发和零售贸易
266	600266.SH	北京城建	753.04	北京市	建筑业
267	000823.SZ	超声电子	752.71	广东省	电子
268	002080.SZ	中材科技	752.55	江苏省	金属非金属
269	600198.SH	大唐电信	752.12	北京市	信息技术业
270	000417.SZ	合肥百货	751.97	安徽省	批发和零售贸易
271	002032.SZ	苏泊尔	751.62	浙江省	金属非金属
271	600551.SH	时代出版	751.62	安徽省	传播与文化产业
273	600650.SH	锦江投资	751.48	上海市	社会服务业
274	600653.SH	申华控股	750.66	上海市	综合类
275	002187.SZ	广百股份	750.63	广东省	批发和零售贸易
276	002041.SZ	登海种业	749.82	山东省	农、林、牧、渔业
277	600263.SH	路桥建设	748.94	北京市	建筑业
278	002045.SZ	广州国光	748.27	广东省	电子
279	600410.SH	华胜天成	747.80	北京市	信息技术业
280	000031.SZ	中粮地产	747.21	广东省	房地产业
281	600708.SH	海博股份	747.18	上海市	综合类
282	000531.SZ	穗恒运A	746.76	广东省	电力、煤气及水的生产和供应业
283	600132.SH	重庆啤酒	746.17	重庆市	食品、饮料
284	600567.SH	山鹰纸业	746.08	安徽省	造纸印刷
285	002062.SZ	宏润建设	745.92	浙江省	建筑业
286	002073.SZ	软控股份	745.74	山东省	信息技术业
287	600056.SH	中国医药	745.43	北京市	批发和零售贸易

续表

排名	证券代码	证券简称	内部控制指数	省、自治区、直辖市	行业
287	000616.SZ	亿城股份	745.43	辽宁省	房地产业
289	000987.SZ	广州友谊	745.38	广东省	批发和零售贸易
290	000059.SZ	辽通化工	745.28	辽宁省	石油化学塑胶塑料
291	600316.SH	洪都航空	745.13	江西省	机械设备仪表
292	601998.SH	中信银行	745.08	北京市	金融、保险业
293	000529.SZ	广弘控股	744.85	广东省	食品、饮料
294	000158.SZ	常山股份	744.34	河北省	纺织、服装、皮毛
295	000926.SZ	福星股份	743.69	湖北省	房地产业
296	000016.SZ	深康佳A	743.67	广东省	电子
297	600298.SH	安琪酵母	743.58	湖北省	食品、饮料
298	600750.SH	江中药业	743.37	江西省	医药生物制品
299	600563.SH	法拉电子	742.18	福建省	电子
300	600647.SH	同达创业	741.70	上海市	综合类
301	000062.SZ	深圳华强	741.66	广东省	综合类
302	600549.SH	厦门钨业	741.35	福建省	金属非金属
303	600569.SH	安阳钢铁	741.33	河南省	金属非金属
304	600020.SH	中原高速	741.23	河南省	交通运输、仓储业
305	000089.SZ	深圳机场	741.16	广东省	交通运输、仓储业
306	600874.SH	创业环保	740.83	天津市	社会服务业
307	600220.SH	江苏阳光	740.78	江苏省	纺织、服装、皮毛
308	600052.SH	浙江广厦	740.67	浙江省	房地产业
309	000950.SZ	建峰化工	740.58	重庆市	石油化学塑胶塑料
310	600332.SH	广州药业	740.57	广东省	医药生物制品
311	001696.SZ	宗申动力	740.54	重庆市	机械设备仪表
312	600785.SH	新华百货	740.17	宁夏回族自治区	批发和零售贸易
313	600745.SH	中茵股份	740.08	湖北省	综合类
314	600016.SH	民生银行	740.02	北京市	金融、保险业

续表

排名	证券代码	证券简称	内部控制指数	省、自治区、直辖市	行业
315	600548.SH	深高速	739.76	广东省	交通运输、仓储业
316	600252.SH	中恒集团	739.69	广西壮族自治区	综合类
317	002096.SZ	南岭民爆	739.60	湖南省	石油化学塑胶塑料
318	600026.SH	中海发展	739.58	上海市	交通运输、仓储业
319	000407.SZ	胜利股份	739.44	山东省	石油化学塑胶塑料
320	000912.SZ	泸天化	739.43	四川省	石油化学塑胶塑料
321	600359.SH	新农开发	739.08	新疆维吾尔自治区	农、林、牧、渔业
322	000878.SZ	云南铜业	738.83	云南省	金属非金属
323	000680.SZ	山推股份	738.74	山东省	机械设备仪表
324	600597.SH	光明乳业	738.42	上海市	食品、饮料
325	000930.SZ	丰原生化	738.29	安徽省	食品、饮料
326	600469.SH	风神股份	737.92	河南省	机械设备仪表
327	600966.SH	博汇纸业	737.72	山东省	造纸印刷
328	600195.SH	中牧股份	737.70	北京市	食品、饮料
329	600161.SH	天坛生物	737.62	北京市	医药生物制品
330	600312.SH	平高电气	737.59	河南省	机械设备仪表
331	601808.SH	中海油服	737.54	天津市	采掘业
332	000671.SZ	阳光城	737.49	福建省	房地产业
333	600630.SH	龙头股份	737.48	上海市	纺织、服装、皮毛
334	600487.SH	亨通光电	736.97	江苏省	信息技术业
335	600036.SH	招商银行	736.88	广东省	金融、保险业
336	600416.SH	湘电股份	736.78	湖南省	机械设备仪表
337	600637.SH	广电信息	736.47	上海市	电子
338	002140.SZ	东华科技	736.29	安徽省	社会服务业
339	600664.SH	哈药股份	736.20	黑龙江省	医药生物制品
340	002261.SZ	拓维信息	736.17	湖南省	信息技术业

续表

排名	证券代码	证券简称	内部控制指数	省、自治区、直辖市	行业
341	600239.SH	云南城投	736.07	云南省	房地产业
342	600233.SH	大杨创世	735.52	辽宁省	纺织、服装、皮毛
343	002010.SZ	传化股份	734.69	浙江省	石油化学塑胶塑料
344	600079.SH	人福科技	734.68	湖北省	医药生物制品
344	601318.SH	中国平安	734.68	广东省	金融、保险业
346	600388.SH	龙净环保	734.59	福建省	机械设备仪表
347	600489.SH	中金黄金	734.50	北京市	采掘业
348	600129.SH	太极集团	734.34	重庆市	医药生物制品
349	600725.SH	云维股份	734.24	云南省	石油化学塑胶塑料
350	002241.SZ	歌尔声学	734.08	山东省	电子
351	000521.SZ	美菱电器	734.06	安徽省	机械设备仪表
352	600649.SH	城投控股	733.96	上海市	电力、煤气及水的生产和供应业
353	000522.SZ	白云山A	733.39	广东省	医药生物制品
354	600703.SH	三安光电	732.92	湖北省	石油化学塑胶塑料
355	002214.SZ	大立科技	732.83	浙江省	电子
355	600366.SH	宁波韵升	732.83	浙江省	机械设备仪表
357	600782.SH	新钢股份	732.67	江西省	金属非金属
358	600583.SH	海油工程	732.59	天津市	采掘业
359	000927.SZ	一汽夏利	732.44	天津市	机械设备仪表
360	600282.SH	南钢股份	732.11	江苏省	金属非金属
361	600744.SH	华银电力	732.06	湖南省	电力、煤气及水的生产和供应业
362	600587.SH	新华医疗	731.94	山东省	机械设备仪表
363	600475.SH	华光股份	731.69	江苏省	机械设备仪表
364	600439.SH	瑞贝卡	731.66	河南省	纺织、服装、皮毛
365	002115.SZ	三维通信	731.63	浙江省	信息技术业
366	600557.SH	康缘药业	731.25	江苏省	医药生物制品
367	000626.SZ	如意集团	730.65	江苏省	批发和零售贸易
368	000733.SZ	振华科技	730.28	贵州省	电子

续表

排名	证券代码	证券简称	内部控制指数	省、自治区、直辖市	行业
369	600810.SH	神马实业	730.11	河南省	石油化学塑胶塑料
370	600007.SH	中国国贸	730.05	北京市	社会服务业
371	000679.SZ	大连友谊	729.90	辽宁省	批发和零售贸易
372	600601.SH	方正科技	729.48	上海市	信息技术业
373	002056.SZ	横店东磁	729.42	浙江省	电子
374	002054.SZ	德美化工	729.09	广东省	石油化学塑胶塑料
375	600547.SH	山东黄金	729.06	山东省	采掘业
376	002022.SZ	科华生物	728.86	上海市	医药生物制品
377	000881.SZ	大连国际	728.65	辽宁省	综合类
378	000937.SZ	冀中能源	728.20	河北省	采掘业
379	600188.SH	兖州煤业	728.02	山东省	采掘业
380	000786.SZ	北新建材	727.64	北京市	金属非金属
381	002087.SZ	新野纺织	727.53	河南省	纺织、服装、皮毛
382	600662.SH	强生控股	727.51	上海市	社会服务业
383	600897.SH	厦门空港	727.32	福建省	交通运输、仓储业
384	002232.SZ	启明信息	727.07	吉林省	信息技术业
385	002116.SZ	中国海诚	726.51	上海市	社会服务业
386	600825.SH	新华传媒	726.11	上海市	批发和零售贸易
387	000848.SZ	承德露露	725.55	河北省	食品、饮料
388	000936.SZ	华西村	725.20	江苏省	石油化学塑胶塑料
389	600594.SH	益佰制药	725.16	贵州省	医药生物制品
390	600481.SH	双良股份	724.98	江苏省	机械设备仪表
391	000883.SZ	三环股份	724.81	湖北省	电力、煤气及水的生产和供应业
392	600584.SH	长电科技	724.78	江苏省	电子
393	600628.SH	新世界	724.16	上海市	批发和零售贸易
394	000022.SZ	深赤湾A	724.12	广东省	交通运输、仓储业
395	600893.SH	航空动力	723.86	陕西省	机械设备仪表
396	600356.SH	恒丰纸业	723.85	黑龙江省	造纸印刷

续表

排名	证券代码	证券简称	内部控制指数	省、自治区、直辖市	行业
397	000060.SZ	中金岭南	723.81	广东省	金属非金属
398	002011.SZ	盾安环境	723.69	浙江省	机械设备仪表
399	600779.SH	水井坊	723.66	四川省	食品、饮料
400	000690.SZ	宝新能源	723.56	广东省	电力、煤气及水的生产和供应业
401	002014.SZ	永新股份	723.55	安徽省	石油化学塑胶塑料
402	600067.SH	冠城大通	722.89	福建省	机械设备仪表
403	600697.SH	欧亚集团	722.84	吉林省	批发和零售贸易
404	600000.SH	浦发银行	722.65	上海市	金融、保险业
405	600126.SH	杭钢股份	722.55	浙江省	金属非金属
406	000559.SZ	万向钱潮	722.27	浙江省	机械设备仪表
407	600327.SH	大厦股份	722.12	江苏省	批发和零售贸易
408	000919.SZ	金陵药业	722.03	江苏省	医药生物制品
409	002039.SZ	黔源电力	722.02	贵州省	电力、煤气及水的生产和供应业
409	002172.SZ	澳洋科技	722.02	江苏省	石油化学塑胶塑料
411	600606.SH	金丰投资	722.00	上海市	综合类
412	002068.SZ	黑猫股份	721.96	江西省	石油化学塑胶塑料
413	600300.SH	维维股份	721.78	江苏省	食品、饮料
414	600035.SH	楚天高速	721.73	湖北省	交通运输、仓储业
415	000006.SZ	深振业A	721.72	广东省	房地产业
416	600765.SH	中航重机	721.61	贵州省	机械设备仪表
417	600742.SH	一汽富维	721.34	吉林省	机械设备仪表
418	002204.SZ	华锐铸钢	721.03	辽宁省	机械设备仪表
419	600125.SH	铁龙物流	720.85	辽宁省	交通运输、仓储业
420	600226.SH	升华拜克	720.73	浙江省	石油化学塑胶塑料
421	002230.SZ	科大讯飞	720.70	安徽省	信息技术业
422	000998.SZ	隆平高科	720.46	湖南省	农、林、牧、渔业
423	000581.SZ	威孚高科	719.79	江苏省	机械设备仪表
424	000899.SZ	赣能股份	719.75	江西省	电力、煤气及水的生产和供应业

续表

排名	证券代码	证券简称	内部控制指数	省、自治区、直辖市	行业
425	002070.SZ	众和股份	719.67	福建省	纺织、服装、皮毛
426	600787.SH	中储股份	719.66	天津市	交通运输、仓储业
427	600828.SH	成商集团	719.61	四川省	批发和零售贸易
428	002034.SZ	美欣达	719.37	浙江省	纺织、服装、皮毛
429	600685.SH	广船国际	718.96	广东省	机械设备仪表
430	600529.SH	山东药玻	718.87	山东省	金属非金属
431	600458.SH	时代新材	718.86	湖南省	石油化学塑胶塑料
432	600639.SH	浦东金桥	718.65	上海市	房地产业
433	002088.SZ	鲁阳股份	718.54	山东省	金属非金属
434	000966.SZ	长源电力	718.44	湖北省	电力、煤气及水的生产和供应业
435	600175.SH	美都控股	718.37	浙江省	社会服务业
436	600246.SH	万通地产	718.30	北京市	房地产业
437	600307.SH	酒钢宏兴	718.24	甘肃省	金属非金属
438	600973.SH	宝胜股份	718.07	江苏省	信息技术业
439	600736.SH	苏州高新	717.62	江苏省	房地产业
440	600241.SH	时代万恒	717.56	辽宁省	纺织、服装、皮毛
441	600017.SH	日照港	717.41	山东省	交通运输、仓储业
442	002165.SZ	红宝丽	717.10	江苏省	石油化学塑胶塑料
443	002111.SZ	威海广泰	717.07	山东省	机械设备仪表
444	000901.SZ	航天科技	716.80	黑龙江省	机械设备仪表
445	600227.SH	赤天化	716.58	贵州省	石油化学塑胶塑料
446	600784.SH	鲁银投资	716.38	山东省	综合类
447	002127.SZ	新民科技	716.18	江苏省	石油化学塑胶塑料
448	600064.SH	南京高科	716.14	江苏省	房地产业
449	002153.SZ	石基信息	715.78	北京市	信息技术业
449	600676.SH	交运股份	715.78	上海市	机械设备仪表
451	600118.SH	中国卫星	715.71	北京市	信息技术业
452	601699.SH	潞安环能	715.31	山西省	采掘业

续表

排名	证券代码	证券简称	内部控制指数	省、自治区、直辖市	行业
453	601166.SH	兴业银行	714.75	福建省	金融、保险业
454	600483.SH	福建南纺	714.58	福建省	纺织、服装、皮毛
455	600572.SH	康恩贝	714.57	浙江省	医药生物制品
456	000042.SZ	深长城	714.52	广东省	房地产业
457	002151.SZ	北斗星通	714.51	北京市	信息技术业
458	600398.SH	凯诺科技	714.36	江苏省	纺织、服装、皮毛
459	000708.SZ	大冶特钢	714.14	湖北省	金属非金属
460	600622.SH	嘉宝集团	713.97	上海市	综合类
461	600990.SH	四创电子	713.89	安徽省	信息技术业
462	600682.SH	南京新百	713.72	江苏省	批发和零售贸易
463	600348.SH	国阳新能	713.30	山西省	采掘业
464	002251.SZ	步步高	713.24	湖南省	批发和零售贸易
465	600137.SH	浪莎股份	713.20	四川省	纺织、服装、皮毛
466	000677.SZ	山东海龙	713.15	山东省	石油化学塑胶塑料
467	600866.SH	星湖科技	713.12	广东省	医药生物制品
468	000717.SZ	韶钢松山	713.00	广东省	金属非金属
469	000789.SZ	江西水泥	712.92	江西省	金属非金属
470	002148.SZ	北纬通信	712.90	北京市	信息技术业
471	600425.SH	青松建化	712.88	新疆维吾尔自治区	金属非金属
472	002237.SZ	恒邦股份	712.80	山东省	金属非金属
473	000885.SZ	同力水泥	712.79	河南省	金属非金属
474	000810.SZ	华润锦华	712.71	四川省	纺织、服装、皮毛
475	600436.SH	片仔癀	712.32	福建省	医药生物制品
476	600993.SH	马应龙	712.31	湖北省	医药生物制品
477	600317.SH	营口港	712.27	辽宁省	交通运输、仓储业
478	600621.SH	上海金陵	712.24	上海市	信息技术业
479	601601.SH	中国太保	712.18	上海市	金融、保险业

续表

排名	证券代码	证券简称	内部控制指数	省、自治区、直辖市	行业
480	600527.SH	江南高纤	711.97	江苏省	石油化学塑胶塑料
481	002262.SZ	恩华药业	711.84	江苏省	批发和零售贸易
482	000543.SZ	皖能电力	711.67	安徽省	电力、煤气及水的生产和供应业
483	600595.SH	中孚实业	711.58	河南省	金属非金属
484	600521.SH	华海药业	711.55	浙江省	医药生物制品
485	002250.SZ	联化科技	711.42	浙江省	石油化学塑胶塑料
486	600231.SH	凌钢股份	711.34	辽宁省	金属非金属
487	600704.SH	中大股份	711.32	浙江省	批发和零售贸易
488	600523.SH	贵航股份	711.07	贵州省	机械设备仪表
489	600499.SH	科达机电	711.05	广东省	机械设备仪表
490	000636.SZ	风华高科	711.03	广东省	电子
491	002206.SZ	海利得	710.90	浙江省	石油化学塑胶塑料
491	002186.SZ	全聚德	710.90	北京市	社会服务业
493	601918.SH	国投新集	710.78	安徽省	采掘业
494	600537.SH	海通集团	710.73	浙江省	食品、饮料
495	000404.SZ	华意压缩	710.67	江西省	机械设备仪表
496	600386.SH	北巴传媒	710.34	北京市	交通运输、仓储业
497	000635.SZ	英力特	710.15	宁夏回族自治区	石油化学塑胶塑料
497	002063.SZ	远光软件	710.15	广东省	信息技术业
499	600337.SH	美克股份	710.14	新疆维吾尔自治区	木材家具
500	002224.SZ	三力士	710.10	浙江省	石油化学塑胶塑料
501	002048.SZ	宁波华翔	709.99	浙江省	机械设备仪表
502	600760.SH	东安黑豹	709.93	山东省	机械设备仪表
503	600460.SH	士兰微	709.91	浙江省	电子
504	002084.SZ	海鸥卫浴	709.90	广东省	金属非金属
505	000592.SZ	中福实业	709.78	福建省	农、林、牧、渔业

续表

排名	证券代码	证券简称	内部控制指数	省、自治区、直辖市	行业
506	600280.SH	南京中商	709.59	江苏省	批发和零售贸易
507	000046.SZ	泛海建设	709.22	广东省	房地产业
507	000797.SZ	中国武夷	709.22	福建省	房地产业
509	600496.SH	精工钢构	709.19	安徽省	建筑业
510	002089.SZ	新海宜	709.13	江苏省	信息技术业
511	002248.SZ	华东数控	708.85	山东省	机械设备仪表
512	000558.SZ	莱茵置业	708.68	浙江省	房地产业
513	600268.SH	国电南自	708.62	江苏省	机械设备仪表
514	600857.SH	工大首创	708.48	浙江省	信息技术业
515	002138.SZ	顺络电子	708.35	广东省	电子
516	600501.SH	航天晨光	708.20	江苏省	机械设备仪表
517	000516.SZ	开元控股	707.87	陕西省	批发和零售贸易
518	002081.SZ	金螳螂	707.83	江苏省	建筑业
519	600879.SH	航天电子	707.69	湖北省	机械设备仪表
520	600846.SH	同济科技	707.59	上海市	综合类
521	600558.SH	大西洋	707.49	四川省	金属非金属
522	600375.SH	星马汽车	707.34	安徽省	机械设备仪表
523	600824.SH	益民商业	707.27	上海市	批发和零售贸易
524	600586.SH	金晶科技	707.18	山东省	金属非金属
525	002025.SZ	航天电器	706.51	贵州省	电子
526	000785.SZ	武汉中商	706.43	湖北省	批发和零售贸易
527	600747.SH	大连控股	706.30	辽宁省	电子
528	600260.SH	凯乐科技	706.20	湖北省	石油化学塑胶塑料
529	000756.SZ	新华制药	705.99	山东省	医药生物制品
530	002242.SZ	九阳股份	705.92	山东省	机械设备仪表
531	600262.SH	北方股份	705.90	内蒙古自治区	机械设备仪表
532	600200.SH	江苏吴中	705.77	江苏省	综合类

续表

排名	证券代码	证券简称	内部控制指数	省、自治区、直辖市	行业
533	600629.SH	棱光实业	705.54	上海市	金属非金属
534	000533.SZ	万家乐	705.50	广东省	机械设备仪表
535	600323.SH	南海发展	705.47	广东省	电力、煤气及水的生产和供应业
536	002092.SZ	中泰化学	705.46	新疆维吾尔自治区	石油化学塑胶塑料
537	600734.SH	实达集团	705.25	福建省	信息技术业
537	002058.SZ	威尔泰	705.25	上海市	机械设备仪表
539	600797.SH	浙大网新	705.22	浙江省	信息技术业
540	002254.SZ	烟台氨纶	705.15	山东省	石油化学塑胶塑料
540	002233.SZ	塔牌集团	705.15	广东省	金属非金属
542	002093.SZ	国脉科技	704.98	福建省	信息技术业
543	600568.SH	中珠控股	704.96	湖北省	房地产业
544	002004.SZ	华邦制药	704.91	重庆市	医药生物制品
545	601169.SH	北京银行	704.57	北京市	金融、保险业
546	600735.SH	新华锦	704.55	山东省	食品、饮料
547	002156.SZ	通富微电	704.47	江苏省	电子
548	000911.SZ	南宁糖业	704.43	广西壮族自治区	食品、饮料
549	600395.SH	盘江股份	704.42	贵州省	采掘业
550	600122.SH	宏图高科	704.35	江苏省	信息技术业
551	000061.SZ	农产品	704.34	广东省	批发和零售贸易
552	002209.SZ	达意隆	704.30	广东省	机械设备仪表
553	600533.SH	栖霞建设	704.21	江苏省	房地产业
554	000916.SZ	华北高速	704.17	北京市	交通运输、仓储业
555	000715.SZ	中兴商业	704.07	辽宁省	批发和零售贸易
555	000751.SZ	锌业股份	704.07	辽宁省	金属非金属
557	600136.SH	道博股份	704.05	湖北省	综合类
558	002205.SZ	国统股份	703.80	新疆维吾尔自治区	金属非金属

续表

排名	证券代码	证券简称	内部控制指数	省、自治区、直辖市	行业
559	000850.SZ	华茂股份	703.59	安徽省	纺织、服装、皮毛
560	000536.SZ	闽闽东	703.50	福建省	电子
561	000710.SZ	天兴仪表	703.40	四川省	机械设备仪表
562	600985.SH	雷鸣科化	703.36	安徽省	石油化学塑胶塑料
563	000429.SZ	粤高速 A	703.20	广东省	交通运输、仓储业
564	000541.SZ	佛山照明	703.19	广东省	机械设备仪表
565	000088.SZ	盐田港	703.07	广东省	交通运输、仓储业
566	600485.SH	中创信测	703.03	北京市	信息技术业
567	600963.SH	岳阳纸业	702.93	湖南省	造纸印刷
568	002238.SZ	天威视讯	702.75	广东省	传播与文化产业
569	600405.SH	动力源	702.60	北京市	电子
570	002226.SZ	江南化工	702.45	安徽省	石油化学塑胶塑料
571	000735.SZ	罗牛山	702.26	海南省	农、林、牧、渔业
572	600619.SH	海立股份	702.20	上海市	机械设备仪表
573	002071.SZ	江苏宏宝	702.15	江苏省	金属非金属
574	002185.SZ	华天科技	702.12	甘肃省	电子
575	000888.SZ	峨眉山 A	702.10	四川省	社会服务业
576	002143.SZ	高金食品	702.06	四川省	食品、饮料
577	000973.SZ	佛塑股份	702.02	广东省	石油化学塑胶塑料
578	600693.SH	东百集团	701.94	福建省	批发和零售贸易
579	000669.SZ	领先科技	701.92	吉林省	信息技术业
580	600238.SH	海南椰岛	701.84	海南省	食品、饮料
581	002033.SZ	丽江旅游	701.81	云南省	社会服务业
581	002266.SZ	浙富股份	701.81	浙江省	机械设备仪表
583	600577.SH	精达股份	701.71	安徽省	机械设备仪表
584	000997.SZ	新大陆	701.61	福建省	信息技术业
585	600616.SH	金枫酒业	701.41	上海市	批发和零售贸易
586	000565.SZ	渝三峡 A	701.04	重庆市	石油化学塑胶塑料

续表

排名	证券代码	证券简称	内部控制指数	省、自治区、直辖市	行业
587	600038.SH	哈飞股份	701.02	黑龙江省	机械设备仪表
588	600328.SH	兰太实业	700.79	内蒙古自治区	石油化学塑胶塑料
589	002108.SZ	沧州明珠	700.65	河北省	石油化学塑胶塑料
590	002100.SZ	天康生物	700.56	新疆维吾尔自治区	食品、饮料
591	000893.SZ	东凌粮油	700.47	广东省	食品、饮料
592	600638.SH	新黄浦	700.43	上海市	房地产业
593	600392.SH	太工天成	700.03	山西省	信息技术业
594	600804.SH	鹏博士	700.00	四川省	信息技术业
595	000875.SZ	吉电股份	699.88	吉林省	电力、煤气及水的生产和供应业
596	600506.SH	香梨股份	699.81	新疆维吾尔自治区	农、林、牧、渔业
597	000600.SZ	建投能源	699.76	河北省	电力、煤气及水的生产和供应业
598	600363.SH	联创光电	699.75	江西省	电子
599	000551.SZ	创元科技	699.70	江苏省	机械设备仪表
600	002258.SZ	利尔化学	699.67	四川省	石油化学塑胶塑料
601	002208.SZ	合肥城建	699.64	安徽省	房地产业
602	000661.SZ	长春高新	699.55	吉林省	医药生物制品
603	002193.SZ	山东如意	699.47	山东省	纺织、服装、皮毛
604	002169.SZ	智光电气	699.33	广东省	机械设备仪表
605	002228.SZ	合兴包装	699.14	福建省	造纸印刷
606	002164.SZ	东力传动	699.10	浙江省	机械设备仪表
607	002061.SZ	江山化工	698.92	浙江省	石油化学塑胶塑料
608	002005.SZ	德豪润达	698.81	广东省	机械设备仪表
609	600651.SH	飞乐音响	698.80	上海市	综合类
610	600552.SH	方兴科技	698.78	安徽省	金属非金属
611	000880.SZ	潍柴重机	698.75	山东省	机械设备仪表
612	002183.SZ	怡亚通	698.61	广东省	社会服务业

续表

排名	证券代码	证券简称	内部控制指数	省、自治区、直辖市	行业
613	002267.SZ	陕天然气	698.52	陕西省	电力、煤气及水的生产和供应业
613	600230.SH	沧州大化	698.52	河北省	石油化学塑胶塑料
615	000833.SZ	贵糖股份	698.38	广西壮族自治区	造纸印刷
616	002052.SZ	同洲电子	698.30	广东省	信息技术业
617	000020.SZ	深华发 A	698.25	广东省	电子
618	000534.SZ	万泽股份	698.21	广东省	房地产业
619	600235.SH	民丰特纸	698.20	浙江省	造纸印刷
620	600677.SH	航天通信	698.18	浙江省	纺织、服装、皮毛
621	600581.SH	八一钢铁	697.88	新疆维吾尔自治区	金属非金属
622	600636.SH	三爱富	697.85	上海市	石油化学塑胶塑料
623	000852.SZ	江钻股份	697.68	湖北省	机械设备仪表
624	600110.SH	中科英华	697.64	吉林省	其他制造业
625	002117.SZ	东港股份	697.51	山东省	造纸印刷
626	600961.SH	株冶集团	697.44	湖南省	金属非金属
627	600834.SH	申通地铁	697.33	上海市	交通运输、仓储业
628	600423.SH	柳化股份	697.25	广西壮族自治区	石油化学塑胶塑料
629	000985.SZ	大庆华科	696.94	黑龙江省	石油化学塑胶塑料
630	600776.SH	东方通信	696.90	浙江省	信息技术业
631	600288.SH	大恒科技	696.88	北京市	信息技术业
632	002110.SZ	三钢闽光	696.87	福建省	金属非金属
633	601872.SH	招商轮船	696.83	上海市	交通运输、仓储业
634	002222.SZ	福晶科技	696.69	福建省	电子
635	002216.SZ	三全食品	696.60	河南省	食品、饮料
636	600157.SH	鲁润股份	696.59	山西省	综合类
637	002252.SZ	上海莱士	696.58	上海市	医药生物制品
638	600422.SH	昆明制药	696.40	云南省	医药生物制品

排名	证券代码	证券简称	内部控制指数	省、自治区、直辖市	行业
639	600470.SH	六国化工	696.29	安徽省	石油化学塑胶塑料
640	600272.SH	开开实业	696.08	上海市	纺织、服装、皮毛
641	000828.SZ	东莞控股	696.04	广东省	交通运输、仓储业
642	600818.SH	中路股份	695.97	上海市	机械设备仪表
643	000780.SZ	平庄能源	695.96	内蒙古自治区	采掘业
644	002149.SZ	西部材料	695.81	陕西省	金属非金属
644	000685.SZ	中山公用	695.81	广东省	电力、煤气及水的生产和供应业
646	600289.SH	亿阳信通	695.79	黑龙江省	信息技术业
647	600960.SH	滨州活塞	695.62	山东省	机械设备仪表
648	000989.SZ	九芝堂	695.60	湖南省	医药生物制品
649	002225.SZ	濮耐股份	695.53	河南省	金属非金属
650	002158.SZ	汉钟精机	695.49	上海市	机械设备仪表
651	002060.SZ	粤水电	695.38	广东省	建筑业
652	000948.SZ	南天信息	695.37	云南省	信息技术业
653	600258.SH	首旅股份	695.32	北京市	社会服务业
654	002223.SZ	鱼跃医疗	695.17	江苏省	机械设备仪表
655	002264.SZ	新华都	695.15	福建省	批发和零售贸易
656	002066.SZ	瑞泰科技	695.13	北京市	金属非金属
657	600101.SH	明星电力	695.12	四川省	电力、煤气及水的生产和供应业
657	600665.SH	天地源	695.12	上海市	房地产业
659	000570.SZ	苏常柴A	695.11	江苏省	机械设备仪表
660	000159.SZ	国际实业	695.10	新疆维吾尔自治区	石油化学塑胶塑料
661	002255.SZ	海陆重工	694.95	江苏省	机械设备仪表
662	000615.SZ	湖北金环	694.91	湖北省	石油化学塑胶塑料
663	000001.SZ	深发展A	694.69	广东省	金融、保险业
664	002272.SZ	川润股份	694.59	四川省	机械设备仪表

续表

排名	证券代码	证券简称	内部控制指数	省、自治区、直辖市	行业
665	600113.SH	浙江东日	694.47	浙江省	房地产业
665	002229.SZ	鸿博股份	694.47	福建省	造纸印刷
667	600152.SH	维科精华	694.27	浙江省	纺织、服装、皮毛
668	002124.SZ	天邦股份	694.20	浙江省	食品、饮料
669	600967.SH	北方创业	694.19	内蒙古自治区	机械设备仪表
670	002091.SZ	江苏国泰	694.09	江苏省	批发和零售贸易
671	600059.SH	古越龙山	694.07	浙江省	食品、饮料
672	600981.SH	江苏开元	694.02	江苏省	批发和零售贸易
673	600508.SH	上海能源	693.86	上海市	采掘业
674	000667.SZ	名流置业	693.80	云南省	房地产业
675	600865.SH	百大集团	693.78	浙江省	批发和零售贸易
676	000596.SZ	古井贡酒	693.77	安徽省	食品、饮料
677	002082.SZ	栋梁新材	693.76	浙江省	金属非金属
678	000045.SZ	深纺织A	693.73	广东省	纺织、服装、皮毛
679	000983.SZ	西山煤电	693.58	山西省	采掘业
680	002131.SZ	利欧股份	693.54	浙江省	机械设备仪表
681	600560.SH	金自天正	693.37	北京市	机械设备仪表
681	600391.SH	成发科技	693.37	四川省	机械设备仪表
683	002268.SZ	卫士通	693.32	四川省	信息技术业
684	600992.SH	贵绳股份	693.14	贵州省	金属非金属
685	600303.SH	曙光股份	693.06	辽宁省	机械设备仪表
685	000155.SZ	川化股份	693.06	四川省	石油化学塑胶塑料
687	000861.SZ	海印股份	693.01	广东省	批发和零售贸易
688	600790.SH	轻纺城	692.93	浙江省	综合类
689	600815.SH	厦工股份	692.89	福建省	机械设备仪表
690	002057.SZ	中钢天源	692.80	安徽省	电子
690	002064.SZ	华峰氨纶	692.80	浙江省	石油化学塑胶塑料

续表

排名	证券代码	证券简称	内部控制指数	省、自治区、直辖市	行业
692	600178.SH	东安动力	692.78	黑龙江省	机械设备仪表
693	600190.SH	锦州港	692.71	辽宁省	交通运输、仓储业
694	002273.SZ	水晶光电	692.57	浙江省	电子
695	600403.SH	欣网视讯	692.38	河南省	信息技术业
696	000970.SZ	中科三环	692.20	北京市	电子
697	600493.SH	凤竹纺织	692.18	福建省	纺织、服装、皮毛
698	600843.SH	上工申贝	692.05	上海市	机械设备仪表
699	002105.SZ	信隆实业	691.90	广东省	造纸印刷
700	600841.SH	上柴股份	691.87	上海市	机械设备仪表
701	600833.SH	第一医药	691.82	上海市	批发和零售贸易
702	000632.SZ	三木集团	691.75	福建省	综合类
702	002067.SZ	景兴纸业	691.75	浙江省	造纸印刷
704	000978.SZ	桂林旅游	691.74	广西壮族自治区	社会服务业
704	600291.SH	西水股份	691.74	内蒙古自治区	金属非金属
706	002132.SZ	恒星科技	691.59	河南省	金属非金属
707	600015.SH	华夏银行	691.55	北京市	金融、保险业
708	600022.SH	济南钢铁	691.52	山东省	金属非金属
709	002253.SZ	川大智胜	691.50	四川省	信息技术业
710	600351.SH	亚宝药业	691.45	山西省	医药生物制品
711	000571.SZ	新大洲A	691.42	海南省	机械设备仪表
712	002212.SZ	南洋股份	691.37	广东省	机械设备仪表
713	002235.SZ	安妮股份	691.31	福建省	造纸印刷
713	002031.SZ	巨轮股份	691.31	广东省	机械设备仪表
715	600877.SH	中国嘉陵	691.30	重庆市	机械设备仪表
716	600979.SH	广安爱众	691.26	四川省	电力、煤气及水的生产和供应业
717	000523.SZ	广州浪奇	691.19	广东省	石油化学塑胶塑料

续表

排名	证券代码	证券简称	内部控制指数	省、自治区、直辖市	行业
718	000990.SZ	诚志股份	691.10	江西省	医药生物制品
719	002192.SZ	路翔股份	691.07	广东省	石油化学塑胶塑料
720	600284.SH	浦东建设	691.04	上海市	建筑业
721	600184.SH	新华光	691.00	湖北省	金属非金属
722	002177.SZ	御银股份	690.86	广东省	机械设备仪表
723	600733.SH	S前锋	690.85	四川省	信息技术业
724	000795.SZ	太原刚玉	690.83	山西省	金属非金属
724	600850.SH	华东电脑	690.83	上海市	信息技术业
726	600078.SH	澄星股份	690.75	江苏省	石油化学塑胶塑料
726	600409.SH	三友化工	690.75	河北省	石油化学塑胶塑料
728	600862.SH	南通科技	690.72	江苏省	机械设备仪表
729	002150.SZ	江苏通润	690.67	江苏省	金属非金属
730	600789.SH	鲁抗医药	690.63	山东省	医药生物制品
731	000507.SZ	粤富华	690.61	广东省	综合类
731	002083.SZ	孚日股份	690.61	山东省	纺织、服装、皮毛
733	002023.SZ	海特高新	690.58	四川省	交通运输、仓储业
734	000815.SZ	美利纸业	690.37	宁夏回族自治区	造纸印刷
735	600119.SH	长江投资	690.34	上海市	综合类
736	002109.SZ	兴化股份	690.32	陕西省	石油化学塑胶塑料
737	002142.SZ	宁波银行	690.30	浙江省	金融、保险业
738	600270.SH	外运发展	690.29	北京市	交通运输、仓储业
739	600756.SH	浪潮软件	690.06	山东省	信息技术业
739	600433.SH	冠豪高新	690.06	广东省	造纸印刷
741	600873.SH	五洲明珠	690.05	西藏自治区	食品、饮料
742	000566.SZ	海南海药	690.02	海南省	医药生物制品
743	000411.SZ	英特集团	690.00	浙江省	批发和零售贸易

续表

排名	证券代码	证券简称	内部控制指数	省、自治区、直辖市	行业
744	002190.SZ	成飞集成	689.81	四川省	机械设备仪表
745	002199.SZ	东晶电子	689.76	浙江省	电子
746	600674.SH	川投能源	689.73	四川省	电力、煤气及水的生产和供应业
746	000505.SZ	珠江控股	689.73	海南省	房地产业
748	600668.SH	尖峰集团	689.63	浙江省	金属非金属
749	002120.SZ	新海股份	689.60	浙江省	其他制造业
750	002197.SZ	证通电子	689.51	广东省	机械设备仪表
751	600702.SH	沱牌曲酒	689.42	四川省	食品、饮料
752	002051.SZ	中工国际	689.33	北京市	建筑业
753	002017.SZ	东信和平	689.20	广东省	其他制造业
754	600116.SH	三峡水利	689.12	重庆市	电力、煤气及水的生产和供应业
755	000530.SZ	大冷股份	689.03	辽宁省	机械设备仪表
756	600806.SH	昆明机床	688.99	云南省	机械设备仪表
757	000869.SZ	张裕 A	688.96	山东省	食品、饮料
758	000055.SZ	方大集团	688.95	广东省	金属非金属
759	000601.SZ	韶能股份	688.89	广东省	电力、煤气及水的生产和供应业
760	002035.SZ	华帝股份	688.82	广东省	金属非金属
761	600624.SH	复旦复华	688.52	上海市	综合类
762	600851.SH	海欣股份	688.43	上海市	纺织、服装、皮毛
762	000939.SZ	凯迪电力	688.43	湖北省	电力、煤气及水的生产和供应业
764	600069.SH	银鸽投资	688.40	河南省	造纸印刷
765	600353.SH	旭光股份	688.31	四川省	电子
766	600361.SH	华联综超	688.23	北京市	批发和零售贸易
767	000816.SZ	江淮动力	688.18	江苏省	机械设备仪表
767	000801.SZ	四川湖山	688.18	四川省	电子
769	000929.SZ	兰州黄河	688.11	甘肃省	食品、饮料
770	600378.SH	天科股份	688.01	四川省	石油化学塑胶塑料
771	600063.SH	皖维高新	688.00	安徽省	石油化学塑胶塑料

续表

排名	证券代码	证券简称	内部控制指数	省、自治区、直辖市	行业
772	002101.SZ	广东鸿图	687.96	广东省	机械设备仪表
773	600737.SH	中粮屯河	687.85	新疆维吾尔自治区	食品、饮料
774	002112.SZ	三变科技	687.80	浙江省	机械设备仪表
775	600159.SH	大龙地产	687.67	北京市	食品、饮料
776	600467.SH	好当家	687.66	山东省	农、林、牧、渔业
777	002046.SZ	轴研科技	687.64	河南省	机械设备仪表
778	600526.SH	菲达环保	687.60	浙江省	机械设备仪表
779	000903.SZ	云内动力	687.51	云南省	机械设备仪表
780	600761.SH	安徽合力	687.49	安徽省	机械设备仪表
781	600248.SH	延长化建	687.47	陕西省	建筑业
782	000510.SZ	金路集团	687.44	四川省	石油化学塑胶塑料
783	600680.SH	上海普天	687.42	上海市	信息技术业
784	600889.SH	南京化纤	687.39	江苏省	石油化学塑胶塑料
785	600589.SH	广东榕泰	687.24	广东省	金属非金属
786	000725.SZ	京东方 A	687.12	北京市	电子
787	002128.SZ	露天煤业	686.96	内蒙古自治区	采掘业
788	000608.SZ	阳光股份	686.88	广西壮族自治区	房地产业
788	000968.SZ	煤气化	686.88	山西省	采掘业
790	600111.SH	包钢稀土	686.77	内蒙古自治区	金属非金属
791	600322.SH	天房发展	686.64	天津市	房地产业
792	600371.SH	万向德农	686.54	黑龙江省	食品、饮料
793	000032.SZ	深桑达 A	686.53	广东省	电子
794	000532.SZ	力合股份	686.49	广东省	综合类
795	600561.SH	江西长运	686.44	江西省	交通运输、仓储业
796	002044.SZ	江苏三友	686.39	江苏省	纺织、服装、皮毛

续表

排名	证券代码	证券简称	内部控制指数	省、自治区、直辖市	行业
797	000933.SZ	神火股份	686.26	河南省	采掘业
798	600399.SH	抚顺特钢	686.20	辽宁省	金属非金属
799	600070.SH	浙江富润	686.17	浙江省	纺织、服装、皮毛
800	000837.SZ	秦川发展	686.14	陕西省	机械设备仪表
801	000301.SZ	东方市场	685.79	江苏省	综合类
802	600724.SH	宁波富达	685.77	浙江省	机械设备仪表
803	600240.SH	华业地产	685.75	北京市	房地产业
804	000782.SZ	美达股份	685.64	广东省	石油化学塑胶塑料
805	000519.SZ	银河动力	685.61	湖南省	机械设备仪表
806	000739.SZ	普洛股份	685.58	山东省	医药生物制品
807	002055.SZ	得润电子	685.54	广东省	电子
807	600120.SH	浙江东方	685.54	浙江省	批发和零售贸易
809	600055.SH	万东医疗	685.49	北京市	机械设备仪表
810	002133.SZ	广宇集团	685.20	浙江省	房地产业
811	600318.SH	巢东股份	685.16	安徽省	金属非金属
812	002180.SZ	万力达	685.08	广东省	机械设备仪表
813	600559.SH	老白干酒	685.07	河北省	食品、饮料
814	000420.SZ	吉林化纤	685.00	吉林省	石油化学塑胶塑料
815	600379.SH	宝光股份	684.78	陕西省	机械设备仪表
816	600162.SH	香江控股	684.75	广东省	机械设备仪表
817	600571.SH	信雅达	684.59	浙江省	信息技术业
818	600370.SH	三房巷	684.52	江苏省	纺织、服装、皮毛
819	600497.SH	驰宏锌锗	684.46	云南省	采掘业
820	000705.SZ	浙江震元	684.22	浙江省	批发和零售贸易
821	600221.SH	海南航空	684.04	海南省	交通运输、仓储业
822	600592.SH	龙溪股份	684.01	福建省	机械设备仪表
823	600107.SH	美尔雅	684.00	湖北省	纺织、服装、皮毛
824	601007.SH	金陵饭店	683.88	江苏省	社会服务业

续表

排名	证券代码	证券简称	内部控制指数	省、自治区、直辖市	行业
825	600578.SH	京能热电	683.87	北京市	电力、煤气及水的生产和供应业
826	600995.SH	文山电力	683.86	云南省	电力、煤气及水的生产和供应业
827	600030.SH	中信证券	683.84	广东省	金融、保险业
828	600251.SH	冠农股份	683.78	新疆维吾尔自治区	农、林、牧、渔业
829	002217.SZ	联合化工	683.68	山东省	石油化学塑胶塑料
830	000811.SZ	烟台冰轮	683.64	山东省	机械设备仪表
831	600082.SH	海泰发展	683.60	天津市	房地产业
832	600643.SH	爱建股份	683.53	上海市	综合类
833	600971.SH	恒源煤电	683.52	安徽省	采掘业
834	600746.SH	江苏索普	683.15	江苏省	石油化学塑胶塑料
835	000514.SZ	渝开发	683.12	重庆市	房地产业
836	600141.SH	兴发集团	683.10	湖北省	石油化学塑胶塑料
837	600400.SH	红豆股份	682.98	江苏省	纺织、服装、皮毛
838	002030.SZ	达安基因	682.94	广东省	医药生物制品
839	600345.SH	长江通信	682.89	湖北省	信息技术业
840	600532.SH	华阳科技	682.79	山东省	石油化学塑胶塑料
841	002201.SZ	九鼎新材	682.72	江苏省	金属非金属
842	000023.SZ	深天地A	682.69	广东省	建筑业
843	000993.SZ	闽东电力	682.64	福建省	电力、煤气及水的生产和供应业
844	600620.SH	天宸股份	682.33	上海市	综合类
844	002270.SZ	法因数控	682.33	山东省	机械设备仪表
846	600531.SH	豫光金铅	682.26	河南省	金属非金属
847	000779.SZ	三毛派神	681.95	甘肃省	纺织、服装、皮毛
848	000511.SZ	银基发展	681.87	辽宁省	房地产业
849	000957.SZ	中通客车	681.74	山东省	机械设备仪表
850	600743.SH	华远地产	681.72	湖北省	房地产业
851	600387.SH	海越股份	681.71	浙江省	交通运输、仓储业

续表

排名	证券代码	证券简称	内部控制指数	省、自治区、直辖市	行业
852	600749.SH	西藏旅游	681.53	西藏自治区	社会服务业
853	600576.SH	万好万家	681.43	浙江省	综合类
854	002195.SZ	海隆软件	681.31	上海市	信息技术业
855	600250.SH	南纺股份	681.29	江苏省	批发和零售贸易
856	601168.SH	西部矿业	681.12	青海省	采掘业
857	600072.SH	中船股份	681.10	上海市	机械设备仪表
858	000886.SZ	海南高速	681.05	海南省	交通运输、仓储业
859	002157.SZ	正邦科技	680.92	江西省	食品、饮料
860	600212.SH	江泉实业	680.69	山东省	金属非金属
861	600420.SH	现代制药	680.64	上海市	医药生物制品
862	600446.SH	金证股份	680.63	广东省	信息技术业
863	600867.SH	通化东宝	680.54	吉林省	医药生物制品
864	600218.SH	全柴动力	680.32	安徽省	机械设备仪表
865	600278.SH	东方创业	680.31	上海市	批发和零售贸易
866	600197.SH	伊力特	680.25	新疆维吾尔自治区	食品、饮料
867	002026.SZ	山东威达	680.19	山东省	金属非金属
868	000806.SZ	银河科技	680.00	广西壮族自治区	机械设备仪表
869	600580.SH	卧龙电气	679.98	浙江省	机械设备仪表
870	600168.SH	武汉控股	679.95	湖北省	电力、煤气及水的生产和供应业
871	600573.SH	惠泉啤酒	679.93	福建省	食品、饮料
872	002074.SZ	东源电器	679.74	江苏省	机械设备仪表
873	600719.SH	大连热电	679.72	辽宁省	电力、煤气及水的生产和供应业
873	002173.SZ	山下湖	679.72	浙江省	食品、饮料
873	000099.SZ	中信海直	679.72	广东省	交通运输、仓储业
876	600088.SH	中视传媒	679.66	上海市	传播与文化产业
877	002079.SZ	苏州固锝	679.61	江苏省	电子

续表

排名	证券代码	证券简称	内部控制指数	省、自治区、直辖市	行业
878	000980.SZ	金马股份	679.15	安徽省	机械设备仪表
879	000731.SZ	四川美丰	678.94	四川省	石油化学塑胶塑料
880	002147.SZ	方圆支承	678.93	安徽省	机械设备仪表
880	002102.SZ	冠福家用	678.93	福建省	金属非金属
882	600343.SH	航天动力	678.88	陕西省	机械设备仪表
882	000856.SZ	唐山陶瓷	678.88	河北省	金属非金属
884	000905.SZ	厦门港务	678.86	福建省	交通运输、仓储业
884	600165.SH	宁夏恒力	678.86	宁夏回族自治区	金属非金属
886	002098.SZ	浔兴股份	678.82	福建省	其他制造业
887	000752.SZ	西藏发展	678.81	西藏自治区	食品、饮料
888	000702.SZ	正虹科技	678.72	湖南省	食品、饮料
889	600997.SH	开滦股份	678.67	河北省	采掘业
890	000687.SZ	保定天鹅	678.64	河北省	石油化学塑胶塑料
890	000552.SZ	靖远煤电	678.64	甘肃省	采掘业
892	600360.SH	华微电子	678.55	吉林省	电子
893	600039.SH	四川路桥	678.40	四川省	建筑业
894	000593.SZ	大通燃气	678.33	四川省	电力、煤气及水的生产和供应业
895	600814.SH	杭州解百	678.22	浙江省	批发和零售贸易
896	002155.SZ	辰州矿业	678.16	湖南省	采掘业
897	002090.SZ	金智科技	678.02	江苏省	机械设备仪表
898	600692.SH	亚通股份	677.94	上海市	交通运输、仓储业
899	600477.SH	杭萧钢构	677.82	浙江省	建筑业
900	000037.SZ	深南电A	677.80	广东省	电力、煤气及水的生产和供应业
901	600243.SH	青海华鼎	677.75	青海省	机械设备仪表
902	601008.SH	连云港	677.64	江苏省	交通运输、仓储业
903	601958.SH	金钼股份	677.63	陕西省	采掘业

排名	证券代码	证券简称	内部控制指数	省、自治区、直辖市	行业
904	000721.SZ	西安饮食	677.41	陕西省	社会服务业
905	601999.SH	出版传媒	677.40	辽宁省	传播与文化产业
906	600461.SH	洪城水业	677.23	江西省	电力、煤气及水的生产和供应业
907	000767.SZ	漳泽电力	676.76	山西省	电力、煤气及水的生产和供应业
908	600061.SH	中纺投资	676.72	上海市	石油化学塑胶塑料
909	600287.SH	江苏舜天	676.65	江苏省	批发和零售贸易
910	002135.SZ	东南网架	676.59	浙江省	建筑业
911	002053.SZ	云南盐化	676.52	云南省	食品、饮料
912	600331.SH	宏达股份	676.49	四川省	石油化学塑胶塑料
913	600503.SH	华丽家族	676.44	上海市	房地产业
914	002049.SZ	晶源电子	676.43	河北省	电子
915	600853.SH	龙建股份	676.42	黑龙江省	建筑业
916	600731.SH	湖南海利	676.33	湖南省	石油化学塑胶塑料
917	002130.SZ	沃尔核材	676.29	广东省	电子
918	002136.SZ	安纳达	676.24	安徽省	石油化学塑胶塑料
919	600199.SH	金种子酒	676.23	安徽省	食品、饮料
920	000700.SZ	模塑科技	675.93	江苏省	机械设备仪表
921	600476.SH	湘邮科技	675.84	湖南省	信息技术业
922	600710.SH	常林股份	675.71	江苏省	机械设备仪表
923	600732.SH	上海新梅	675.68	上海市	房地产业
924	600232.SH	金鹰股份	675.61	浙江省	纺织、服装、皮毛
925	002086.SZ	东方海洋	675.57	山东省	农、林、牧、渔业
926	000029.SZ	深深房A	675.53	广东省	房地产业
927	000698.SZ	沈阳化工	675.47	辽宁省	石油化学塑胶塑料
928	600872.SH	中炬高新	675.05	广东省	综合类
929	000627.SZ	天茂集团	675.01	湖北省	石油化学塑胶塑料
930	600689.SH	上海三毛	674.86	上海市	纺织、服装、皮毛
930	002134.SZ	天津普林	674.86	天津市	电子

续表

排名	证券代码	证券简称	内部控制指数	省、自治区、直辖市	行业
932	600167.SH	联美控股	674.79	辽宁省	房地产业
933	000882.SZ	华联股份	674.69	北京市	批发和零售贸易
934	600738.SH	兰州民百	674.54	甘肃省	批发和零售贸易
935	002036.SZ	宜科科技	674.37	浙江省	纺织、服装、皮毛
936	600279.SH	重庆港九	674.33	重庆市	交通运输、仓储业
936	600730.SH	中国高科	674.33	上海市	综合类
938	600106.SH	重庆路桥	674.32	重庆市	交通运输、仓储业
939	600605.SH	汇通能源	674.27	上海市	机械设备仪表
939	002144.SZ	宏达经编	674.27	浙江省	纺织、服装、皮毛
941	600488.SH	天药股份	674.11	天津市	医药生物制品
941	002247.SZ	帝龙新材	674.11	浙江省	其他制造业
943	600512.SH	腾达建设	674.06	浙江省	建筑业
944	002259.SZ	升达林业	673.97	四川省	木材家具
945	600128.SH	弘业股份	673.90	江苏省	批发和零售贸易
946	000096.SZ	广聚能源	673.88	广东省	批发和零售贸易
947	002040.SZ	南京港	673.86	江苏省	交通运输、仓储业
948	600151.SH	航天机电	673.70	上海市	机械设备仪表
949	600855.SH	航天长峰	673.56	北京市	机械设备仪表
950	000617.SZ	石油济柴	673.49	山东省	机械设备仪表
951	600864.SH	哈投股份	673.45	黑龙江省	电力、煤气及水的生产和供应业
952	600831.SH	广电网络	673.14	陕西省	传播与文化产业
953	000070.SZ	特发信息	672.95	广东省	信息技术业
954	000150.SZ	宜华地产	672.84	广东省	房地产业
955	600099.SH	林海股份	672.46	江苏省	机械设备仪表
956	600593.SH	大连圣亚	672.38	辽宁省	社会服务业
957	600368.SH	五洲交通	672.34	广西壮族自治区	交通运输、仓储业
958	000573.SZ	粤宏远 A	672.33	广东省	房地产业

排名	证券代码	证券简称	内部控制指数	省、自治区、直辖市	行业
959	600545.SH	新疆城建	672.30	新疆维吾尔自治区	建筑业
960	000416.SZ	民生投资	672.23	山东省	批发和零售贸易
961	600976.SH	武汉健民	672.19	湖北省	医药生物制品
962	002231.SZ	奥维通信	672.12	辽宁省	信息技术业
963	000915.SZ	山大华特	672.11	山东省	医药生物制品
964	000026.SZ	飞亚达 A	672.08	广东省	批发和零售贸易
964	002006.SZ	精功科技	672.08	浙江省	机械设备仪表
966	600778.SH	友好集团	672.02	新疆维吾尔自治区	批发和零售贸易
967	600172.SH	黄河旋风	672.00	河南省	金属非金属
968	600478.SH	科力远	671.85	湖南省	电子
969	600393.SH	东华实业	671.84	广东省	房地产业
970	000777.SZ	中核科技	671.72	江苏省	机械设备仪表
971	002104.SZ	恒宝股份	671.67	江苏省	其他制造业
972	600654.SH	飞乐股份	671.48	上海市	信息技术业
973	002076.SZ	雪莱特	671.45	广东省	电子
974	002184.SZ	海得控制	671.32	上海市	信息技术业
975	600566.SH	洪城股份	671.25	湖北省	机械设备仪表
976	000525.SZ	红太阳	671.23	江苏省	石油化学塑胶塑料
977	600283.SH	钱江水利	671.22	浙江省	电力、煤气及水的生产和供应业
978	600553.SH	太行水泥	671.00	河北省	金属非金属
979	002245.SZ	澳洋顺昌	670.81	江苏省	社会服务业
980	000682.SZ	东方电子	670.78	山东省	信息技术业
981	600602.SH	广电电子	670.77	上海市	电子
982	600081.SH	东风科技	670.71	上海市	机械设备仪表
983	002219.SZ	独一味	670.62	甘肃省	医药生物制品
984	002167.SZ	东方锆业	670.58	广东省	石油化学塑胶塑料

续表

排名	证券代码	证券简称	内部控制指数	省、自治区、直辖市	行业
984	600888.SH	新疆众和	670.58	新疆维吾尔自治区	金属非金属
986	000960.SZ	锡业股份	670.48	云南省	金属非金属
987	002239.SZ	金飞达	670.44	江苏省	纺织、服装、皮毛
988	000428.SZ	华天酒店	670.19	湖南省	社会服务业
988	000014.SZ	沙河股份	670.19	广东省	房地产业
990	000665.SZ	武汉塑料	670.15	湖北省	石油化学塑胶塑料
991	000975.SZ	科学城	670.01	广东省	社会服务业
992	002118.SZ	紫鑫药业	669.88	吉林省	医药生物制品
993	601099.SH	太平洋	669.77	云南省	金融、保险业
994	600838.SH	上海九百	669.68	上海市	批发和零售贸易
995	000753.SZ	漳州发展	669.65	福建省	交通运输、仓储业
996	600495.SH	晋西车轴	669.62	山西省	机械设备仪表
997	600673.SH	东阳光铝	669.59	广东省	金属非金属
998	000755.SZ	山西三维	669.49	山西省	石油化学塑胶塑料
999	002207.SZ	准油股份	669.38	新疆维吾尔自治区	采掘业
1000	600982.SH	宁波热电	669.27	浙江省	电力、煤气及水的生产和供应业
1001	002107.SZ	沃华医药	669.07	山东省	医药生物制品
1002	600201.SH	金宇集团	669.06	内蒙古自治区	医药生物制品
1003	600415.SH	小商品城	669.02	浙江省	批发和零售贸易
1004	600156.SH	华升股份	668.95	湖南省	纺织、服装、皮毛
1005	600336.SH	澳柯玛	668.91	山东省	机械设备仪表
1006	000502.SZ	绿景地产	668.76	广东省	房地产业
1007	000821.SZ	京山轻机	668.72	湖北省	机械设备仪表
1008	600505.SH	西昌电力	668.59	四川省	电力、煤气及水的生产和供应业
1009	600333.SH	长春燃气	668.54	吉林省	电力、煤气及水的生产和供应业
1010	002243.SZ	通产丽星	668.49	广东省	石油化学塑胶塑料

排名	证券代码	证券简称	内部控制指数	省、自治区、直辖市	行业
1011	002166.SZ	莱茵生物	668.48	广西壮族自治区	医药生物制品
1012	000567.SZ	海德股份	668.42	海南省	房地产业
1013	002012.SZ	凯恩股份	668.41	浙江省	造纸印刷
1014	600222.SH	太龙药业	668.27	河南省	医药生物制品
1015	002159.SZ	三特索道	668.08	湖北省	社会服务业
1016	000788.SZ	西南合成	667.49	重庆市	医药生物制品
1017	600684.SH	珠江实业	667.47	广东省	房地产业
1018	600763.SH	通策医疗	667.43	浙江省	社会服务业
1019	002246.SZ	北化股份	667.34	四川省	石油化学塑胶塑料
1020	000582.SZ	北海港	667.26	广西壮族自治区	交通运输、仓储业
1021	002178.SZ	延华智能	667.21	上海市	社会服务业
1022	600565.SH	迪马股份	667.01	重庆市	机械设备仪表
1023	600615.SH	丰华股份	666.91	上海市	房地产业
1024	000564.SZ	西安民生	666.60	陕西省	批发和零售贸易
1025	000662.SZ	索芙特	666.59	广西壮族自治区	石油化学塑胶塑料
1026	002009.SZ	天奇股份	666.52	江苏省	机械设备仪表
1027	600667.SH	太极实业	666.16	江苏省	石油化学塑胶塑料
1028	600894.SH	广钢股份	666.11	广东省	金属非金属
1029	000090.SZ	深天健	666.09	广东省	建筑业
1030	000938.SZ	紫光股份	665.72	北京市	信息技术业
1031	002019.SZ	鑫富药业	665.64	浙江省	石油化学塑胶塑料
1032	600991.SH	广汽长丰	665.59	湖南省	机械设备仪表
1033	000650.SZ	仁和药业	665.54	江西省	医药生物制品
1034	600777.SH	新潮实业	665.50	山东省	电子
1035	600215.SH	长春经开	665.48	吉林省	房地产业
1036	600543.SH	莫高股份	665.11	甘肃省	食品、饮料

续表

排名	证券代码	证券简称	内部控制指数	省、自治区、直辖市	行业
1037	600290.SH	华仪电气	665.10	浙江省	机械设备仪表
1038	000868.SZ	安凯客车	664.87	安徽省	机械设备仪表
1039	600293.SH	三峡新材	664.74	湖北省	金属非金属
1040	600255.SH	鑫科材料	664.68	安徽省	金属非金属
1041	600666.SH	西南药业	664.59	重庆市	医药生物制品
1042	000758.SZ	中色股份	664.38	北京市	采掘业
1043	600297.SH	美罗药业	664.22	辽宁省	医药生物制品
1044	600468.SH	百利电气	664.02	天津市	机械设备仪表
1045	000548.SZ	湖南投资	663.95	湖南省	交通运输、仓储业
1046	600257.SH	大湖股份	663.85	湖南省	农、林、牧、渔业
1047	002182.SZ	云海金属	663.83	江苏省	金属非金属
1048	000923.SZ	河北宣工	663.81	河北省	机械设备仪表
1049	000518.SZ	四环生物	663.70	江苏省	医药生物制品
1050	600143.SH	金发科技	663.64	广东省	石油化学塑胶塑料
1051	600112.SH	长征电气	663.53	贵州省	机械设备仪表
1052	002141.SZ	蓉胜超微	663.43	广东省	电子
1053	600696.SH	多伦股份	663.17	上海市	金属非金属
1054	002050.SZ	三花股份	663.15	浙江省	机械设备仪表
1055	002160.SZ	常铝股份	662.90	江苏省	金属非金属
1056	002221.SZ	东华能源	662.86	江苏省	批发和零售贸易
1057	000965.SZ	天保基建	662.66	天津市	房地产业
1057	600781.SH	上海辅仁	662.66	上海市	纺织、服装、皮毛
1059	000913.SZ	钱江摩托	662.60	浙江省	机械设备仪表
1060	600759.SH	正和股份	662.54	海南省	综合类
1061	600285.SH	羚锐制药	662.44	河南省	医药生物制品
1062	002171.SZ	精诚铜业	661.91	安徽省	金属非金属
1063	600758.SH	红阳能源	661.49	辽宁省	电力、煤气及水的生产和供应业
1064	000802.SZ	北京旅游	661.21	北京市	社会服务业

续表

排名	证券代码	证券简称	内部控制指数	省、自治区、直辖市	行业
1065	002198.SZ	嘉应制药	660.50	广东省	医药生物制品
1066	002013.SZ	中航精机	660.15	湖北省	机械设备仪表
1067	600211.SH	西藏药业	659.96	西藏自治区	医药生物制品
1067	600346.SH	大橡塑	659.96	辽宁省	机械设备仪表
1069	600687.SH	刚泰控股	659.85	浙江省	综合类
1070	600133.SH	东湖高新	659.77	湖北省	综合类
1071	600502.SH	安徽水利	659.75	安徽省	建筑业
1072	600823.SH	世茂股份	659.74	上海市	房地产业
1073	000560.SZ	昆百大A	659.59	云南省	批发和零售贸易
1074	000906.SZ	南方建材	659.52	湖南省	批发和零售贸易
1075	601005.SH	重庆钢铁	658.99	重庆市	金属非金属
1076	002114.SZ	罗平锌电	658.95	云南省	金属非金属
1077	600826.SH	兰生股份	658.90	上海市	批发和零售贸易
1078	002168.SZ	深圳惠程	658.31	广东省	机械设备仪表
1079	002211.SZ	宏达新材	657.84	江苏省	石油化学塑胶塑料
1080	002095.SZ	生意宝	657.77	浙江省	信息技术业
1081	002265.SZ	西仪股份	657.60	云南省	机械设备仪表
1082	000153.SZ	丰原药业	657.58	安徽省	医药生物制品
1083	000812.SZ	陕西金叶	657.52	陕西省	造纸印刷
1084	000949.SZ	新乡化纤	656.96	河南省	石油化学塑胶塑料
1085	000712.SZ	锦龙股份	656.54	广东省	电力、煤气及水的生产和供应业
1086	000078.SZ	海王生物	656.23	广东省	医药生物制品
1087	600896.SH	中海海盛	656.11	海南省	交通运输、仓储业
1088	600767.SH	运盛实业	656.03	上海市	房地产业
1089	600354.SH	敦煌种业	655.97	甘肃省	农、林、牧、渔业
1090	000862.SZ	银星能源	655.75	宁夏回族自治区	机械设备仪表

续表

排名	证券代码	证券简称	内部控制指数	省、自治区、直辖市	行业
1091	600432.SH	吉恩镍业	655.71	吉林省	金属非金属
1092	600975.SH	新五丰	655.65	湖南省	农、林、牧、渔业
1093	600796.SH	钱江生化	655.44	浙江省	医药生物制品
1094	600382.SH	广东明珠	655.26	广东省	机械设备仪表
1095	600794.SH	保税科技	655.22	江苏省	造纸印刷
1096	600292.SH	九龙电力	655.07	重庆市	电力、煤气及水的生产和供应业
1097	600075.SH	新疆天业	654.74	新疆维吾尔自治区	农、林、牧、渔业
1098	002037.SZ	久联发展	654.33	贵州省	石油化学塑胶塑料
1099	600753.SH	东方银星	654.28	河南省	机械设备仪表
1100	600109.SH	国金证券	654.20	四川省	金融、保险业
1101	600305.SH	恒顺醋业	654.12	江苏省	食品、饮料
1102	600158.SH	中体产业	653.95	天津市	社会服务业
1103	600326.SH	西藏天路	653.89	西藏自治区	交通运输、仓储业
1104	600191.SH	华资实业	653.80	内蒙古自治区	食品、饮料
1105	000835.SZ	四川圣达	652.70	四川省	石油化学塑胶塑料
1106	002018.SZ	华星化工	652.64	安徽省	石油化学塑胶塑料
1107	600513.SH	联环药业	652.62	江苏省	医药生物制品
1108	600358.SH	国旅联合	652.34	江苏省	社会服务业
1109	600456.SH	宝钛股份	652.24	陕西省	金属非金属
1110	600683.SH	京投银泰	652.18	浙江省	批发和零售贸易
1111	600965.SH	福成五丰	652.11	河北省	农、林、牧、渔业
1112	600249.SH	两面针	651.78	广西壮族自治区	石油化学塑胶塑料
1113	600641.SH	万业企业	651.75	上海市	房地产业
1114	600883.SH	博闻科技	651.67	云南省	综合类
1115	000043.SZ	中航地产	651.39	广东省	房地产业

续表

排名	证券代码	证券简称	内部控制指数	省、自治区、直辖市	行业
1116	000766.SZ	通化金马	651.20	吉林省	医药生物制品
1117	000040.SZ	深鸿基	651.15	广东省	房地产业
1118	000897.SZ	津滨发展	650.85	天津市	房地产业
1119	600397.SH	安源股份	649.96	江西省	机械设备仪表
1120	002099.SZ	海翔药业	649.22	浙江省	医药生物制品
1121	601666.SH	平煤股份	649.19	河南省	采掘业
1122	000562.SZ	宏源证券	648.43	新疆维吾尔自治区	金融、保险业
1123	600369.SH	西南证券	648.25	重庆市	金融、保险业
1124	002189.SZ	利达光电	648.00	河南省	机械设备仪表
1125	002123.SZ	荣信股份	647.58	辽宁省	机械设备仪表
1126	002176.SZ	江特电机	647.57	江西省	机械设备仪表
1127	000151.SZ	中成股份	647.35	北京市	批发和零售贸易
1128	600482.SH	风帆股份	647.34	河北省	机械设备仪表
1129	600135.SH	乐凯胶片	647.24	河北省	石油化学塑胶塑料
1130	000025.SZ	特力 A	647.00	广东省	批发和零售贸易
1130	600189.SH	吉林森工	647.00	吉林省	农、林、牧、渔业
1132	000686.SZ	东北证券	646.34	吉林省	金融、保险业
1133	000421.SZ	南京中北	645.99	江苏省	社会服务业
1134	600775.SH	南京熊猫	645.93	江苏省	信息技术业
1135	000890.SZ	法尔胜	645.89	江苏省	金属非金属
1136	600310.SH	桂东电力	645.87	广西壮族自治区	电力、煤气及水的生产和供应业
1137	600540.SH	新赛股份	645.83	新疆维吾尔自治区	农、林、牧、渔业
1138	000783.SZ	长江证券	645.53	湖北省	金融、保险业
1139	600768.SH	宁波富邦	644.77	浙江省	交通运输、仓储业
1140	000977.SZ	浪潮信息	644.19	山东省	信息技术业
1141	002047.SZ	成霖股份	643.13	广东省	金属非金属

续表

排名	证券代码	证券简称	内部控制指数	省、自治区、直辖市	行业
1142	000544.SZ	中原环保	642.54	河南省	社会服务业
1143	600479.SH	千金药业	642.38	湖南省	医药生物制品
1144	000952.SZ	广济药业	642.04	湖北省	医药生物制品
1145	002162.SZ	斯米克	641.70	上海市	金属非金属
1146	000609.SZ	绵世股份	641.06	北京市	房地产业
1147	600816.SH	安信信托	640.77	上海市	金融、保险业
1148	002203.SZ	海亮股份	640.61	浙江省	金属非金属
1149	600173.SH	卧龙地产	640.40	浙江省	房地产业
1150	600882.SH	大成股份	640.37	山东省	石油化学塑胶塑料
1151	000563.SZ	陕国投 A	639.82	陕西省	金融、保险业
1152	600720.SH	祁连山	639.62	甘肃省	金属非金属
1153	600652.SH	爱使股份	639.02	上海市	综合类
1154	000400.SZ	许继电气	637.95	河南省	机械设备仪表
1155	000503.SZ	海虹控股	637.40	海南省	综合类
1156	600396.SH	金山股份	637.12	辽宁省	电力、煤气及水的生产和供应业
1157	002077.SZ	大港股份	636.83	江苏省	综合类
1158	600723.SH	西单商场	635.21	北京市	批发和零售贸易
1159	002103.SZ	广博股份	634.76	浙江省	造纸印刷
1160	600748.SH	上实发展	634.74	上海市	房地产业
1161	002179.SZ	中航光电	634.39	河南省	电子
1162	600090.SH	啤酒花	634.16	新疆维吾尔自治区	食品、饮料
1163	000611.SZ	时代科技	634.01	内蒙古自治区	机械设备仪表
1164	600507.SH	方大特钢	634.00	江西省	机械设备仪表
1165	000728.SZ	国元证券	633.20	安徽省	金融、保险业
1166	600127.SH	金健米业	632.41	湖南省	食品、饮料
1167	002042.SZ	华孚色纺	631.87	安徽省	纺织、服装、皮毛

续表

排名	证券代码	证券简称	内部控制指数	省、自治区、直辖市	行业
1168	600679.SH	金山开发	631.47	上海市	机械设备仪表
1169	600555.SH	九龙山	631.25	上海市	纺织、服装、皮毛
1170	601899.SH	紫金矿业	630.99	福建省	采掘业
1171	000628.SZ	高新发展	630.57	四川省	房地产业
1172	600117.SH	西宁特钢	630.26	青海省	金属非金属
1173	000909.SZ	数源科技	630.09	浙江省	信息技术业
1174	000961.SZ	中南建设	629.59	江苏省	建筑业
1175	002170.SZ	芭田股份	629.47	广东省	石油化学塑胶塑料
1176	002008.SZ	大族激光	629.27	广东省	机械设备仪表
1177	600856.SH	长百集团	628.30	吉林省	批发和零售贸易
1178	000796.SZ	宝商集团	627.86	陕西省	食品、饮料
1179	600575.SH	芜湖港	627.71	安徽省	交通运输、仓储业
1180	600837.SH	海通证券	627.35	上海市	金融、保险业
1181	000426.SZ	富龙热电	626.01	内蒙古自治区	电力、煤气及水的生产和供应业
1182	000554.SZ	泰山石油	625.89	山东省	批发和零售贸易
1183	000655.SZ	金岭矿业	625.74	山东省	采掘业
1184	000962.SZ	东方钽业	625.13	宁夏回族自治区	金属非金属
1185	600861.SH	北京城乡	625.06	北京市	批发和零售贸易
1186	600887.SH	＊ST伊利	624.53	内蒙古自治区	食品、饮料
1187	000807.SZ	云铝股份	624.47	云南省	金属非金属
1188	002059.SZ	世博股份	623.49	云南省	社会服务业
1189	000830.SZ	鲁西化工	623.14	山东省	石油化学塑胶塑料
1190	002094.SZ	青岛金王	622.96	山东省	石油化学塑胶塑料
1191	600791.SH	京能置业	622.80	北京市	房地产业
1192	000637.SZ	茂化实华	622.11	广东省	石油化学塑胶塑料
1193	600302.SH	标准股份	621.11	陕西省	机械设备仪表

续表

排名	证券代码	证券简称	内部控制指数	省、自治区、直辖市	行业
1194	000798.SZ	中水渔业	620.88	北京市	农、林、牧、渔业
1195	000419.SZ	通程控股	620.60	湖南省	批发和零售贸易
1196	000584.SZ	友利控股	620.40	四川省	石油化学塑胶塑料
1197	000727.SZ	华东科技	619.26	江苏省	电子
1198	000895.SZ	双汇发展	618.91	河南省	食品、饮料
1199	600053.SH	中江地产	617.81	江西省	房地产业
1200	002256.SZ	彩虹精化	616.28	广东省	石油化学塑胶塑料
1201	600661.SH	新南洋	615.37	上海市	综合类
1202	000803.SZ	金宇车城	614.49	四川省	纺织、服装、皮毛
1203	600836.SH	界龙实业	613.94	上海市	造纸印刷
1204	000594.SZ	国恒铁路	613.41	天津市	批发和零售贸易
1205	002139.SZ	拓邦股份	612.53	广东省	电子
1206	600821.SH	津劝业	611.78	天津市	批发和零售贸易
1207	002137.SZ	实益达	610.10	广东省	电子
1208	600962.SH	国投中鲁	609.95	北京市	食品、饮料
1209	000836.SZ	鑫茂科技	609.81	天津市	信息技术业
1210	600812.SH	华北制药	607.96	河北省	医药生物制品
1211	000663.SZ	永安林业	606.55	福建省	农、林、牧、渔业
1212	000713.SZ	丰乐种业	606.05	安徽省	农、林、牧、渔业
1213	000826.SZ	合加资源	606.04	湖北省	社会服务业
1214	002085.SZ	万丰奥威	605.38	浙江省	机械设备仪表
1215	600614.SH	鼎立股份	605.27	上海市	房地产业
1216	600811.SH	东方集团	604.59	黑龙江省	综合类
1217	600247.SH	成城股份	604.47	吉林省	批发和零售贸易
1217	600844.SH	丹化科技	604.47	上海市	石油化学塑胶塑料
1219	600086.SH	东方金钰	604.22	湖北省	纺织、服装、皮毛
1220	000546.SZ	光华控股	603.96	吉林省	房地产业
1221	000572.SZ	海马股份	603.89	海南省	机械设备仪表

续表

排名	证券代码	证券简称	内部控制指数	省、自治区、直辖市	行业
1222	600105.SH	永鼎股份	603.83	江苏省	信息技术业
1223	000790.SZ	华神集团	602.96	四川省	医药生物制品
1224	600087.SH	长航油运	602.15	江苏省	交通运输、仓储业
1225	600121.SH	郑州煤电	601.91	河南省	电力、煤气及水的生产和供应业
1226	000838.SZ	国兴地产	601.14	四川省	房地产业
1227	000928.SZ	中钢吉炭	600.18	吉林省	金属非金属
1228	002263.SZ	大东南	600.14	浙江省	石油化学塑胶塑料
1229	600491.SH	龙元建设	599.53	浙江省	建筑业
1230	002271.SZ	东方雨虹	598.67	北京市	金属非金属
1231	600202.SH	哈空调	598.46	黑龙江省	机械设备仪表
1232	000631.SZ	顺发恒业	598.15	吉林省	房地产业
1233	600010.SH	包钢股份	596.59	内蒙古自治区	金属非金属
1234	000761.SZ	本钢板材	596.25	辽宁省	金属非金属
1235	000967.SZ	上风高科	596.23	浙江省	机械设备仪表
1236	600367.SH	红星发展	594.78	贵州省	石油化学塑胶塑料
1237	601001.SH	大同煤业	594.41	山西省	采掘业
1238	002043.SZ	兔宝宝	594.33	浙江省	木材家具
1239	600428.SH	中远航运	593.29	广东省	交通运输、仓储业
1240	600590.SH	泰豪科技	592.91	江西省	机械设备仪表
1241	600299.SH	蓝星新材	592.30	北京市	石油化学塑胶塑料
1242	600640.SH	中卫国脉	591.95	上海市	传播与文化产业
1243	601600.SH	中国铝业	591.92	北京市	采掘业
1244	600969.SH	郴电国际	591.83	湖南省	电力、煤气及水的生产和供应业
1245	000598.SZ	蓝星清洗	591.26	四川省	社会服务业
1246	600530.SH	交大昂立	591.04	上海市	医药生物制品
1247	000925.SZ	众合机电	590.68	浙江省	机械设备仪表
1248	002161.SZ	远望谷	590.62	广东省	信息技术业

续表

排名	证券代码	证券简称	内部控制指数	省、自治区、直辖市	行业
1249	600160.SH	巨化股份	590.59	浙江省	石油化学塑胶塑料
1250	000819.SZ	岳阳兴长	589.76	湖南省	石油化学塑胶塑料
1251	000408.SZ	玉源控股	588.68	河北省	金属非金属
1252	002015.SZ	霞客环保	587.91	江苏省	纺织、服装、皮毛
1253	000050.SZ	深天马A	587.56	广东省	电子
1254	000638.SZ	万方地产	586.57	辽宁省	房地产业
1255	000813.SZ	天山纺织	586.19	新疆维吾尔自治区	纺织、服装、皮毛
1256	600071.SH	凤凰光学	586.05	江西省	机械设备仪表
1257	000982.SZ	中银绒业	585.66	宁夏回族自治区	纺织、服装、皮毛
1258	002249.SZ	大洋电机	585.63	广东省	机械设备仪表
1259	600103.SH	青山纸业	585.22	福建省	造纸印刷
1260	601002.SH	晋亿实业	585.08	浙江省	机械设备仪表
1261	000931.SZ	中关村	583.62	北京市	社会服务业
1262	002126.SZ	银轮股份	582.77	浙江省	机械设备仪表
1263	600618.SH	氯碱化工	582.59	上海市	石油化学塑胶塑料
1264	002174.SZ	梅花伞	582.50	福建省	其他制造业
1265	000666.SZ	经纬纺机	581.36	北京市	机械设备仪表
1266	600599.SH	熊猫烟花	580.66	湖南省	石油化学塑胶塑料
1267	000707.SZ	双环科技	579.10	湖北省	石油化学塑胶塑料
1268	600429.SH	三元股份	578.95	北京市	食品、饮料
1269	000410.SZ	沈阳机床	578.53	辽宁省	机械设备仪表
1270	600186.SH	莲花味精	578.14	河南省	食品、饮料
1271	600321.SH	国栋建设	577.92	四川省	金属非金属
1272	600306.SH	商业城	577.37	辽宁省	批发和零售贸易
1273	600176.SH	中国玻纤	577.15	北京市	石油化学塑胶塑料
1274	600389.SH	江山股份	576.76	江苏省	石油化学塑胶塑料

排名	证券代码	证券简称	内部控制指数	省、自治区、直辖市	行业
1275	000413.SZ	宝石A	576.72	河北省	电子
1276	000920.SZ	南方汇通	576.68	贵州省	机械设备仪表
1277	601009.SH	南京银行	576.43	江苏省	金融、保险业
1278	002220.SZ	天宝股份	576.21	辽宁省	食品、饮料
1279	000822.SZ	山东海化	576.02	山东省	石油化学塑胶塑料
1280	000537.SZ	广宇发展	574.32	天津市	房地产业
1281	002227.SZ	奥特迅	572.97	广东省	机械设备仪表
1282	600452.SH	涪陵电力	572.55	重庆市	电力、煤气及水的生产和供应业
1283	000547.SZ	闽福发A	572.28	福建省	信息技术业
1284	600764.SH	中电广通	571.01	北京市	信息技术业
1285	002196.SZ	方正电机	570.39	浙江省	机械设备仪表
1286	000672.SZ	铜城集团	570.33	甘肃省	批发和零售贸易
1287	000668.SZ	荣丰控股	569.50	上海市	房地产业
1288	600509.SH	天富热电	568.81	新疆维吾尔自治区	电力、煤气及水的生产和供应业
1289	000612.SZ	焦作万方	568.76	河南省	金属非金属
1290	002274.SZ	华昌化工	568.34	江苏省	石油化学塑胶塑料
1291	002016.SZ	世荣兆业	567.84	广东省	房地产业
1292	600435.SH	中兵光电	567.60	北京市	机械设备仪表
1293	600716.SH	ST凤凰	567.32	江苏省	房地产业
1294	000595.SZ	西北轴承	567.16	宁夏回族自治区	机械设备仪表
1295	000591.SZ	桐君阁	567.11	重庆市	批发和零售贸易
1296	600774.SH	汉商集团	566.39	湖北省	批发和零售贸易
1297	600870.SH	*ST厦华	566.09	福建省	电子
1298	000723.SZ	美锦能源	565.91	山西省	石油化学塑胶塑料
1299	600819.SH	耀皮玻璃	564.60	上海市	金属非金属
1300	002097.SZ	山河智能	564.39	湖南省	机械设备仪表

续表

排名	证券代码	证券简称	内部控制指数	省、自治区、直辖市	行业
1301	600848.SH	自仪股份	564.35	上海市	机械设备仪表
1302	600355.SH	精伦电子	562.86	湖北省	电子
1303	600139.SH	西部资源	562.80	四川省	采掘业
1304	600301.SH	南化股份	562.63	广西壮族自治区	石油化学塑胶塑料
1305	600463.SH	空港股份	562.03	北京市	房地产业
1306	601866.SH	中海集运	560.26	上海市	交通运输、仓储业
1307	002213.SZ	特尔佳	559.85	广东省	机械设备仪表
1308	000902.SZ	中国服装	558.97	北京市	纺织、服装、皮毛
1309	600114.SH	东睦股份	558.36	浙江省	金属非金属
1310	600163.SH	福建南纸	558.26	福建省	造纸印刷
1311	000036.SZ	＊ST华控	558.04	广东省	房地产业
1312	600770.SH	综艺股份	558.00	江苏省	综合类
1313	600562.SH	高淳陶瓷	557.93	江苏省	金属非金属
1314	000799.SZ	酒鬼酒	557.60	湖南省	食品、饮料
1315	002021.SZ	中捷股份	557.34	浙江省	机械设备仪表
1316	000748.SZ	长城信息	556.98	湖南省	信息技术业
1317	600373.SH	鑫新股份	556.96	江西省	传播与文化产业
1318	002260.SZ	伊立浦	556.61	广东省	机械设备仪表
1319	600146.SH	大元股份	556.60	宁夏回族自治区	石油化学塑胶塑料
1320	600148.SH	长春一东	556.58	吉林省	机械设备仪表
1321	600726.SH	华电能源	556.35	黑龙江省	电力、煤气及水的生产和供应业
1322	600980.SH	北矿磁材	556.20	北京市	电子
1323	002119.SZ	康强电子	556.17	浙江省	电子
1324	600798.SH	宁波海运	556.13	浙江省	交通运输、仓储业
1325	600783.SH	鲁信高新	555.85	山东省	金属非金属
1326	002188.SZ	新嘉联	555.68	浙江省	信息技术业

续表

排名	证券代码	证券简称	内部控制指数	省、自治区、直辖市	行业
1327	000738.SZ	ST 宇航	555.23	湖南省	机械设备仪表
1328	600444.SH	国通管业	554.79	安徽省	石油化学塑胶塑料
1329	002125.SZ	湘潭电化	554.77	湖南省	石油化学塑胶塑料
1330	002210.SZ	飞马国际	554.69	广东省	交通运输、仓储业
1331	600455.SH	交大博通	554.53	陕西省	信息技术业
1332	600780.SH	通宝能源	554.34	山西省	电力、煤气及水的生产和供应业
1333	002175.SZ	广陆数测	554.18	广西壮族自治区	机械设备仪表
1334	600372.SH	＊ST 昌河	553.33	江西省	机械设备仪表
1335	000791.SZ	西北化工	552.61	甘肃省	石油化学塑胶塑料
1336	600520.SH	三佳科技	552.46	安徽省	机械设备仪表
1337	600193.SH	创兴置业	551.60	上海市	房地产业
1338	600335.SH	鼎盛天工	551.36	天津市	机械设备仪表
1339	000737.SZ	南风化工	551.16	山西省	石油化学塑胶塑料
1340	000678.SZ	襄阳轴承	551.15	湖北省	机械设备仪表
1341	600073.SH	上海梅林	550.85	上海市	食品、饮料
1342	000607.SZ	华立药业	549.66	重庆市	机械设备仪表
1343	002027.SZ	七喜控股	549.52	广东省	信息技术业
1344	000889.SZ	渤海物流	549.45	河北省	批发和零售贸易
1345	600228.SH	昌九生化	549.25	江西省	石油化学塑胶塑料
1346	600490.SH	中科合臣	549.16	上海市	石油化学塑胶塑料
1347	600609.SH	金杯汽车	548.67	辽宁省	机械设备仪表
1348	600803.SH	威远生化	548.21	河北省	石油化学塑胶塑料
1349	001896.SZ	豫能控股	547.79	河南省	电力、煤气及水的生产和供应业
1350	000506.SZ	ST 中润	547.65	山东省	房地产业
1351	600516.SH	方大炭素	547.15	甘肃省	金属非金属
1352	600339.SH	天利高新	546.46	新疆维吾尔自治区	石油化学塑胶塑料

续表

排名	证券代码	证券简称	内部控制指数	省、自治区、直辖市	行业
1353	600213.SH	亚星客车	546.25	江苏省	机械设备仪表
1354	600807.SH	天业股份	546.14	山东省	批发和零售贸易
1355	600466.SH	迪康药业	546.13	四川省	医药生物制品
1356	600319.SH	亚星化学	545.95	山东省	石油化学塑胶塑料
1357	000976.SZ	春晖股份	545.31	广东省	石油化学塑胶塑料
1358	000935.SZ	ST 双马	545.28	四川省	金属非金属
1359	600281.SH	太化股份	544.43	山西省	石油化学塑胶塑料
1360	000908.SZ	天一科技	543.48	湖南省	机械设备仪表
1361	000033.SZ	新都酒店	543.34	广东省	社会服务业
1362	000720.SZ	＊ST 能山	543.16	山东省	电力、煤气及水的生产和供应业
1363	000526.SZ	旭飞投资	542.58	福建省	综合类
1364	002234.SZ	民和股份	542.49	山东省	农、林、牧、渔业
1365	000809.SZ	中汇医药	542.41	四川省	医药生物制品
1366	600644.SH	乐山电力	542.34	四川省	电力、煤气及水的生产和供应业
1367	600330.SH	天通股份	541.95	浙江省	电子
1368	600536.SH	中国软件	541.89	北京市	信息技术业
1369	600074.SH	中达股份	541.24	江苏省	石油化学塑胶塑料
1370	002218.SZ	拓日新能	540.98	广东省	电子
1371	000065.SZ	北方国际	540.80	北京市	建筑业
1372	002020.SZ	京新药业	540.61	浙江省	医药生物制品
1373	600171.SH	上海贝岭	540.21	上海市	电子
1374	600265.SH	景谷林业	539.86	云南省	农、林、牧、渔业
1375	600003.SH	ST 东北高	539.67	吉林省	交通运输、仓储业
1376	601919.SH	中国远洋	538.99	天津市	交通运输、仓储业
1377	000610.SZ	西安旅游	538.91	陕西省	社会服务业
1378	600448.SH	华纺股份	538.82	山东省	纺织、服装、皮毛
1379	600707.SH	彩虹股份	538.80	陕西省	电子
1380	600459.SH	贵研铂业	538.41	云南省	金属非金属

续表

排名	证券代码	证券简称	内部控制指数	省、自治区、直辖市	行业
1381	002129.SZ	中环股份	538.13	天津市	电子
1382	600229.SH	青岛碱业	537.98	山东省	石油化学塑胶塑料
1383	600340.SH	*ST国祥	537.73	浙江省	机械设备仪表
1384	600701.SH	*ST工新	537.68	黑龙江省	综合类
1385	600847.SH	ST渝万里	537.65	重庆市	机械设备仪表
1386	600273.SH	华芳纺织	537.46	江苏省	纺织、服装、皮毛
1387	600093.SH	禾嘉股份	537.24	四川省	农、林、牧、渔业
1388	600209.SH	罗顿发展	536.89	海南省	综合类
1389	600773.SH	*ST雅砻	536.64	西藏自治区	房地产业
1390	600242.SH	ST华龙	536.28	广东省	交通运输、仓储业
1391	000762.SZ	西藏矿业	535.91	西藏自治区	采掘业
1392	002163.SZ	中航三鑫	535.69	广东省	建筑业
1393	600830.SH	香溢融通	535.56	浙江省	批发和零售贸易
1394	000820.SZ	金城股份	535.39	辽宁省	造纸印刷
1395	000576.SZ	*ST甘化	534.73	广东省	综合类
1396	000553.SZ	沙隆达A	534.35	湖北省	石油化学塑胶塑料
1397	000005.SZ	世纪星源	534.02	广东省	综合类
1398	000520.SZ	长航凤凰	533.70	湖北省	交通运输、仓储业
1399	000953.SZ	河池化工	533.38	广西壮族自治区	石油化学塑胶塑料
1400	600203.SH	福日电子	532.86	福建省	电子
1401	002240.SZ	威华股份	532.85	广东省	木材家具
1402	600766.SH	园城股份	532.63	山东省	房地产业
1403	600259.SH	ST有色	532.56	海南省	采掘业
1404	000851.SZ	高鸿股份	532.33	贵州省	信息技术业
1405	600712.SH	南宁百货	532.14	广西壮族自治区	批发和零售贸易

续表

排名	证券代码	证券简称	内部控制指数	省、自治区、直辖市	行业
1406	600401.SH	＊ST申龙	532.10	江苏省	石油化学塑胶塑料
1407	000605.SZ	四环药业	531.23	北京市	医药生物制品
1407	600365.SH	通葡股份	531.23	吉林省	食品、饮料
1409	000633.SZ	ST合金	530.86	辽宁省	综合类
1410	000524.SZ	东方宾馆	530.46	广东省	社会服务业
1411	000504.SZ	赛迪传媒	530.13	北京市	传播与文化产业
1412	000859.SZ	国风塑业	530.01	安徽省	石油化学塑胶塑料
1413	600179.SH	黑化股份	529.85	黑龙江省	石油化学塑胶塑料
1414	600695.SH	大江股份	529.22	上海市	食品、饮料
1415	000695.SZ	滨海能源	529.21	天津市	电力、煤气及水的生产和供应业
1416	600187.SH	ST国中	529.16	黑龙江省	社会服务业
1417	000670.SZ	S＊ST天发	528.96	湖北省	房地产业
1418	000955.SZ	＊ST欣龙	528.93	海南省	纺织、服装、皮毛
1419	600539.SH	狮头股份	528.52	山西省	金属非金属
1420	600769.SH	祥龙电业	527.93	湖北省	电力、煤气及水的生产和供应业
1421	000692.SZ	ST惠天	527.38	辽宁省	电力、煤气及水的生产和供应业
1422	000996.SZ	中国中期	526.54	北京市	综合类
1423	600610.SH	SST中纺	526.50	上海市	机械设备仪表
1424	000972.SZ	新中基	526.39	新疆维吾尔自治区	食品、饮料
1425	600206.SH	有研硅股	526.33	北京市	电子
1426	000058.SZ	深赛格	525.98	广东省	综合类
1427	600131.SH	岷江水电	525.66	四川省	电力、煤气及水的生产和供应业
1428	000004.SZ	＊ST国农	524.91	广东省	医药生物制品
1429	600076.SH	＊ST华光	524.27	山东省	信息技术业
1430	600390.SH	金瑞科技	524.16	湖南省	其他制造业
1431	600408.SH	安泰集团	523.18	山西省	石油化学塑胶塑料

续表

排名	证券代码	证券简称	内部控制指数	省、自治区、直辖市	行业
1432	600338.SH	ST珠峰	521.77	西藏自治区	机械设备仪表
1433	000711.SZ	天伦置业	521.60	黑龙江省	房地产业
1434	000011.SZ	深物业A	521.16	广东省	房地产业
1435	600891.SH	SST秋林	520.86	黑龙江省	批发和零售贸易
1436	000415.SZ	汇通集团	520.44	新疆维吾尔自治区	建筑业
1437	000049.SZ	德赛电池	520.25	广东省	机械设备仪表
1438	000703.SZ	世纪光华	520.05	广西壮族自治区	信息技术业
1439	600721.SH	ST百花	519.98	新疆维吾尔自治区	批发和零售贸易
1440	600130.SH	*ST波导	519.33	浙江省	信息技术业
1441	600237.SH	铜峰电子	516.78	安徽省	机械设备仪表
1442	000585.SZ	*ST东电	516.32	辽宁省	机械设备仪表
1443	002181.SZ	粤传媒	515.97	广东省	传播与文化产业
1444	000831.SZ	关铝股份	515.82	山西省	金属非金属
1445	600890.SH	*ST中房	515.46	北京市	机械设备仪表
1446	000018.SZ	*ST中冠A	515.12	广东省	纺织、服装、皮毛
1447	000750.SZ	S*ST集琦	515.08	广西壮族自治区	医药生物制品
1448	600192.SH	长城电工	514.43	甘肃省	机械设备仪表
1449	000676.SZ	思达高科	512.87	河南省	机械设备仪表
1450	600091.SH	明天科技	512.08	内蒙古自治区	石油化学塑胶塑料
1451	600740.SH	山西焦化	509.72	山西省	石油化学塑胶塑料
1452	600234.SH	*ST天龙	508.65	山西省	批发和零售贸易
1453	000038.SZ	*ST大通	507.15	广东省	房地产业
1454	000732.SZ	*ST三农	503.74	福建省	石油化学塑胶塑料

续表

排名	证券代码	证券简称	内部控制指数	省、自治区、直辖市	行业
1455	000517.SZ	ST 成功	500.96	浙江省	房地产业
1456	600869.SH	三普药业	498.68	青海省	医药生物制品
1457	600225.SH	ST 松江	498.67	天津市	房地产业
1458	000958.SZ	东方热电	498.60	河北省	电力、煤气及水的生产和供应业
1459	600694.SH	大商股份	497.18	辽宁省	批发和零售贸易
1460	000760.SZ	博盈投资	496.46	湖北省	机械设备仪表
1461	600223.SH	ST 鲁置业	495.96	山东省	房地产业
1462	000602.SZ	金马集团	495.23	广东省	信息技术业
1463	000979.SZ	＊ST 科苑	495.18	安徽省	房地产业
1464	600698.SH	ST 轻骑	494.11	山东省	机械设备仪表
1465	600802.SH	福建水泥	493.84	福建省	金属非金属
1466	600854.SH	ST 春兰	492.25	江苏省	机械设备仪表
1467	600722.SH	ST 金化	491.52	河北省	石油化学塑胶塑料
1468	000498.SZ	＊ST 丹化	491.38	辽宁省	石油化学塑胶塑料
1469	600984.SH	ST 建机	491.17	陕西省	机械设备仪表
1470	600604.SH	ST 二纺	490.58	上海市	机械设备仪表
1471	000776.SZ	延边公路	488.59	广东省	金融、保险业
1472	600084.SH	ST 中葡	488.22	新疆维吾尔自治区	批发和零售贸易
1473	000716.SZ	ST 南方	488.12	广西壮族自治区	食品、饮料
1474	002072.SZ	德棉股份	487.42	山东省	纺织、服装、皮毛
1475	000008.SZ	ST 宝利来	487.29	广东省	批发和零售贸易
1476	000048.SZ	ST 康达尔	486.21	广东省	食品、饮料
1477	600711.SH	ST 雄震	485.53	福建省	综合类
1478	600633.SH	＊ST 白猫	485.33	上海市	石油化学塑胶塑料
1479	600885.SH	力诺太阳	484.91	湖北省	石油化学塑胶塑料
1480	000613.SZ	ST 东海 A	484.17	海南省	社会服务业

续表

排名	证券代码	证券简称	内部控制指数	省、自治区、直辖市	行业
1481	002121.SZ	科陆电子	483.93	广东省	电子
1482	600207.SH	ST 安彩	483.75	河南省	电子
1483	000622.SZ	S＊ST 恒立	481.87	湖南省	机械设备仪表
1484	000722.SZ	＊ST 金果	480.84	湖南省	综合类
1485	600792.SH	ST 马龙	479.31	云南省	金属非金属
1486	000922.SZ	ST 阿继	478.97	黑龙江省	机械设备仪表
1487	600876.SH	ST 洛玻	478.88	河南省	金属非金属
1488	000587.SZ	S＊ST 光明	477.65	黑龙江省	木材家具
1489	600793.SH	ST 宜纸	477.26	四川省	造纸印刷
1490	600892.SH	ST 湖科	476.51	北京市	批发和零售贸易
1491	600275.SH	ST 昌鱼	476.32	湖北省	农、林、牧、渔业
1492	000995.SZ	＊ST 皇台	475.45	甘肃省	食品、饮料
1493	600419.SH	ST 天宏	474.76	新疆维吾尔自治区	造纸印刷
1494	000068.SZ	赛格三星	473.64	广东省	电子
1495	000736.SZ	ST 重实	473.31	重庆市	房地产业
1496	600313.SH	＊ST 中农	470.16	北京市	农、林、牧、渔业
1497	000757.SZ	＊ST 方向	468.87	四川省	机械设备仪表
1498	600706.SH	ST 长信	468.44	陕西省	信息技术业
1499	600715.SH	ST 松辽	467.66	辽宁省	机械设备仪表
1500	000409.SZ	ST 泰复	467.52	广东省	机械设备仪表
1501	000509.SZ	SST 华塑	465.01	四川省	石油化学塑胶塑料
1502	600080.SH	ST 金花	464.28	陕西省	医药生物制品
1503	600800.SH	ST 磁卡	462.89	天津市	其他制造业
1504	000019.SZ	深深宝 A	462.27	广东省	食品、饮料
1505	600645.SH	ST 中源	461.97	天津市	纺织、服装、皮毛
1506	600556.SH	＊ST 北生	460.44	广西壮族自治区	医药生物制品

排名	证券代码	证券简称	内部控制指数	省、自治区、直辖市	行业
1507	000693.SZ	S＊ST聚友	459.00	四川省	传播与文化产业
1508	600634.SH	海鸟发展	458.22	上海市	房地产业
1509	600986.SH	科达股份	457.61	山东省	建筑业
1510	600860.SH	北人股份	456.79	北京市	机械设备仪表
1511	000430.SZ	ST张家界	451.72	湖南省	社会服务业
1512	600617.SH	ST联华	448.67	上海市	石油化学塑胶塑料
1513	600728.SH	S＊ST新太	446.17	广东省	信息技术业
1514	000403.SZ	三九生化	443.70	山西省	医药生物制品
1515	000639.SZ	金德发展	443.61	山东省	食品、饮料
1516	002113.SZ	天润发展	443.39	湖南省	石油化学塑胶塑料
1517	600699.SH	辽源得亨	442.18	吉林省	石油化学塑胶塑料
1518	000156.SZ	＊ST嘉瑞	441.69	湖南省	石油化学塑胶塑料
1519	600253.SH	＊ST天方	440.96	河南省	医药生物制品
1520	000629.SZ	攀钢钢钒	438.06	四川省	金属非金属
1521	600868.SH	ST梅雁	434.59	广东省	综合类
1522	600115.SH	ST东航	433.33	上海市	交通运输、仓储业
1523	600077.SH	百科集团	431.34	辽宁省	信息技术业
1524	600579.SH	ST黄海	430.39	山东省	石油化学塑胶塑料
1525	600613.SH	永生投资	429.92	上海市	社会服务业
1526	000606.SZ	青海明胶	425.31	青海省	石油化学塑胶塑料
1527	000561.SZ	＊ST长岭	423.56	陕西省	信息技术业
1528	000921.SZ	ST科龙	422.35	广东省	机械设备仪表
1529	600727.SH	＊ST鲁北	419.50	山东省	石油化学塑胶塑料
1530	000545.SZ	吉林制药	417.95	吉林省	医药生物制品
1531	000971.SZ	ST迈亚	416.76	湖北省	纺织、服装、皮毛
1532	000586.SZ	＊ST汇源	414.85	四川省	信息技术业
1533	600095.SH	哈高科	414.77	黑龙江省	食品、饮料

续表

排名	证券代码	证券简称	内部控制指数	省、自治区、直辖市	行业
1534	600381.SH	ST 贤成	409.59	青海省	采掘业
1535	600462.SH	ST 石岘	409.00	吉林省	造纸印刷
1536	000034.SZ	＊ST 深泰	408.10	广东省	综合类
1537	000007.SZ	ST 零七 A	400.91	广东省	社会服务业
1538	600538.SH	北海国发	390.30	广西壮族自治区	医药生物制品
1539	000818.SZ	＊ST 锦化	380.58	辽宁省	石油化学塑胶塑料
1540	600751.SH	SST 天海	379.33	天津市	交通运输、仓储业
1541	600714.SH	ST 金瑞	377.82	青海省	金属非金属
1542	600155.SH	＊ST 宝硕	377.79	河北省	石油化学塑胶塑料
1543	002075.SZ	＊ST 张铜	377.40	江苏省	金属非金属
1544	600691.SH	ST 东碳	377.39	四川省	金属非金属
1545	000697.SZ	＊ST 偏转	373.09	陕西省	电子
1546	000010.SZ	SST 华新	371.33	北京市	机械设备仪表
1547	000981.SZ	S＊ST 兰光	369.37	甘肃省	信息技术业
1548	002200.SZ	绿大地	363.68	云南省	农、林、牧、渔业
1549	000017.SZ	SST 中华 A	357.17	广东省	机械设备仪表
1550	600988.SH	ST 宝龙	356.43	广东省	机械设备仪表
1551	000657.SZ	＊ST 中钨	356.38	海南省	金属非金属
1552	600898.SH	＊ST 三联	356.23	山东省	批发和零售贸易
1553	600817.SH	＊ST 宏盛	350.81	陕西省	综合类
1554	600149.SH	＊ST 建通	345.31	北京市	机械设备仪表
1555	002145.SZ	中核钛白	335.03	甘肃省	石油化学塑胶塑料
1556	600057.SH	＊ST 夏新	314.56	福建省	电子
1557	600217.SH	＊ST 秦岭	311.60	陕西省	金属非金属
1558	600515.SH	ST 筑信	310.48	海南省	批发和零售贸易

续表

排名	证券代码	证券简称	内部控制指数	省、自治区、直辖市	行业
1559	000590.SZ	紫光古汉	303.78	湖南省	医药生物制品
1560	000056.SZ	深国商	298.96	广东省	批发和零售贸易
1561	600311.SH	荣华实业	296.64	甘肃省	食品、饮料
1562	002002.SZ	*ST琼花	295.47	江苏省	石油化学塑胶塑料
1563	600421.SH	*ST国药	290.48	湖北省	医药生物制品
1564	600185.SH	*ST海星	270.47	陕西省	信息技术业
1565	600608.SH	ST沪科	269.29	上海市	信息技术业
1566	600145.SH	四维控股	202.76	贵州省	金属非金属
1567	600671.SH	天目药业	195.75	浙江省	医药生物制品
1568	600771.SH	ST东盛	185.59	青海省	医药生物制品
1569	600757.SH	ST源发	166.00	上海市	纺织、服装、皮毛
1570	600678.SH	ST金顶	——	四川省	金属非金属
1570	000787.SZ	*ST创智	——	广东省	信息技术业
1570	000620.SZ	S*ST圣方	——	黑龙江省	石油化学塑胶塑料
1570	000555.SZ	ST太光	——	广东省	信息技术业
1570	000691.SZ	*ST亚太	——	海南省	综合类
1570	000603.SZ	*ST威达	——	重庆市	机械设备仪表
1570	000030.SZ	*ST盛润A	——	广东省	其他制造业
1570	000688.SZ	S*ST朝华	——	重庆市	信息技术业
1570	000892.SZ	ST星美	——	重庆市	信息技术业
1570	600094.SH	*ST华源	——	上海市	石油化学塑胶塑料
1570	000719.SZ	S*ST鑫安	——	河南省	石油化学塑胶塑料
1570	000557.SZ	ST银广夏	——	宁夏回族自治区	医药生物制品
1570	000681.SZ	*ST远东	——	江苏省	纺织、服装、皮毛
1570	600083.SH	ST博信	——	广东省	综合类

续表

排名	证券代码	证券简称	内部控制指数	省、自治区、直辖市	行业
1570	600603.SH	ST兴业	——	上海市	房地产业
1570	000805.SZ	＊ST炎黄	——	江苏省	信息技术业
1570	000863.SZ	＊ST商务	——	广东省	信息技术业
1570	600656.SH	ST方源	——	广东省	社会服务业
1570	600705.SH	S＊ST北亚	——	黑龙江省	综合类
1570	000035.SZ	ST科健	——	广东省	信息技术业
1570	600385.SH	ST金泰	——	山东省	医药生物制品
1570	000656.SZ	ST东源	——	重庆市	房地产业
1570	600180.SH	＊ST九发	——	山东省	农、林、牧、渔业
1570	000673.SZ	ST大水	——	山西省	金属非金属
1570	600681.SH	S＊ST万鸿	——	湖北省	传播与文化产业

附录2 企业内部控制基本规范

第一章 总 则

第一条 为了加强和规范企业内部控制，提高企业经营管理水平和风险防范能力，促进企业可持续发展，维护社会主义市场经济秩序和社会公众利益，根据《中华人民共和国公司法》、《中华人民共和国证券法》、《中华人民共和国会计法》和其他有关法律法规，制定本规范。

第二条 本规范适用于中华人民共和国境内设立的大中型企业。

小企业和其他单位可以参照本规范建立与实施内部控制。

大中型企业和小企业的划分标准根据国家有关规定执行。

第三条 本规范所称内部控制，是由企业董事会、监事会、经理层和全体员工实施的、旨在实现控制目标的过程。

内部控制的目标是合理保证企业经营管理合法合规、资产安全、财务报告及相关信息真实完整，提高经营效率和效果，促进企业实现发展战略。

第四条 企业建立与实施内部控制，应当遵循下列原则：

（一）全面性原则。内部控制应当贯穿决策、执行和监督全过程，覆盖企业及其所属单位的各种业务和事项。

（二）重要性原则。内部控制应当在全面控制的基础上，关注重要业务事项和高风险领域。

（三）制衡性原则。内部控制应当在治理结构、机构设置及权责分配、业务流程等方面形成相互制约、相互监督，同时兼顾运营效率。

（四）适应性原则。内部控制应当与企业经营规模、业务范围、竞争状况和风险水平等相适应，并随着情况的变化及时加以调整。

（五）成本效益原则。内部控制应当权衡实施成本与预期效益，以适当的成本实现有效控制。

第五条 企业建立与实施有效的内部控制，应当包括下列要素：

（一）内部环境。内部环境是企业实施内部控制的基础，一般包括治理结构、机构设置及权责分配、内部审计、人力资源政策、企业文化等。

（二）风险评估。风险评估是企业及时识别、系统分析经营活动中与实现内部控制目标相关的风险，合理确定风险应对策略。

（三）控制活动。控制活动是企业根据风险评估结果，采用相应的控制措施，将风险控制在可承受度之内。

（四）信息与沟通。信息与沟通是企业及时、准确地收集、传递与内部控制相关的信息，确保信息在企业内部、企业与外部之间进行有效沟通。

（五）内部监督。内部监督是企业对内部控制建立与实施情况进行监督检查，评价内部控制的有效性，发现内部控制缺陷，应当及时加以改进。

第六条　企业应当根据有关法律法规、本规范及其配套办法，制定本企业的内部控制制度并组织实施。

第七条　企业应当运用信息技术加强内部控制，建立与经营管理相适应的信息系统，促进内部控制流程与信息系统的有机结合，实现对业务和事项的自动控制，减少或消除人为操纵因素。

第八条　企业应当建立内部控制实施的激励约束机制，将各责任单位和全体员工实施内部控制的情况纳入绩效考评体系，促进内部控制的有效实施。

第九条　国务院有关部门可以根据法律法规、本规范及其配套办法，明确贯彻实施本规范的具体要求，对企业建立与实施内部控制的情况进行监督检查。

第十条　接受企业委托从事内部控制审计的会计师事务所，应当根据本规范及其配套办法和相关执业准则，对企业内部控制的有效性进行审计，出具审计报告。会计师事务所及其签字的从业人员应当对发表的内部控制审计意见负责。

为企业内部控制提供咨询的会计师事务所，不得同时为同一企业提供内部控制审计服务。

第二章　内部环境

第十一条　企业应当根据国家有关法律法规和企业章程，建立规范的公司治理结构和议事规则，明确决策、执行、监督等方面的职责权限，形成科学有效的职责分工和制衡机制。

股东（大）会享有法律法规和企业章程规定的合法权利，依法行使企业经营方针、筹资、投资、利润分配等重大事项的表决权。

董事会对股东（大）会负责，依法行使企业的经营决策权。

监事会对股东（大）会负责，监督企业董事、经理和其他高级管理人员依法履行职责。

经理层负责组织实施股东（大）会、董事会决议事项，主持企业的生产经营管理工作。

第十二条 董事会负责内部控制的建立健全和有效实施。监事会对董事会建立与实施内部控制进行监督。经理层负责组织领导企业内部控制的日常运行。

企业应当成立专门机构或者指定适当的机构具体负责组织协调内部控制的建立实施及日常工作。

第十三条 企业应当在董事会下设立审计委员会。审计委员会负责审查企业内部控制，监督内部控制的有效实施和内部控制自我评价情况，协调内部控制审计及其他相关事宜等。

审计委员会负责人应当具备相应的独立性、良好的职业操守和专业胜任能力。

第十四条 企业应当结合业务特点和内部控制要求设置内部机构，明确职责权限，将权利与责任落实到各责任单位。

企业应当通过编制内部管理手册，使全体员工掌握内部机构设置、岗位职责、业务流程等情况，明确权责分配，正确行使职权。

第十五条 企业应当加强内部审计工作，保证内部审计机构设置、人员配备和工作的独立性。

内部审计机构应当结合内部审计监督，对内部控制的有效性进行监督检查。内部审计机构对监督检查中发现的内部控制缺陷，应当按照企业内部审计工作程序进行报告；对监督检查中发现的内部控制重大缺陷，有权直接向董事会及其审计委员会、监事会报告。

第十六条　企业应当制定和实施有利于企业可持续发展的人力资源政策。人力资源政策应当包括下列内容：

（一）员工的聘用、培训、辞退与辞职。

（二）员工的薪酬、考核、晋升与奖惩。

（三）关键岗位员工的强制休假制度和定期岗位轮换制度。

（四）掌握国家秘密或重要商业秘密的员工离岗的限制性规定。

（五）有关人力资源管理的其他政策。

第十七条　企业应当将职业道德修养和专业胜任能力作为选拔和聘用员工的重要标准，切实加强员工培训和继续教育，不断提升员工素质。

第十八条　企业应当加强文化建设，培育积极向上的价值观和社会责任感，倡导诚实守信、爱岗敬业、开拓创新和团队协作精神，树立现代管理理念，强化风险意识。

董事、监事、经理及其他高级管理人员应当在企业文化建设中发挥主导作用。

企业员工应当遵守员工行为守则，认真履行岗位职责。

第十九条　企业应当加强法制教育，增强董事、监事、经理及其他高级管理人员和员工的法制观念，严格依法决策、依法办事、依法监督，建立健全法律顾问制度和重大法律纠纷案件备案制度。

第三章　风险评估

第二十条　企业应当根据设定的控制目标，全面系统持续地收集相关信息，结合实际情况，及时进行风险评估。

第二十一条 企业开展风险评估，应当准确识别与实现控制目标相关的内部风险和外部风险，确定相应的风险承受度。

风险承受度是企业能够承担的风险限度，包括整体风险承受能力和业务层面的可接受风险水平。

第二十二条 企业识别内部风险，应当关注下列因素：

（一）董事、监事、经理及其他高级管理人员的职业操守、员工专业胜任能力等人力资源因素。

（二）组织机构、经营方式、资产管理、业务流程等管理因素。

（三）研究开发、技术投入、信息技术运用等自主创新因素。

（四）财务状况、经营成果、现金流量等财务因素。

（五）营运安全、员工健康、环境保护等安全环保因素。

（六）其他有关内部风险因素。

第二十三条 企业识别外部风险，应当关注下列因素：

（一）经济形势、产业政策、融资环境、市场竞争、资源供给等经济因素。

（二）法律法规、监管要求等法律因素。

（三）安全稳定、文化传统、社会信用、教育水平、消费者行为等社会因素。

（四）技术进步、工艺改进等科学技术因素。

（五）自然灾害、环境状况等自然环境因素。

（六）其他有关外部风险因素。

第二十四条 企业应当采用定性与定量相结合的方法，按照风险发生的可能性及其影响程度等，对识别的风险进行分析和排序，确定关注重点和优先控制的风险。

企业进行风险分析，应当充分吸收专业人员，组成风险分析团队，按照严格规范的程序开展工作，确保风险分析结果的准确性。

第二十五条　企业应当根据风险分析的结果，结合风险承受度，权衡风险与收益，确定风险应对策略。

企业应当合理分析、准确掌握董事、经理及其他高级管理人员、关键岗位员工的风险偏好，采取适当的控制措施，避免因个人风险偏好给企业经营带来重大损失。

第二十六条　企业应当综合运用风险规避、风险降低、风险分担和风险承受等风险应对策略，实现对风险的有效控制。

风险规避是企业对超出风险承受度的风险，通过放弃或者停止与该风险相关的业务活动以避免和减轻损失的策略。

风险降低是企业在权衡成本效益之后，准备采取适当的控制措施降低风险或者减轻损失，将风险控制在风险承受度之内的策略。

风险分担是企业准备借助他人力量，采取业务分包、购买保险等方式和适当的控制措施，将风险控制在风险承受度之内的策略。

风险承受是企业对风险承受度之内的风险，在权衡成本效益之后，不准备采取控制措施降低风险或者减轻损失的策略。

第二十七条　企业应当结合不同发展阶段和业务拓展情况，持续收集与风险变化相关的信息，进行风险识别和风险分析，及时调整风险应对策略。

第四章　控制活动

第二十八条　企业应当结合风险评估结果，通过手工控制与自动控制、预防性控制与发现性控制相结合的方法，运用相应的控制措施，将风险控制在可承受度之内。

控制措施一般包括：不相容职务分离控制、授权审批控制、会计系统控制、财产保护控制、预算控制、运营分析控制和绩效考评控制等。

第二十九条 不相容职务分离控制要求企业全面系统地分析、梳理业务流程中所涉及的不相容职务，实施相应的分离措施，形成各司其职、各负其责、相互制约的工作机制。

第三十条 授权审批控制要求企业根据常规授权和特别授权的规定，明确各岗位办理业务和事项的权限范围、审批程序和相应责任。

企业应当编制常规授权的权限指引，规范特别授权的范围、权限、程序和责任，严格控制特别授权。常规授权是指企业在日常经营管理活动中按照既定的职责和程序进行的授权。特别授权是指企业在特殊情况、特定条件下进行的授权。

企业各级管理人员应当在授权范围内行使职权和承担责任。

企业对于重大的业务和事项，应当实行集体决策审批或者联签制度，任何个人不得单独进行决策或者擅自改变集体决策。

第三十一条 会计系统控制要求企业严格执行国家统一的会计准则制度，加强会计基础工作，明确会计凭证、会计账簿和财务会计报告的处理程序，保证会计资料真实完整。

企业应当依法设置会计机构，配备会计从业人员。从事会计工作的人员，必须取得会计从业资格证书。会计机构负责人应当具备会计师以上专业技术职务资格。

大中型企业应当设置总会计师。设置总会计师的企业，不得设置与其职权重叠的副职。

第三十二条 财产保护控制要求企业建立财产日常管理制度和定期清查制度，采取财产记录、实物保管、定期盘点、账实核对等措施，确保财产安全。

企业应当严格限制未经授权的人员接触和处置财产。

第三十三条 预算控制要求企业实施全面预算管理制度，明确各责任单位在预算管理中的职责权限，规范预算的编制、审定、下达和执行程序，强化预算约束。

第三十四条 运营分析控制要求企业建立运营情况分析制度，经理层应当综合运用生产、购销、投资、筹资、财务等方面的信息，通过因素分析、对比分析、趋势分析等方法，定期开展运营情况分析，发现存在的问题，及时查明原因并加以改进。

第三十五条 绩效考评控制要求企业建立和实施绩效考评制度，科学设置考核指标体系，对企业内部各责任单位和全体员工的业绩进行定期考核和客观评价，将考评结果作为确定员工薪酬以及职务晋升、评优、降级、调岗、辞退等的依据。

第三十六条 企业应当根据内部控制目标，结合风险应对策略，综合运用控制措施，对各种业务和事项实施有效控制。

第三十七条 企业应当建立重大风险预警机制和突发事件应急处理机制，明确风险预警标准，对可能发生的重大风险或突发事件，制定应急预案、明确责任人员、规范处置程序，确保突发事件得到及时妥善处理。

第五章 信息与沟通

第三十八条 企业应当建立信息与沟通制度，明确内部控制相关信息的收集、处理和传递程序，确保信息及时沟通，促进内部控制有效运行。

第三十九条 企业应当对收集的各种内部信息和外部信息进行合理筛选、核对、整合，提高信息的有用性。

企业可以通过财务会计资料、经营管理资料、调研报告、专项信息、内部刊物、办公网络等渠道，获取内部信息。

企业可以通过行业协会组织、社会中介机构、业务往来单位、市场调查、来信来访、网络媒体以及有关监管部门等渠道，获取外部信息。

第四十条 企业应当将内部控制相关信息在企业内部各管理级次、责任单位、业务环节之间，以及企业与外部投资者、债权人、客户、供应商、中介机构和监管部门等有关方面之间进行沟通和反馈。信息沟通过程中发现的问题，应当及时报告并加以解决。

重要信息应当及时传递给董事会、监事会和经理层。

第四十一条 企业应当利用信息技术促进信息的集成与共享，充分发挥信息技术在信息与沟通中的作用。

企业应当加强对信息系统开发与维护、访问与变更、数据输入与输出、文件储存与保管、网络安全等方面的控制，保证信息系统安全稳定运行。

第四十二条 企业应当建立反舞弊机制，坚持惩防并举、重在预防的原则，明确反舞弊工作的重点领域、关键环节和有关机构在反舞弊工作中的职责权限，规范舞弊案件的举报、调查、处理、报告和补救程序。

企业至少应当将下列情形作为反舞弊工作的重点：

（一）未经授权或者采取其他不法方式侵占、挪用企业资产，牟取不当利益。

（二）在财务会计报告和信息披露等方面存在的虚假记载、误导性陈述或者重大遗漏等。

（三）董事、监事、经理及其他高级管理人员滥用职权。

（四）相关机构或人员串通舞弊。

第四十三条　企业应当建立举报投诉制度和举报人保护制度，设置举报专线，明确举报投诉处理程序、办理时限和办结要求，确保举报、投诉成为企业有效掌握信息的重要途径。

举报投诉制度和举报人保护制度应当及时传达至全体员工。

第六章　内部监督

第四十四条　企业应当根据本规范及其配套办法，制定内部控制监督制度，明确内部审计机构（或经授权的其他监督机构）和其他内部机构在内部监督中的职责权限，规范内部监督的程序、方法和要求。

内部监督分为日常监督和专项监督。日常监督是指企业对建立与实施内部控制的情况进行常规、持续的监督检查；专项监督是指在企业发展战略、组织结构、经营活动、业务流程、关键岗位员工等发生较大调整或变化的情况下，对内部控制的某一或者某些方面进行有针对性的监督检查。

专项监督的范围和频率应当根据风险评估结果以及日常监督的有效性等予以确定。

第四十五条　企业应当制定内部控制缺陷认定标准，对监督过程中发现的内部控制缺陷，应当分析缺陷的性质和产生的原因，提出整改方案，采取适当的形式及时向董事会、监事会或者经理层报告。

内部控制缺陷包括设计缺陷和运行缺陷。企业应当跟踪内部控制缺陷整改情况，并就内部监督中发现的重大缺陷，追究相关责任单位或者责任人的责任。

第四十六条　企业应当结合内部监督情况，定期对内部控制的有效性进行自我评价，出具内部控制自我评价报告。

内部控制自我评价的方式、范围、程序和频率，由企业根据经营业务调整、经营环境变化、业务发展状况、实际风险水平等自行确定。

国家有关法律法规另有规定的，从其规定。

第四十七条　企业应当以书面或者其他适当的形式，妥善保存内部控制建立与实施过程中的相关记录或者资料，确保内部控制建立与实施过程的可验证性。

第七章　附　　则

第四十八条　本规范由财政部会同国务院其他有关部门解释。

第四十九条　本规范的配套办法由财政部会同国务院其他有关部门另行制定。

第五十条　本规范自 2009 年 7 月 1 日起实施。

附录 3 企业内部控制评价指引

第一章 总 则

第一条 为了促进企业全面评价内部控制的设计与运行情况，规范内部控制评价程序和评价报告，揭示和防范风险，根据有关法律法规和《企业内部控制基本规范》，制定本指引。

第二条 本指引所称内部控制评价，是指企业董事会或类似权力机构对内部控制的有效性进行全面评价、形成评价结论、出具评价报告的过程。

第三条 企业实施内部控制评价至少应当遵循下列原则：

（一）全面性原则。评价工作应当包括内部控制的设计与运行，涵盖企业及其所属单位的各种业务和事项。

（二）重要性原则。评价工作应当在全面评价的基础上，关注重要业务单位、重大业务事项和高风险领域。

（三）客观性原则。评价工作应当准确地揭示经营管理的风险状况，如实反映内部控制设计与运行的有效性。

第四条 企业应当根据本评价指引，结合内部控制设计与运行的实际情况，制定具体的内部控制评价办法，规定评价的原则、内容、程序、方法和报告形式等，明确相关机构或岗位的职责权限，落实责任制，按照规定的办法、程序和要求，有序开展内部控制评价工作。

企业董事会应当对内部控制评价报告的真实性负责。

第二章 内部控制评价的内容

第五条 企业应当根据《企业内部控制基本规范》、应用指引以及本企业的内部控制制度，围绕内部环境、风险评估、控制活动、信息与沟通、内部监督等要素，确定内部控制评价的具体内容，对内部控制设计与运行情况进行全面评价。

第六条 企业组织开展内部环境评价，应当以组织架构、发展战略、人力资源、企业文化、社会责任等应用指引为依据，结合本企业的内部控制制度，对内部环境的设计及实际运行情况进行认定和评价。

第七条 企业组织开展风险评估机制评价，应当以《企业内部控制基本规范》有关风险评估的要求，以及各项应用指引中所列主要风险为依据，结合本企业的内部控制制度，对日常经营管理过程中的风险识别、风险分析、应对策略等进行认定和评价。

第八条 企业组织开展控制活动评价，应当以《企业内部控制基本规范》和各项应用指引中的控制措施为依据，结合本企业的内部控制制度，对相关控制措施的设计和运行情况进行认定和评价。

第九条 企业组织开展信息与沟通评价，应当以内部信息传递、财务报告、信息系统等相关应用指引为依据，结合本企业的内部控制制度，对信息收集、处理和传递的及时性、反舞弊机制的健全性、财务报告的真实性、信息系统的安全性，以及利用信息系统实施内部控制的有效性等进行认定和评价。

第十条　企业组织开展内部监督评价，应当以《企业内部控制基本规范》有关内部监督的要求，以及各项应用指引中有关日常管控的规定为依据，结合本企业的内部控制制度，对内部监督机制的有效性进行认定和评价，重点关注监事会、审计委员会、内部审计机构等是否在内部控制设计和运行中有效发挥监督作用。

第十一条　内部控制评价工作应当形成工作底稿，详细记录企业执行评价工作的内容，包括评价要素、主要风险点、采取的控制措施、有关证据资料以及认定结果等。

评价工作底稿应当设计合理、证据充分、简便易行、便于操作。

第三章　内部控制评价的程序

第十二条　企业应当按照内部控制评价办法规定的程序，有序开展内部控制评价工作。

内部控制评价程序一般包括：制定评价工作方案、组成评价工作组、实施现场测试、认定控制缺陷、汇总评价结果、编报评价报告等环节。

企业可以授权内部审计部门或专门机构（以下简称"内部控制评价部门"）负责内部控制评价的具体组织实施工作。

第十三条　企业内部控制评价部门应当拟订评价工作方案，明确评价范围、工作任务、人员组织、进度安排和费用预算等相关内容，报经董事会或其授权机构审批后实施。

第十四条　企业内部控制评价部门应当根据经批准的评价方案，组成内部控制评价工作组，具体实施内部控制评价工作。评价工作组应当吸收企业内部相关机构熟悉情况的业务骨干参加。评价工作组成员对本部门的内部控制评价工作应当实行回避制度。

企业可以委托中介机构实施内部控制评价。为企业提供内部控制审计服务的会计师事务所，不得同时为同一企业提供内部控制评价服务。

第十五条 内部控制评价工作组应当对被评价单位进行现场测试，综合运用个别访谈、调查问卷、专题讨论、穿行测试、实地查验、抽样和比较分析等方法，充分收集被评价单位内部控制设计和运行是否有效的证据，按照评价的具体内容，如实填写评价工作底稿，研究分析内部控制缺陷。

第四章 内部控制缺陷的认定

第十六条 内部控制缺陷包括设计缺陷和运行缺陷。企业对内部控制缺陷的认定，应当以日常监督和专项监督为基础，结合年度内部控制评价，由内部控制评价部门进行综合分析后提出认定意见，按照规定的权限和程序进行审核后予以最终认定。

第十七条 企业在日常监督、专项监督和年度评价工作中，应当充分发挥内部控制评价工作组的作用。内部控制评价工作组应当根据现场测试获取的证据，对内部控制缺陷进行初步认定，并按其影响程度分为重大缺陷、重要缺陷和一般缺陷。

重大缺陷，是指一个或多个控制缺陷的组合，可能导致企业严重偏离控制目标。

重要缺陷，是指一个或多个控制缺陷的组合，其严重程度和经济后果低于重大缺陷，但仍有可能导致企业偏离控制目标。

一般缺陷，是指除重大缺陷、重要缺陷之外的其他缺陷。

重大缺陷、重要缺陷和一般缺陷的具体认定标准，由企业根据上述要求自行确定。

第十八条　企业内部控制评价工作组应当建立评价质量交叉复核制度，评价工作组负责人应当对评价工作底稿进行严格审核，并对所认定的评价结果签字确认后，提交企业内部控制评价部门。

第十九条　企业内部控制评价部门应当编制内部控制缺陷认定汇总表，结合日常监督和专项监督发现的内部控制缺陷及其持续改进情况，对内部控制缺陷及其成因、表现形式和影响程度进行综合分析和全面复核，提出认定意见，并以适当的形式向董事会、监事会或者经理层报告。重大缺陷应当由董事会予以最终认定。

企业对于认定的重大缺陷，应当及时采取应对策略，切实将风险控制在可承受度之内，并追究有关部门或相关人员的责任。

第五章　内部控制评价报告

第二十条　企业应当根据《企业内部控制基本规范》、应用指引和本指引，设计内部控制评价报告的种类、格式和内容，明确内部控制评价报告编制程序和要求，按照规定的权限报经批准后对外报出。

第二十一条　内部控制评价报告应当分别内部环境、风险评估、控制活动、信息与沟通、内部监督等要素进行设计，对内部控制评价过程、内部控制缺陷认定及整改情况、内部控制有效性的结论等相关内容作出披露。

第二十二条　内部控制评价报告至少应当披露下列内容：

（一）董事会对内部控制报告真实性的声明。

（二）内部控制评价工作的总体情况。

（三）内部控制评价的依据。

（四）内部控制评价的范围。

（五）内部控制评价的程序和方法。

（六）内部控制缺陷及其认定情况。

（七）内部控制缺陷的整改情况及重大缺陷拟采取的整改措施。

（八）内部控制有效性的结论。

第二十三条　企业应当根据年度内部控制评价结果，结合内部控制评价工作底稿和内部控制缺陷汇总表等资料，按照规定的程序和要求，及时编制内部控制评价报告。

第二十四条　内部控制评价报告应当报经董事会或类似权力机构批准后对外披露或报送相关部门。

企业内部控制评价部门应当关注自内部控制评价报告基准日至内部控制评价报告发出日之间是否发生影响内部控制有效性的因素，并根据其性质和影响程度对评价结论进行相应调整。

第二十五条　企业内部控制审计报告应当与内部控制评价报告同时对外披露或报送。

第二十六条　企业应当以 12 月 31 日作为年度内部控制评价报告的基准日。

内部控制评价报告应于基准日后 4 个月内报出。

第二十七条　企业应当建立内部控制评价工作档案管理制度。内部控制评价的有关文件资料、工作底稿和证明材料等应当妥善保管。

附录4 企业内部控制审计指引

第一章 总 则

第一条 为了规范注册会计师执行企业内部控制审计业务，明确工作要求，保证执业质量，根据《企业内部控制基本规范》、《中国注册会计师鉴证业务基本准则》及相关执业准则，制定本指引。

第二条 本指引所称内部控制审计，是指会计师事务所接受委托，对特定基准日内部控制设计与运行的有效性进行审计。

第三条 建立健全和有效实施内部控制，评价内部控制的有效性是企业董事会的责任。按照本指引的要求，在实施审计工作的基础上对内部控制的有效性发表审计意见，是注册会计师的责任。

第四条 注册会计师执行内部控制审计工作，应当获取充分、适当的证据，为发表内部控制审计意见提供合理保证。

注册会计师应当对财务报告内部控制的有效性发表审计意见，并对内部控制审计过程中注意到的非财务报告内部控制的重大缺陷，在内部控制审计报告中增加"非财务报告内部控制重大缺陷描述段"予以披露。

第五条 注册会计师可以单独进行内部控制审计，也可将内部控制审计与财务报表审计整合进行（以下简称"整合审计"）。

在整合审计中，注册会计师应当对内部控制设计与运行的有效性进行测试，以同时实现下列目标：

（一）获取充分、适当的证据，支持其在内部控制审计中对内部控制有效性发表的意见。

（二）获取充分、适当的证据，支持其在财务报表审计中对控制风险的评估结果。

第二章　计划审计工作

第六条　注册会计师应当恰当地计划内部控制审计工作，配备具有专业胜任能力的项目组，并对助理人员进行适当的督导。

第七条　在计划审计工作时，注册会计师应当评价下列事项对内部控制、财务报表以及审计工作的影响：

（一）与企业相关的风险。

（二）相关法律法规和行业概况。

（三）企业组织结构、经营特点和资本结构等相关重要事项。

（四）企业内部控制最近发生变化的程度。

（五）与企业沟通过的内部控制缺陷。

（六）重要性、风险等与确定内部控制重大缺陷相关的因素。

（七）对内部控制有效性的初步判断。

（八）可获取的、与内部控制有效性相关的证据的类型和范围。

第八条　注册会计师应当以风险评估为基础，选择拟测试的控制，确定测试所需收集的证据。

内部控制的特定领域存在重大缺陷的风险越高，给予该领域的审计关注就越多。

第九条　注册会计师应当对企业内部控制自我评价工作进行评估，判断是否利用企业内部审计人员、内部控制评价人员和其他相关人员的工作以及可利用的程度，相应减少可能本应由注册会计师执行的工作。

注册会计师利用企业内部审计人员、内部控制评价人员和其他相关人员的工作，应当对其专业胜任能力和客观性进行充分评价。

与某项控制相关的风险越高，可利用程度就越低，注册会计师应当更多地对该项控制亲自进行测试。

注册会计师应当对发表的审计意见独立承担责任，其责任不因为利用企业内部审计人员、内部控制评价人员和其他相关人员的工作而减轻。

第三章　实施审计工作

第十条　注册会计师应当按照自上而下的方法实施审计工作。自上而下的方法是注册会计师识别风险、选择拟测试控制的基本思路。注册会计师在实施审计工作时，可以将企业层面控制和业务层面控制的测试结合进行。

第十一条　注册会计师测试企业层面控制，应当把握重要性原则，至少应当关注：

（一）与内部环境相关的控制。

（二）针对董事会、经理层凌驾于控制之上的风险而设计的控制。

（三）企业的风险评估过程。

（四）对内部信息传递和财务报告流程的控制。

（五）对控制有效性的内部监督和自我评价。

第十二条 注册会计师测试业务层面控制，应当把握重要性原则，结合企业实际、企业内部控制各项应用指引的要求和企业层面控制的测试情况，重点对企业生产经营活动中的重要业务与事项的控制进行测试。

注册会计师应当关注信息系统对内部控制及风险评估的影响。

第十三条 注册会计师在测试企业层面控制和业务层面控制时，应当评价内部控制是否足以应对舞弊风险。

第十四条 注册会计师应当测试内部控制设计与运行的有效性。

如果某项控制由拥有必要授权和专业胜任能力的人员按照规定的程序与要求执行，能够实现控制目标，表明该项控制的设计是有效的。

如果某项控制正在按照设计运行，执行人员拥有必要授权和专业胜任能力，能够实现控制目标，表明该项控制的运行是有效的。

第十五条 注册会计师应当根据与内部控制相关的风险，确定拟实施审计程序的性质、时间安排和范围，获取充分、适当的证据。与内部控制相关的风险越高，注册会计师需要获取的证据应越多。

第十六条 注册会计师在测试控制设计与运行的有效性时，应当综合运用询问适当人员、观察经营活动、检查相关文件、穿行测试和重新执行等方法。

询问本身并不足以提供充分、适当的证据。

第十七条　注册会计师在确定测试的时间安排时，应当在下列两个因素之间作出平衡，以获取充分、适当的证据：

（一）尽量在接近企业内部控制自我评价基准日实施测试。

（二）实施的测试需要涵盖足够长的期间。

第十八条　注册会计师对于内部控制运行偏离设计的情况（即控制偏差），应当确定该偏差对相关风险评估、需要获取的证据以及控制运行有效性结论的影响。

第十九条　在连续审计中，注册会计师在确定测试的性质、时间安排和范围时，应当考虑以前年度执行内部控制审计时了解的情况。

第四章　评价控制缺陷

第二十条　内部控制缺陷按其成因分为设计缺陷和运行缺陷，按其影响程度分为重大缺陷、重要缺陷和一般缺陷。

注册会计师应当评价其识别的各项内部控制缺陷的严重程度，以确定这些缺陷单独或组合起来，是否构成重大缺陷。

第二十一条　在确定一项内部控制缺陷或多项内部控制缺陷的组合是否构成重大缺陷时，注册会计师应当评价补偿性控制（替代性控制）的影响。企业执行的补偿性控制应当具有同样的效果。

第二十二条　表明内部控制可能存在重大缺陷的迹象，主要包括：

（一）注册会计师发现董事、监事和高级管理人员舞弊。

（二）企业更正已经公布的财务报表。

（三）注册会计师发现当期财务报表存在重大错报，而内部控制在运行过程中未能发现该错报。

（四）企业审计委员会和内部审计机构对内部控制的监督无效。

第五章　完成审计工作

第二十三条　注册会计师完成审计工作后，应当取得经企业签署的书面声明。书面声明应当包括下列内容：

（一）企业董事会认可其对建立健全和有效实施内部控制负责。

（二）企业已对内部控制的有效性作出自我评价，并说明评价时采用的标准以及得出的结论。

（三）企业没有利用注册会计师执行的审计程序及其结果作为自我评价的基础。

（四）企业已向注册会计师披露识别出的所有内部控制缺陷，并单独披露其中的重大缺陷和重要缺陷。

（五）企业对于注册会计师在以前年度审计中识别的重大缺陷和重要缺陷，是否已经采取措施予以解决。

（六）企业在内部控制自我评价基准日后，内部控制是否发生重大变化，或者存在对内部控制具有重要影响的其他因素。

第二十四条　企业如果拒绝提供或以其他不当理由回避书面声明，注册会计师应当将其视为审计范围受到限制，解除业务约定或出具无法表示意见的内部控制审计报告。

第二十五条　注册会计师应当与企业沟通审计过程中识别的所有控制缺陷。对于其中的重大缺陷和重要缺陷，应当以书面形式与董事会和经理层沟通。

注册会计师认为审计委员会和内部审计机构对内部控制的监督无效的，应当就此以书面形式直接与董事会和经理层沟通。

书面沟通应当在注册会计师出具内部控制审计报告之前进行。

第二十六条 注册会计师应当对获取的证据进行评价，形成对内部控制有效性的意见。

第六章　出具审计报告

第二十七条 注册会计师在完成内部控制审计工作后，应当出具内部控制审计报告。标准内部控制审计报告应当包括下列要素：

（一）标题。

（二）收件人。

（三）引言段。

（四）企业对内部控制的责任段。

（五）注册会计师的责任段。

（六）内部控制固有局限性的说明段。

（七）财务报告内部控制审计意见段。

（八）非财务报告内部控制重大缺陷描述段。

（九）注册会计师的签名和盖章。

（十）会计师事务所的名称、地址及盖章。

（十一）报告日期。

第二十八条 符合下列所有条件的，注册会计师应当对财务报告内部控制出具无保留意见的内部控制审计报告：

（一）企业按照《企业内部控制基本规范》、《企业内部控制应用指引》、《企业内部控制评价指引》以及企业自身内部控制制度的要求，在所有重大方面保持了有效的内部控制。

（二）注册会计师已经按照《企业内部控制审计指引》的要求计划和实施审计工作，在审计过程中未受到限制。

第二十九条　注册会计师认为财务报告内部控制虽不存在重大缺陷，但仍有一项或者多项重大事项需要提请内部控制审计报告使用者注意的，应当在内部控制审计报告中增加强调事项段予以说明。

注册会计师应当在强调事项段中指明，该段内容仅用于提醒内部控制审计报告使用者关注，并不影响对财务报告内部控制发表的审计意见。

第三十条　注册会计师认为财务报告内部控制存在一项或多项重大缺陷的，除非审计范围受到限制，应当对财务报告内部控制发表否定意见。

注册会计师出具否定意见的内部控制审计报告，还应当包括下列内容：

（一）重大缺陷的定义。

（二）重大缺陷的性质及其对财务报告内部控制的影响程度。

第三十一条　注册会计师审计范围受到限制的，应当解除业务约定或出具无法表示意见的内部控制审计报告，并就审计范围受到限制的情况，以书面形式与董事会进行沟通。

注册会计师在出具无法表示意见的内部控制审计报告时，应当在内部控制审计报告中指明审计范围受到限制，无法对内部控制的有效性发表意见。

注册会计师在已执行的有限程序中发现财务报告内部控制存在重大缺陷的，应当在内部控制审计报告中对重大缺陷作出详细说明。

第三十二条　注册会计师对在审计过程中注意到的非财务报告内部控制缺陷，应当区别具体情况予以处理：

（一）注册会计师认为非财务报告内部控制缺陷为一般缺陷的，应当与企业进行沟通，提醒企业加以改进，但无需在内部控制审计报告中说明。

（二）注册会计师认为非财务报告内部控制缺陷为重要缺陷的，应当以书面形式与企业董事会和经理层沟通，提醒企业加以改进，但无需在内部控制审计报告中说明。

（三）注册会计师认为非财务报告内部控制缺陷为重大缺陷的，应当以书面形式与企业董事会和经理层沟通，提醒企业加以改进；同时应当在内部控制审计报告中增加非财务报告内部控制重大缺陷描述段，对重大缺陷的性质及其对实现相关控制目标的影响程度进行披露，提示内部控制审计报告使用者注意相关风险。

第三十三条　在企业内部控制自我评价基准日并不存在、但在该基准日之后至审计报告日之前（以下简称"期后期间"）内部控制可能发生变化，或出现其他可能对内部控制产生重要影响的因素。注册会计师应当询问是否存在这类变化或影响因素，并获取企业关于这些情况的书面声明。

注册会计师知悉对企业内部控制自我评价基准日内部控制有效性有重大负面影响的期后事项的，应当对财务报告内部控制发表否定意见。

注册会计师不能确定期后事项对内部控制有效性的影响程度的，应当出具无法表示意见的内部控制审计报告。

第七章　记录审计工作

第三十四条　注册会计师应当按照《中国注册会计师审计准则第 1131 号——审计工作底稿》的规定，编制内部控制审计工作底稿，完整记录审计工作情况。

第三十五条　注册会计师应当在审计工作底稿中记录下列内容：

（一）内部控制审计计划及重大修改情况。

（二）相关风险评估和选择拟测试的内部控制的主要过程及结果。

（三）测试内部控制设计与运行有效性的程序及结果。

（四）对识别的控制缺陷的评价。

（五）形成的审计结论和意见。

（六）其他重要事项。

附录：内部控制审计报告的参考格式

1. 标准内部控制审计报告

内部控制审计报告

××股份有限公司全体股东：

按照《企业内部控制审计指引》及中国注册会计师执业准则的相关要求，我们审计了××股份有限公司（以下简称××公司）××年×月×日的财务报告内部控制的有效性。

一、企业对内部控制的责任

按照《企业内部控制基本规范》、《企业内部控制应用指引》、

《企业内部控制评价指引》的规定，建立健全和有效实施内部控制，并评价其有效性是企业董事会的责任。

二、注册会计师的责任

我们的责任是在实施审计工作的基础上，对财务报告内部控制的有效性发表审计意见，并对注意到的非财务报告内部控制的重大缺陷进行披露。

三、内部控制的固有局限性

内部控制具有固有局限性，存在不能防止和发现错报的可能性。此外，由于情况的变化可能导致内部控制变得不恰当，或对控制政策和程序遵循的程度降低，根据内部控制审计结果推测未来内部控制的有效性具有一定风险。

四、财务报告内部控制审计意见

我们认为，××公司按照《企业内部控制基本规范》和相关规定在所有重大方面保持了有效的财务报告内部控制。

五、非财务报告内部控制的重大缺陷

在内部控制审计过程中，我们注意到××公司的非财务报告内部控制存在重大缺陷〔描述该缺陷的性质及其对实现相关控制目标的影响程度〕。由于存在上述重大缺陷，我们提醒本报告使用者注意相关风险。需要指出的是，我们并不对××公司的非财务报告内部控制发表意见或提供保证。本段内容不影响对财务报告内部控制有效性发表的审计意见。

××会计师事务所（盖章）

中国注册会计师：×××（签名并盖章）

中国注册会计师：×××（签名并盖章）

中国××市××年×月×日

2. 带强调事项段的无保留意见内部控制审计报告

内部控制审计报告

××股份有限公司全体股东：

按照《企业内部控制审计指引》及中国注册会计师执业准则的相关要求，我们审计了××股份有限公司（以下简称××公司）××年×月×日的财务报告内部控制的有效性。

［"一、企业对内部控制的责任"至"五、非财务报告内部控制的重大缺陷"参见标准内部控制审计报告相关段落表述。］

六、强调事项

我们提醒内部控制审计报告使用者关注，（描述强调事项的性质及其对内部控制的重大影响）。本段内容不影响已对财务报告内部控制发表的审计意见。

××会计师事务所（盖章）

中国注册会计师：×××（签名并盖章）

中国注册会计师：×××（签名并盖章）

中国××市××年×月×日

3. 否定意见内部控制审计报告

内部控制审计报告

××股份有限公司全体股东：

按照《企业内部控制审计指引》及中国注册会计师执业准则的相关要求，我们审计了××股份有限公司（以下简称××公司）××年×月×日的财务报告内部控制的有效性。

［"一、企业对内部控制的责任"至"三、内部控制的固有局

限性"参见标准内部控制审计报告相关段落表述。]

四、导致否定意见的事项

重大缺陷，是指一个或多个控制缺陷的组合，可能导致企业严重偏离控制目标。

[指出注册会计师已识别出的重大缺陷，并说明重大缺陷的性质及其对财务报告内部控制的影响程度。]

有效的内部控制能够为财务报告及相关信息的真实完整提供合理保证，而上述重大缺陷使××公司内部控制失去这一功能。

五、财务报告内部控制审计意见

我们认为，由于存在上述重大缺陷及其对实现控制目标的影响，××公司未能按照《企业内部控制基本规范》和相关规定在所有重大方面保持有效的财务报告内部控制。

六、非财务报告内部控制的重大缺陷

[参见标准内部控制审计报告相关段落表述。]

××会计师事务所（盖章）

中国注册会计师：×××（签名并盖章）

中国注册会计师：×××（签名并盖章）

中国××市××年×月×日

4. 无法表示意见内部控制审计报告

内部控制审计报告

××股份有限公司全体股东：

我们接受委托，对××股份有限公司（以下简称××公司）××年×月×日的财务报告内部控制进行审计。

[删除注册会计师的责任段，"一、企业对内部控制的责任"

和"二、内部控制的固有局限性"参见标准内部控制审计报告相关段落表述。]

三、导致无法表示意见的事项

[描述审计范围受到限制的具体情况。]

四、财务报告内部控制审计意见

由于审计范围受到上述限制，我们未能实施必要的审计程序以获取发表意见所需的充分、适当证据，因此，我们无法对××公司财务报告内部控制的有效性发表意见。

五、识别的财务报告内部控制重大缺陷（如在审计范围受到限制前，执行有限程序未能识别出重大缺陷，则应删除本段）

重大缺陷，是指一个或多个控制缺陷的组合，可能导致企业严重偏离控制目标。

尽管我们无法对××公司财务报告内部控制的有效性发表意见，但在我们实施的有限程序的过程中，发现了以下重大缺陷：

[指出注册会计师已识别出的重大缺陷，并说明重大缺陷的性质及其对财务报告内部控制的影响程度。]

有效的内部控制能够为财务报告及相关信息的真实完整提供合理保证，而上述重大缺陷使××公司内部控制失去这一功能。

六、非财务报告内部控制的重大缺陷

[参见标准内部控制审计报告相关段落表述。]

××会计师事务所（盖章）

中国注册会计师：×××（签名并盖章）

中国注册会计师：×××（签名并盖章）

中国××市××年×月×日

附录 5 关于做好上市公司内部控制 规范试点有关工作的通知

上市部函〔2011〕031 号

中国证监会各省、自治区、直辖市、计划单列市监管局，上海、深圳证券交易所：

为了进一步贯彻落实《国务院批转证监会关于提高上市公司质量意见的通知》（国发〔2005〕34 号）和《企业内部控制基本规范》及相关配套指引的相关要求，积累内控规范的实施经验和监管经验，按照全国证券期货监管工作会议的工作部署和证监会领导在"资本市场实施企业内部控制规范动员部署视频会议"中的讲话精神，我部拟按照"坚决导入、稳步实施、步步深入、逐年提高"的内控规范实施原则，做好 2011 年上市公司内控规范的试点工作。现就有关事项通知如下：

一、实施及试点公司的范围

2011 年度实施内控规范或者参与试点的公司，具体情况如下：

1. 按规定实施类。境内外同时上市的 68 家公司（具体名单见附件 2），按规定 2011 年应实施内控规范。

2. 自愿试点类。在上市公司自愿的基础上，根据证监会机关和证监推荐，共选取了 216 家公司参加内控规范试点（具体名单见附件 3）。分为两种情况：（1）证监会机关与有关部门共同指定深圳辖区 78 家公司的 3 家央企上市公司参加内控试点。（2）除深圳局外 35 家派出机构按照公司自愿的原则，结合辖区公司特点，推荐了 135 家上市公司进行内控试点。

二、实施要求

上述公司应该按照以下要求开展内控试点工作：

1. 按规定实施类公司，应严格按照《企业内部控制基本规范》和《企业内部控制配套指引》的要求，全面做好财务报告内部控制的建设、自我评价和审计工作，并按要求做好内控披露工作。

2. 自愿试点类公司，应按照《企业内部控制基本规范》和《企业内部控制配套指引》的要求，做好母公司及重要子公司财务报告内部控制的建设、自我评价和审计工作。上市公司母公司及重要子公司是指母公司及选取的子公司总资产、营业收入和净利润三项指标同时要占 2010 年合并财务报表相应指标的 50%以上。

三、相关工作要求

（一）确定并上报工作方案和试点方案

请各证监局在 2011 年 2 月 28 日之前，上报辖区实施内控规范推进工作方案；在 2011 年 4 月 15 日之前汇总上报辖区公司实施内控方案。证监局推进工作方案应包括辖区所有实施内控规范公司的总体情况，具体包括派出机构负责内控试点任务的部门、人员和时间安排，推进和跟踪计划，可能存在的问题或困难及建议和意见等。上市公司实施内控方案（详见附件1）应包括组织机构落实、人员安排、拟进行内控评价和审计的母公司及子公司基本情况，时间进度、披露计划、聘请中介机构等情况。

（二）及时报告和披露试点方案及进展情况

证监局要督促实施或试点内控规范的公司在2011年3月31日之前，将经董事会审计通过的公司实施内部控制工作方案（参照附件1）报证监局和交易所备案，并要求其在2011年6月30日和2011年12月31日之前分别将内控实施进展情况报送证监局和交易所。同时，要密切跟踪情况，督促落实方案，引导公司完善内控制度。交易所要督促相关公司在2011年年报中披露内部控制规范实施进展情况。

（三）以内控为抓手，做好现场检查等日常监管工作

各证监局应做好以上市公司内部控制为重点的2011年公司治理专项活动，并在上市公司现场检查和非现场检查、并购重组和再融资持续监管等日常监管中重点关注上市公司内部控制的建立健全和有效执行情况。

（四）认真学习，做好培训和指导工作

各证监局应将内部控制的建立和完善方案、披露和监管要求纳入上市公司董事、监事和高级管理人员的培训内容和考核大纲，在2011年分期分批完成对辖区上市公司董、监、高有关上市公司内控建设方面的培训任务，对参与内控试点的公司应优先进行培训。

证监局和交易所监管人员要尽快学习和掌握《企业内部控制的基本规范》及其配套指引相关规定，跟踪各公司内控的建设和执行情况，充分发挥一线监管的优势，及时发现试点和实施内部控制建设和执行中存在的问题，做到及时发现、及时指导、及时改进。

（五）加强沟通，做好反馈工作

证监局和交易所应分别在 2011 年 7 月底和 2012 年 1 月底之前，根据相关公司实施内控规范的情况，提交实施内控的阶段性报告和总结报告，提出监管建议和意见，并持续跟踪其内控实施和完善情况。交易所应按照我部近日下发的《年报监管通知》的相关要求，对上市公司 2010 年年报披露的内部控制信息情况进行摸底，利用监管快报和总结报告的形式，及时将有关情况以书面报告形式上报我部。各证监局和交易所将相关公司在实施内控规范过程中遇到的共性或难点问题，以及涉及内控规范的信息披露规则和监管规程等建议和意见，以书面报告形式上报我部，同时抄送会计部。

（六）做好内控审计监管工作

证监局应将内控审计业务情况纳入相关会计师事务所的考核评价范畴。2011 年 5 月 15 日前，总结辖区公司 2010 年内控审计总体情况，提出监管建议和意见，并持续跟踪完善情况。在现场和非现场检查中重点关注内控审计业务的质量，督促相关会计师事务所不断完善和提高执业质量。

联系人：

孙永杰　传真：010—88060143

徐彦迪　电话：010—88061722

电邮：xuyandi@csrc.gov.cn

附件 1. ××公司内控规范实施工作方案

附件 2. 境内外同时上市公司基本情况表（68 家）

附件 3. 2011 年拟参加内控试点公司基本情况表（216 家）

附录 6 中国上市公司 2010 年
内部控制白皮书①

一、研究背景

继 2008 年 5 月 22 日发布《企业内部控制基本规范》之后，2010 年 4 月 26 日财政部会同证监会、审计署、银监会、保监会又发布了《企业内部控制配套指引》，该配套指引包括了《企业内部控制应用指引》、《企业内部控制评价指引》和《企业内部控制审计指引》。《企业内部控制基本规范》和《企业内部控制配套指引》的发布标志着中国企业内部控制规范体系基本建成。为加强上市公司的内部控制体系建设，财政部等五部委制定了企业内部控制规范体系的实施时间表：自 2011 年 1 月 1 日起首先在境内外同时上市的公司施行，自 2012 年 1 月 1 日起扩大到上海证券交易所、深圳证券交易所主板上市的公司施行；在此基础上，择机在中小板和创业板上市公司施行；同时，鼓励非上市大中型企业提前执行。

（一）前期研究成果

从 2008 年起，迪博便一直致力于研究上市公司的内部控制

---

① 2010 年 9 月 2 日，《中国证券报》和《上海证券报》刊发了《中国上市公司内部控制白皮书》。

体系建设情况和构建上市公司内部控制指数。2008 年 6 月 24 日，迪博将研究成果《中国上市公司 2008 年内部控制白皮书》发表在《中国证券报》；2009 年 7 月 16 日，迪博又将研究成果《中国上市公司 2009 年内部控制白皮书》发表在《中国证券报》、《上海证券报》和《证券时报》。今年，迪博以《企业内部控制配套指引》发布为契机，以《企业内部控制基本规范》为基础，一如既往地对上市公司的内部控制建设情况进行实证研究，评价上市公司的内部控制整体水平。本研究旨在为上市公司建设企业内部控制规范体系提供指引，同时也为监管部门了解目前上市公司的内部控制体系建设情况提供实证依据。同时，本研究也是国家自然科学基金"上市公司内部控制与投资者保护"（项目批准号 70972076）和教育部人文社科基金"内部控制、过度投资与财务危机"（项目批准号 09YJA790199）的阶段性研究成果。

（二）样本与数据来源

本次研究涵盖了沪深证券交易所的 1763 家 A 股上市公司，其中上海证券交易所的上市公司 861 家，深圳主板的上市公司 473 家，中小板的上市公司 370 家，创业板的上市公司 59 家。其中，企业内部控制信息来源于上市公司年报中的"公司治理"、"重要事项"一节或者单独披露的"内部控制自我评估报告"。上市公司的基本资料来源于 wind 数据库和 CCER 数据库。由于本研究中的数据仅来源于上市公司公开披露的信息，无法复核信息的准确性和完整性，这将对研究结论产生一定的影响。

（三）上市公司内部控制整体水平

根据企业内部控制基本规范的五大要素和具体细则，我们制定了包括内部环境、风险评估、控制活动、信息沟通和内部监督在内的五大一级指标以及下设63个二级指标。若公司披露了二级指标的相关内控信息，此项即为1；否则为0。总体评价满分为63分。我们将上市公司的内部控制水平分为高、中、低三个等级。高分组为得分大于等于42的公司，低分组为得分小于21的公司，其他公司则为中分组。高分组的公司仅为26家，占总样本数的1.47%；中分组和低分组分别为916家和821家，占总样本数的51.96%和46.57%。详细情况如图1所示。

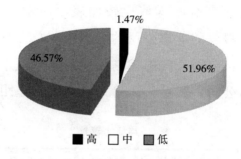

1.47%

46.57%

51.96%

■高 □中 ■低

图1 2009年上市公司内部控制整体水平

二、分类统计分析

（一）内部控制自我评价报告与内部控制的关系

披露了内部控制自我评价报告的上市公司和未披露该报告的上市公司的内部控制评分的均值比较如表1所示。2009年，披露了内部控制自我评价报告的上市公司的内部控制总评均值均高于未披露该报告的上市公司而且差距明显，内部控制五要素的均值也优于未披露该报告的上市公司，其中沪市和深市都是风险评估要素的均值差距最大。

表1 均值比较表

均值比较	交易所	总评	内部环境	风险评估	控制活动	信息沟通	内部监督
披露/ 未披露	沪市	1.65	1.58	3.12	1.39	2.83	1.78
	深市	1.82	1.65	4.33	1.59	1.66	2.79

注：2009年沪市披露内部控制自我评价报告的样本数为217家，未披露的样本数为644家；深市披露内部控制自我评价报告的样本数为891家，未披露的样本数为11家。

（二）内部控制鉴证报告与内部控制的关系

出具了会计师事务所内部控制鉴证报告和未出具该报告的上市公司的内部控制评分的均值比较如表2所示。2009年，出具了内部控制鉴证报告的上市公司的内部控制总评均值显著高于未出具该报告的上市公司，内部控制五要素的均值也明显高于未出具该报告的上市公司，其中，风险评估要素的差距最大。

表2 均值比较表

均值比较	交易所	总评	内部环境	风险评估	控制活动	信息沟通	内部监督
出具/ 未出具	沪市	1.74	1.70	4.17	1.45	3.60	1.55
	深市	1.13	1.21	1.43	1.06	1.00	1.10

注：2009年沪市出具内部控制鉴证报告的样本数为189家，未出具的样本数为672家；深市出具内部控制鉴证报告的样本数为438家，未出具的样本数为464家。

（三）内部审计部门与内部控制的关系

设立了内部审计部门的上市公司和未设立该部门的上市公司的内部控制评分的均值比较如表3所示。2009年，设立了内部审计部门的上市公司的内部控制总评均值高于未设立该部门的上市公司，说明设立了内部审计部门的上市公司内部控制水平优于未设立审计部门的上市公司，内部控制五要素的均值也都高于未设立该部门的上市公司。

表 3　均值比较表

均值比较	交易所	总评	内部环境	风险评估	控制活动	信息沟通	内部监督
设立/ 未设立	沪市	1.21	1.37	1.14	1.11	1.10	1.12
	深市	1.28	1.38	1.51	1.12	1.16	1.40

注：2009 年沪市设立了内部审计部门的样本数为 494 家，未设立的样本数为 367 家；深市设立了内部审计部门的样本数为 807 家，未设立的样本数为 95 家。

（四）ST 股与内部控制的关系

ST 股与非 ST 股的上市公司的内部控制水平的均值比较表如表 4 所示。2009 年，沪深两市中非 ST 股上市公司的总评均值都显著高于 ST 股上市公司，沪市中两者之间的差距比深市两者之间的差距要大。

表 4　均值比较表

均值比较	交易所	总评	内部环境	风险评估	控制活动	信息沟通	内部监督
非 ST 股/ ST 股	沪市	1.45	1.40	6.71	1.24	2.44	1.56
	深市	1.27	1.34	3.24	1.17	1.09	1.23

注：2009 年沪市 ST 股样本数为 92 家，非 ST 股样本数为 769 家；深市 ST 股样本数为 83 家，非 ST 股样本数为 819 家。

（五）违法违规处罚与内部控制的关系

未受监管机构处罚与遭受监管机构处罚的上市公司的内部控制评分的均值比较结果如表 5 所示。2009 年，未遭受监管机构处罚的上市公司的内部控制总评均值显著高于遭受监管机构处罚的上市公司，其中，沪市中两者之间的差异大于深市中两者之间的差异。

表5 均值比较表

均值比较	交易所	总评	内部环境	风险评估	控制活动	信息沟通	内部监督
未受处罚/遭受处罚	沪市	1.46	1.89	5.44	1.19	1.95	0.97
	深市	1.19	1.35	1.71	1.01	1.16	1.12

注：2009 年沪市遭受处罚的样本数为 29 家，未受处罚的样本数为 832 家；深市遭受处罚的样本数为 36 家，未受处罚的样本数为 866 家。

（六）指数成分股与内部控制的关系

2009 年上证 50 指数成分股和深证成分指数样本股整体内部控制水平优于非成分股。对指数成分股与非指数成分股的上市公司内部控制均值比较如表 6 所示。2009 年，沪深两市中指数成分股的内部控制总评均值略高于非指数成分股的总评均值，说明指数成分股的整体内部控制水平优于非指数成分股。

表6 均值比较表

均值比较	交易所	总评	内部环境	风险评估	控制活动	信息沟通	内部监督
成分股/非成分股	沪市	1.14	1.12	1.81	1.10	1.25	1.02
	深市	1.12	1.04	1.99	1.11	1.14	1.10

注：2009 年上证 50 指数成分股样本数为 50 家，非成分股样本数为 811 家，上交所决定于 2010 年调整上证 50 指数样本股，此处上证 50 指数成分股采用的是 2010 年 7 月 1 日调整前的样本。

（七）审计意见与内部控制的关系

2009 年财务报告的审计意见类型为标准无保留意见的上市公司的内部控制整体水平最高，而无法表示意见的上市公司的内部控制整体水平最低。

1. 上交所

按不同类型的审计意见对上交所的上市公司内部控制的总评均值和五要素的均值进行排序，如表 7 所示。审计意见类型为标准无保留意见的上市公司的内部控制总评和内部控制五要素的得分都是最高，无法表示意见的上市公司的内部控制总评和内部控制五要素的得分都是最低。

表7　上交所不同类型审计意见的上市公司内部控制水平

排名	总评	内部环境	风险评估	控制活动	信息沟通	内部监督
1	标准无保留意见	标准无保留意见	标准无保留意见	标准无保留意见	标准无保留意见	标准无保留意见
2	带强调事项段的无保留意见	带强调事项段的无保留意见	带强调事项段的无保留意见	带强调事项段的无保留意见	保留意见	保留意见
3	保留意见	保留意见	保留意见	保留意见	带强调事项段的无保留意见	带强调事项段的无保留意见
4	无法表示意见	无法表示意见	无法表示意见	无法表示意见	无法表示意见	无法表示意见

注：2009 年沪市上市公司的审计意见类型为标准无保留意见的样本数为 802 家，带强调事项段的无保留意见的样本数为 40 家，保留意见的样本数为 9 家，无法表示意见的样本数为 10 家。

2. 深交所

按不同类型的审计意见对深交所的上市公司的内部控制总评均值和五要素的均值进行排序，如表8所示。审计意见类型为标准无保留意见的上市公司的内部控制总评和内部控制五要素的得分都是最高，无法表示意见的上市公司内部控制总评的得分最低。

表8　深交所不同类型审计意见的上市公司内部控制水平

排名	总评	内部环境	风险评估	控制活动	信息沟通	内部监督
1	标准无保留意见	标准无保留意见	标准无保留意见	标准无保留意见	标准无保留意见	标准无保留意见
2	保留意见	保留意见	保留意见	带强调事项段的无保留意见	带强调事项段的无保留意见	保留意见

续表

排名	总评	内部环境	风险评估	控制活动	信息沟通	内部监督
3	带强调事项段的无保留意见	无法表示意见	无法表示意见	无法表示意见	无法表示意见	带强调事项段的无保留意见
4	无法表示意见	带强调事项段的无保留意见	带强调事项段的无保留意见	保留意见	保留意见	无法表示意见

注：2009 年深市上市公司的审计意见类型为标准无保留意见的样本数为 844 家，带强调事项段的无保留意见的样本数为 45 家，保留意见的样本数为 4 家，无法表示意见的样本数为 9 家。

三、多元回归分析

（一）内部控制影响因素的多元回归分析

本项研究以上市公司内部控制总评分作为因变量，企业规模、上市时间、2008 年度是否亏损、前十大股东股权集中度和前三名董事会成员薪酬总额作为解释变量，以交易所、行业、实际控制人作为控制变量，从公司特质、公司治理等相应指标判断其对内部控制水平的影响。具体指标含义见表 9。

表 9　变量含义及计量规则一览表

	变量	符号	变量取值方法及说明
因变量	内部控制状况	IC	上市公司内部控制总评分
解释变量	企业规模	SIZE	2009 年末总资产的自然对数
	上市时间	YEAR	公司上市至 2009 年的年限
	2008 年度是否亏损	LOSS	哑变量，若 2008 年净利润为负取 1，否则取 0
	前十大股东股权集中度	TBSC	前十大股东持股比例之和
	前三名董事会成员薪酬总额	TDS	前三名董事会成员薪酬总额的自然对数

续表

	变量	符号	变量取值方法及说明
控制变量	交易所	SE	哑变量，深市为 1，沪市为 0
	行业	INDUSTRY	哑变量，按照证监会的行业划分依据
	实际控制人股权性质	ACSP	哑变量，依据上市公司最终控制人性质进行区分

分析结果表明（表 10）：（1）内控水平与上市公司规模不相关；（2）内控水平与上市时间显著负相关，即上市时间越短，内控水平越好；（3）内控水平与 2008 年度是否亏损显著负相关，即 2008 年度赢利的公司比 2008 年度亏损的公司内控水平更好；（4）内控水平与前十大股东持股比例不相关；（5）内控水平与前三名董事会成员薪酬总额显著正相关，即前三名董事会成员薪酬越高，内控水平越好。

表 10　上市公司内部控制影响因素的多元回归结果

变量	Coefficient	t-Statistic	Prob.
常数项		6.919	0.000
解释变量			
SIZE	0.095	0.298	0.765
YEAR	−0.387	−8.179	0.000
LOSS	−3.051	−4.941	0.000
TBSC	0.786	0.787	0.432
TDS	0.355	1.766	0.078
控制变量			
SE	控制		
INDUSTRY	控制		
ACSP	控制		
A-R^2	0.273		
F	26.511		0.000
样本数	1648		

从表 11 可以看出，与 2008 年相比，2009 年内控水平与企业规模之间的相关性从正相关变为不相关，这可能是因为中小板块的上市公司加强了内部控制体系的建设，缩小了与大中型企业之间的差异，从而使得企业规模不再影响内部控制水平。其他几项因素与内控水平之间的相关性没有发生变化。

表 11　内控水平与各影响因素之间的相关性

年份	样本数	企业规模	上市时间	2008 年度是否亏损	前十大股东股权集中度	前三名董事会成员薪酬总额
2008	1578	正相关	负相关	负相关	不相关	正相关
2009	1648	不相关	负相关	负相关	不相关	正相关

（二）内部控制与投入资本回报率的回归分析

本项研究以投入资本回报率（ROIC）为因变量，以内部控制的总评分为自变量进行回归分析。回归结果（表 12）表明，投入资本回报率与内部控制水平之间呈显著的正相关关系，即内部控制越好的公司投入资本回报率越高，内部控制的加强有助于投入资本回报率的提高。

表 12　内部控制与资本回报率的回归结果

变量	Coefficient	t-Statistic	Prob.
常数项		0.178	0.858
IC	0.225	2.200	0.028
A-R^2	0.03		
F	4.842		0.028
样本数	1636		

四、结论

1. 我国上市公司内部控制整体水平偏低。在 1763 家样本中，内部控制整体水平偏高的仅占样本总数的 1.47％，内部控制整体水平中等的占 51.96％，内部控制整体水平偏低的占 46.57％。

2.2009 年披露了内部控制自我评估报告的上市公司整体内部控制水平优于未披露的上市公司。

3.2009 年出具会计师事务所内部控制鉴证报告的上市公司整体内部控制水平优于未出具的上市公司。

4.2009 年设立了内部审计部门的上市公司整体内部控制水平优于未设立的上市公司。

5.2009 年非 ST 股上市公司内部控制整体水平优于 ST 股上市公司。

6.2009 年未受违法违规处罚的上市公司整体内部控制水平优于遭受处罚的上市公司。

7.2009 年上证 50 指数成分股和深证成分指数样本股整体内部控制水平优于非成分股。

8.2009 年财务审计报告类型为标准无保留意见的内部控制整体水平最高，无法表示意见的内部控制整体水平最低。

9. 内控水平与上市时间显著负相关，即上市时间越短，内控水平越好。

10. 内控水平与 2008 年度是否亏损显著负相关，即 2008 年度赢利的公司比 2008 年度亏损的公司内控水平更好。

11. 内控水平与前三名董事薪酬总额显著正相关，即前三名董事会成员薪酬越高，内控水平越好。

12. 投入资本回报率与内部控制水平之间呈显著的正相关关系，即内部控制越好的公司投入资本回报率越高。

五、建议

1. 统一上市公司内部控制评价报告①的内容和格式。

沪、深交易所对内部控制评价报告的内容和格式各有不同的规定，导致沪、深交易所上市公司披露的内控信息不具可比性，监管机构和投资者难以判断两地上市公司的内控水平。同时，上交所的《上海证券交易所上市公司内部控制指引》和深交所的《深圳证券交易所上市公司内部控制指引》与财政部等五部委出台的《内部控制评价指引》存在较大差异。因此，建议监管机构依据五部委出台的《企业内部控制基本规范》和《内部控制评价指引》的规定，统一沪、深交易所上市公司内部控制评价报告的内容和格式。

2. 强化上市公司内部控制体系建设的监管力度。

《企业内部控制配套指引》的出台为上市公司内部控制体系建设提供了详细的框架，有利于完善内部控制体系建设。但本研究发现，目前我国上市公司的内部控制整体水平还较低，为进一步促进上市公司的内部控制建设，为即将实施的企业内部控制规范体系做好准备，监管机构应加大对上市公司内部控制体系建设和监督检查力度，对于内部控制存在重大缺陷的上市公司，监管机构可对其并购重组、股权转让、再融资、股权激励等行为进行重点关注。

3. 加强对 ST 公司内部控制制度建立健全工作的监督。

---

① 上交所的《上海证券交易所上市公司内部控制指引》中称之为内部控制自我评估报告，深交所的《深圳证券交易所上市公司内部控制指引》中称之为内部控制自我评价报告，财政部等五部委出台的《内部控制评价指引》中称之为内部控制评价报告，本研究依据《内部控制评价指引》的规定，称之为内部控制评价报告。

　　ST 公司面临着巨大的利润扭亏为盈的压力，且公司治理结构相对不太完善，相比非 ST 公司，其在内部控制信息披露方面也会存在较多问题，如披露内容简单，缺乏实质性内容等。本研究通过实证研究证实非 ST 公司的内部控制水平显著高于 ST 公司，因此加强对 ST 公司内部控制制度建立健全工作，有利于保证 ST 公司信息披露的可靠和完整。

　　4. 提高上市公司风险评估水平。

　　本研究发现，上市公司在风险评估要素方面的整体水平最为薄弱。现代企业面临着更加激烈的市场竞争，提高企业的风险意识，强化风险评估水平不仅是增强企业经营能力的必要手段，更是促进企业可持续发展的必要措施。建议上市公司重视风险评估，不断提升风险评估的水平。

附录 7　中国上市公司 2009 年内部控制白皮书[①]

一、研究综述

（一）研究方法

本项研究按照《企业内部控制基本规范》的要求，将内部环境、风险评估、控制活动、信息与沟通和内部监督五个要素作为一级指标，并设计了 26 个相应的二级指标和 63 个三级指标，采用排序分析、均值比较、回归分析、相关性分析等方法对上市公司的内部控制进行研究。

同时，由于沪、深交易所对上市公司内部控制信息披露的规定及披露格式的要求不同，导致两地上市公司披露的内控信息出现较大差异。因此，《中国上市公司 2009 年内部控制白皮书》对沪、深交易所上市公司的内部控制水平分别进行研究。

（二）样本选取

我们选取了上海证券交易所的 854 家 A 股上市公司和深圳证券交易所的 748 家 A 股上市公司作为研究样本，对样本公司 2008 年度的内部控制建设情况进行研究。

---

① 2009 年 7 月 16 日，《中国证券报》、《证券时报》和《上海证券报》刊发了《中国上市公司 2009 年内部控制白皮书》。

（三）数据来源

根据沪、深交易所对内部控制信息披露的要求，上市公司的内控信息须在年报中"公司治理"、"重要事项"一节和单独披露的"内部控制自我评估报告"中披露，本项研究所采用的内控信息均来自上述公开披露的信息。上市公司基本资料均来源于 wind 数据库。

由于评价数据来源于上市公司公开披露的信息，信息的真实性、准确性和可靠性无法一一核实，可能导致评价结果出现偏差；统计过程中的误差也可能导致评价结果出现偏差。

（四）研究结论

• 沪市金融保险业、交通运输仓储业和建筑业整体内部控制水平处于行业前三位；深市房地产业、建筑业、信息技术业整体内部控制水平处于行业前三位。

• 沪市北京地区的上市公司整体内部控制水平高于沪市其他省份的整体水平；深市云南地区的上市公司整体内部控制水平高于深市其他省份的整体水平。

• 实施股权激励的上市公司整体内部控制水平优于未实施的上市公司。

• 非 ST 股上市公司整体内部控制水平优于 ST 股上市公司。

• 上证 50 指数成分股/深证成分指数样本股的上市公司整体内部控制水平优于非成分股的上市公司。

• 披露了内部控制自我评估报告的上市公司整体内部控制水平优于未披露的上市公司。

• 披露了会计师事务所内部控制鉴证报告的上市公司整体内部控制水平优于未披露的上市公司。

• 设立了内部审计机构的上市公司整体内部控制水平优于未

设立的上市公司。

• 2008 年未遭受违法违规处罚的上市公司整体内部控制水平优于遭受处罚的上市公司。

• 内控水平与上市公司规模显著正相关，即上市公司规模越大，内部控制水平越好。

• 内控水平与上市时间显著负相关，即上市时间越短，内控水平越好。

• 内控水平与 2007 年度是否亏损显著负相关，即 2007 年度赢利的公司比 2007 年度亏损的公司内控水平更好。

• 内控水平与前三名董事会成员薪酬总额显著正相关，即前三名董事会成员薪酬总额越高，内控水平越好。

• 投入资本回报率与内部控制水平呈显著的正相关，即内部控制越好的公司投入资本回报率越高，内部控制的加强有助于提高投入资本回报率。

• 盈余信息质量与内部控制水平呈显著的正相关，即内部控制的加强有助于上市公司利润操控减少，盈余信息质量的提高。

• 内控水平高的上市公司更易得到"标准无保留意见"的审计意见。

（五）政策建议

1. 建议监管机构统一上市公司内部控制自我评估报告的内容和格式。沪、深交易所对内控自评报告的内容和格式进行不同规定，导致上市公司披露的内控信息不具可比性，监管机构和投资者难以判断两地上市公司的内控水平。统一的披露要求能增强两地上市公司内控信息的可比性，使监管机构和投资者能够更直观地了解和分析我国上市公司内部控制的整体情况。

2. 建议财政部尽快出台相关的内部控制应用指引。《企业内部控制基本规范》仅对内部控制进行了框架性的规定，可操作性不强，应出台更为具体、可操作性更强的应用指引，更好地推进上市公司的内部控制建设。

3. 建议监管机构加大对上市公司内部控制建设的监督检查力度，对内部控制相关制度的建立和执行情况进行定期检查。对于内部控制存在重大缺陷的上市公司，监管机构可对其并购重组、股权转让、再融资、股权激励等行为进行重点关注。

二、分类统计分析

（一）行业与内部控制的关系

本项研究采用证监会的行业分类，行业排名中剔除了上市公司样本数小于 10 家的行业。

1. 上交所

金融、保险业整体的内部控制水平最高，农、林、牧、渔业整体的内部控制水平最低。

（1）行业排行榜

按行业对总评的均值和内部控制五要素均值分别进行排序统计的结果如表 1 所示。其中，内部控制总评最好的是金融、保险业，其次是交通运输、仓储业和建筑业，最差的是农、林、牧、渔业。

表 1　上市公司 2008 年内部控制水平行业排行榜

排名	总评	内部环境	风险评估	控制活动	信息沟通	内部监督
1	金融、保险业	金融、保险业	金融、保险业	建筑业	金融、保险业	金融、保险业
2	交通运输、仓储业	交通运输、仓储业	建筑业	金融、保险业	建筑业	交通运输、仓储业

续表

排名	总评	内部环境	风险评估	控制活动	信息沟通	内部监督
3	建筑业	房地产业	交通运输、仓储业	房地产业	房地产业	采掘业
4	房地产业	电力、煤气及水的生产和供应业	房地产业	交通运输、仓储业	交通运输、仓储业	建筑业
5	电力、煤气及水的生产和供应业	社会服务业	电力、煤气及水的生产和供应业	电力、煤气及水的生产和供应业	社会服务业	社会服务业
6	社会服务业	建筑业	采掘业	社会服务业	电力、煤气及水的生产和供应业	电力、煤气及水的生产和供应业
7	采掘业	采掘业	制造业	制造业	制造业	房地产业
8	制造业	制造业	农、林、牧、渔业	采掘业	综合类	综合类
9	综合类	批发和零售贸易	综合类	综合类	信息技术业	信息技术业
10	信息技术业	综合类	社会服务业	信息技术业	批发和零售贸易	制造业
11	批发和零售贸易	信息技术业	批发和零售贸易	批发和零售贸易	农、林、牧、渔业	批发和零售贸易
12	农、林、牧、渔业	农、林、牧、渔业	信息技术业	农、林、牧、渔业	采掘业	农、林、牧、渔业

注：房地产业样本数为40家；金融、保险业样本数为22家；建筑业样本数为22家；制造业样本数为452家；农、林、牧渔业样本数为24家；采掘业样本数为24家；电力、煤气及水的生产和供应业样本数为41家；交通运输、仓储业样本数为46家；信息技术业样本数为54家；批发和零售贸易业样本数为60家；社会服务业样本数为20家；综合类样本数为41家。

（2）均值比较

对总评均值最高的金融、保险业和均值次高的交通运输、仓储业以及总评均值最低的农、林、牧、渔业进行比较的结果如表2所示。金融、保险业的总评均值明显高于农、林、牧、渔业，两者比值达1.76；内部控制五要素中，风险评估的差距最大。

表 2　均值比较表

均值比较	总评	内部环境	风险评估	控制活动	信息沟通	内部监督
金融保险业/交通运输、仓储业	1.27	1.23	2.56	1.06	1.31	1.49
金融保险业/农、林、牧、渔业	1.76	1.80	4.80	1.28	2.14	2.16
交通运输、仓储业/农、林、牧、渔业	1.39	1.46	1.88	1.21	1.63	1.45

2. 深交所

房地产业整体的内部控制水平最高，电力、煤气及水的生产和供应业整体的内部控制水平最低。

（1）行业排行榜

按行业对总评的均值和内部控制五要素均值分别进行排序统计的结果如表 3 所示。其中，内部控制总评最好的是房地产业，其次是建筑业和信息技术业，最差的是电力、煤气及水的生产和供应业。由于金融、保险业仅 7 家上市公司，不参与行业排行。

表 3　上市公司 2008 年内部控制水平行业排行榜

排名	总评	内部环境	风险评估	控制活动	信息沟通	内部监督
1	房地产业	房地产业	房地产业	建筑业	房地产业	建筑业
2	建筑业	信息技术业	综合类	房地产业	信息技术业	信息技术业
3	信息技术业	建筑业	采掘业	社会服务业	综合类	房地产业
4	采掘业	采掘业	批发和零售贸易	信息技术业	农、林、牧、渔业	制造业
5	制造业	交通运输、仓储业	信息技术业	制造业	制造业	综合类
6	社会服务业	批发和零售贸易	制造业	农、林、牧、渔业	建筑业	社会服务业

续表

排名	总评	内部环境	风险评估	控制活动	信息沟通	内部监督
7	农、林、牧、渔业	制造业	建筑业	采掘业	社会服务业	采掘业
8	综合类	社会服务业	农、林、牧、渔业	批发和零售贸易	批发和零售贸易	农、林、牧、渔业
9	批发和零售贸易	综合类	交通运输、仓储业	综合类	电力、煤气及水的生产和供应业	批发和零售贸易
10	交通运输、仓储业	农、林、牧、渔业	社会服务业	交通运输、仓储业	交通运输、仓储业	交通运输、仓储业
11	电力、煤气及水的生产和供应业	电力、煤气及水的生产和供应业	电力、煤气及水的生产和供应业	电力、煤气及水的生产和供应业	采掘业	电力、煤气及水的生产和供应业

注：房地产业样本数为 34 家；建筑业样本数为 12 家；制造业样本数为 480 家；农、林、牧渔业样本数为 14 家；采掘业样本数为 11 家；电力、煤气及水的生产和供应业样本数为 23 家；交通运输、仓储业样本数为 19 家；信息技术业样本数为 49 家；批发和零售贸易业样本数为 35 家；社会服务业样本数为 29 家；综合类样本数为 30 家。

（2）均值比较

对总评均值最高的房地产业和总评均值最低的电力、煤气及水的生产和供应业进行比较的结果如表 4 所示。房地产业的总评均值明显高于电力、煤气及水的生产和供应业，内部控制五要素中，风险评估均值的差距最大。

表 4　均值比较表

均值比较	总评	内部环境	风险评估	控制活动	信息沟通	内部监督
房地产业/电力、煤气及水的生产和供应业	1.50	1.45	11.50	1.48	1.39	1.24

（二）地区与内部控制的关系

地区排名中剔除了上市公司样本数小于 10 家的地区。

1. 上交所

北京的上市公司整体内部控制水平最高，陕西省的上市公司整体内部控制水平最低。

（1）地区排行榜

按地区对上市公司总评的均值和内部控制五要素均值分别进行排序统计的地区前十名如表 5 所示。

表5　上交所上市公司 2008 年内部控制水平地区前十名

排名	总评	内部环境	风险评估	控制活动	信息沟通	内部监督
1	北京市	广东省	北京市	云南省	北京市	北京市
2	河南省	福建省	河南省	河南省	云南省	吉林省
3	云南省	吉林省	吉林省	北京市	河南省	河南省
4	福建省	北京市	安徽省	广西壮族自治区	广西壮族自治区	福建省
5	江西省	江西省	广东省	江西省	福建省	广东省
6	吉林省	云南省	天津市	福建省	安徽省	云南省
7	广东省	河南省	福建省	安徽省	四川省	江西省
8	天津市	天津市	江西省	吉林省	天津市	天津市
9	安徽省	贵州省	四川省	天津市	江西省	上海市
10	广西壮族自治区	重庆市	山西省	广东省	河北省	四川省

注：安徽省样本数为 28 家；北京市样本数为 77 家；福建省样本数为 28 家；甘肃省样本数为 10 家；广东省样本数为 39 家；广西壮族自治区样本数为 11 家；河北省样本数为 18 家；河南省样本数为 20 家；黑龙江省样本数为 20 家；湖北省样本数为 33 家；湖南省样本数为 18 家；吉林省样本数为 18 家；江苏省样本数为 62 家；江西省样本数为 16 家；辽宁省样本数为 24 家；内蒙古自治区样本数为 13 家；山东省样本数为 47 家；山西省样本数为 16 家；陕西省样本数为 15 家；上海市样本数为 143 家；四川省样本数为 31 家；天津市样本数为 20 家；新疆维吾尔自治区样本数为 21 家；云南省样本数为 13 家；浙江省样本数为 65 家；重庆市样本数为 15 家。

（2）均值比较

对地区总评均值最高的北京、最低的陕西省和样本量最多的上海进行比较的结果如表 6 所示。内部控制五要素中，北京市的上市公司的风险评估均值明显优于陕西和上海的上市公司。

表 6 均值比较表

均值比较	总评	内部环境	风险评估	控制活动	信息沟通	内部监督
北京/陕西	1.69	1.61	5.06	1.46	1.57	2.43
北京/上海	1.34	1.28	2.90	1.23	1.63	1.36
上海/陕西	1.26	1.26	1.75	1.18	0.96	1.78

2. 深交所

云南的上市公司整体内部控制水平最高，河北省的上市公司整体内部控制水平最低。

（1）地区排行榜

按地区对上市公司总评的均值和内部控制五要素均值分别进行排序统计的地区前十名如表 7 所示。

表 7 深交所上市公司 2008 年内部控制水平地区前十名

排名	总评	内部环境	风险评估	控制活动	信息沟通	内部监督
1	云南省	云南省	云南省	云南省	天津市	广西壮族自治区
2	天津市	北京市	吉林省	新疆维吾尔自治区	广西壮族自治区	上海市
3	广西壮族自治区	新疆维吾尔自治区	湖南省	四川省	云南省	山西省
4	四川省	天津市	重庆市	安徽省	甘肃省	湖北省
5	北京市	安徽省	四川省	吉林省	安徽省	吉林省
6	安徽省	四川省	广西壮族自治区	北京市	江苏省	浙江省
7	吉林省	浙江省	天津市	广西壮族自治区	四川省	天津市

续表

排名	总评	内部环境	风险评估	控制活动	信息沟通	内部监督
8	浙江省	湖南省	浙江省	天津市	北京市	云南省
9	湖南省	重庆市	江苏省	浙江省	浙江省	海南省
10	新疆维吾尔自治区	吉林省	陕西省	上海市	重庆市	湖南省

注：安徽省样本数为 27 家；北京市样本数为 33 家；福建省样本数为 26 家；甘肃省样本数为 11 家；广东省样本数为 161 家；广西壮族自治区样本数为 14 家；海南省样本数为 13 家；河北省样本数为 17 家；河南省样本数为 18 家；湖北省样本数为 28 家；湖南省样本数为 30 家；吉林省样本数为 16 家；江苏省样本数为 53 家；江西省样本数为 10 家；辽宁省样本数为 26 家；山东省样本数为 47 家；山西省样本数为 11 家；陕西省样本数为 14 家；上海市样本数为 12 家；四川省样本数为 36 家；天津市样本数为 10 家；新疆维吾尔自治区样本数为 11 家；云南省样本数为 14 家；浙江省样本数为 64 家；重庆市样本数为 15 家。

（2）均值比较

对地区总评均值最高的云南、最低的河北省和样本量最多的广东进行比较的结果如表 8 所示。云南地区上市公司的风险评估均值明显优于河北和广东地区的上市公司。

表 8　均值比较表

均值比较	总评	内部环境	风险评估	控制活动	信息沟通	内部监督
云南/河北	1.60	1.61	4.01	1.58	1.43	1.32
云南/广东	1.30	1.27	2.60	1.35	1.24	1.08
广东/河北	1.23	1.27	1.54	1.17	1.16	1.22

（三）股权激励与内部控制的关系

实施股权激励（包括股东大会通过和董事会决议通过股权激励方案但尚未实施的上市公司）的上市公司整体内部控制水平优于未实施的上市公司。

对实施股权激励和未实施股权激励的上市公司均值比较的结果如表 9 所示。实施股权激励的上市公司总评的均值高于未实施的上市公司，风险评估均值的差距最大。

表9 均值比较表

均值比较	交易所	总评	内部环境	风险评估	控制活动	信息沟通	内部监督
实施/ 未实施	沪市	1.30	1.27	1.61	1.25	1.32	1.45
	深市	1.12	1.11	1.39	1.13	1.08	1.09

注：沪市实施股权激励的上市公司样本数为34家，未实施股权激励的上市公司样本数为820家；
深市实施股权激励的上市公司样本数为49家，未实施股权激励的上市公司样本数为699家。

（四）ST 股与内部控制的关系

非 ST 股上市公司内部控制整体水平优于 ST 股上市公司。

对 ST 股和非 ST 股的均值进行比较的结果如表10所示。非 ST 股上市公司的总评均值高于 ST 股上市公司，两者在五个要素上都存在较明显的差距，风险评估均值差距最大。

表10 均值比较表

均值比较	交易所	总评	内部环境	风险评估	控制活动	信息沟通	内部监督
非 ST 股/ ST 股	沪市	1.43	1.36	4.28	1.32	1.45	1.70
	深市	1.25	1.26	2.39	1.27	1.12	1.17

注：沪市 ST 股样本数为86家，非 ST 股样本数为768家；深市 ST 股样本数为65家，非 ST 股样本数为663家。

（五）指数成分股与内部控制的关系

上证50指数成分股和深证成分指数样本股整体内部控制水平均优于非成分股。

对成分股上市公司和非成分股上市公司的均值进行比较的结果如表11所示。成分股上市公司总评的均值高于非成分股，内部控制五要素的均值都比非成分股的公司高，风险评估均值的差距最大。

表 11　均值比较表

均值比较	交易所	总评	内部环境	风险评估	控制活动	信息沟通	内部监督
成分股/ 非成分股	沪市	1.40	1.36	3.55	1.19	1.38	1.65
	深市	1.10	1.11	1.69	1.08	1.04	1.03

注：上证 50 指数成分股样本数为 50 家，非成分股样本数为 804 家；深证成分股样本数为 40 家，
　　非成分股样本数为 708 家。

（六）内部控制自我评估报告与内部控制的关系

披露了内部控制自我评估报告的上市公司整体内部控制水平优于未披露的上市公司。

披露了内控自我评估报告的上市公司和未披露的上市公司均值比较的结果如表 12 所示。披露该报告的上市公司内部控制总评的均值高于未披露的上市公司且差距明显，内部控制五要素的均值也优于后者。其中，沪市风险评估均值的差距最大，深市内部监督均值的差距最大。

表 12　均值比较表

均值比较	交易所	总评	内部环境	风险评估	控制活动	信息沟通	内部监督
披露/ 未披露	沪市	2.16	2.09	34.18	1.66	2.39	3.14
	深市	1.71	1.46	1.54	1.54	1.42	3.77

注：沪市披露内部控制自我评价报告的样本数为 343 家，未披露的样本数为 511 家；深市披露内
　　部控制自我评价报告的样本数为 733 家，未披露的样本数为 15 家。

（七）内部控制鉴证报告与内部控制的关系

披露会计师事务所内部控制鉴证报告的上市公司整体内部控制水平优于未披露的上市公司。

对披露会计师事务所内部控制鉴证报告和未披露该报告的上市公司的均值进行比较的结果如表 13 所示。披露该报告的上市公司总评均值高于未披露的上市公司，内部控制五要素的均值都

远远高于未披露的上市公司,其中,风险评估的差距最大。

表 13 内部控制均值

均值比较	交易所	总评	内部环境	风险评估	控制活动	信息沟通	内部监督
披露/ 未披露	沪市	1.74	1.71	4.61	1.51	1.86	1.97
	深市	1.13	1.12	1.40	1.15	1.11	1.06

注:沪市披露内部控制鉴证报告的样本数为 187 家,未披露的样本数为 667 家;深市披露内部控
　　制鉴证报告的样本数为 128 家,未披露的样本数为 620 家。

(八) 内部审计机构与内部控制的关系

设立了内部审计机构的上市公司整体内部控制水平优于未设立的上市公司。

设立了内部审计机构的上市公司和未设立的上市公司均值比较的结果如表 14 所示。设立内审机构的上市公司总评均值优于未设立的上市公司,内部控制五要素均值也都优于未设立的上市公司,其中,风险评估均值差距最大。

表 14 均值比较表

均值比较	交易所	总评	内部环境	风险评估	控制活动	信息沟通	内部监督
设立/ 未设立	沪市	1.60	1.80	3.13	1.32	1.60	1.69
	深市	1.33	1.44	1.53	1.16	1.26	1.39

注:沪市设立了内审机构的样本数为 412 家,未设立的样本数为 442 家;深市设立了内审机构的
　　样本数为 648 家,未设立的样本数为 100 家。

(九) 违法违规处罚与内部控制的关系

2008 年未受违法违规处罚的上市公司整体内部控制水平优于遭受处罚的上市公司。

2008 年未遭受处罚与遭受处罚的上市公司均值比较的结果如表 15 所示。未遭受处罚的上市公司内部控制总评的均值优于

遭受处罚的上市公司，内部控制五要素的均值也都优于遭受处罚的上市公司，其中，风险评估的均值差距最大。

表 15　均值比较表

均值比较	交易所	总评	内部环境	风险评估	控制活动	信息沟通	内部监督
未受处罚/ 遭受处罚	沪市	1.57	1.68	5.14	1.40	1.62	1.53
	深市	1.22	1.30	2.46	1.16	1.07	1.11

注：沪市 2008 年遭受处罚的样本数为 20 家，未受处罚的样本数为 834 家；深市 2008 年遭受处罚的样本数为 21 家，未受处罚的样本数为 727 家。

三、多元回归与偏相关分析

1. 内部控制影响因素回归分析

本项研究以上市公司内部控制总评分作为因变量，从公司特质、公司治理等相应指标判断其对内部控制水平的影响。与 2007 年报告不同的是，由于沪深两市上市公司内控水平差异较大，所以 2008 年新增控制变量"交易所"，从而更准确地反映各影响因素与内部控制的相关关系，提升结果的有效度。具体指标含义见表 16。

表 16　变量含义及计量规则一览表

	变量	符号	变量取值方法及说明
因变量	内部控制状况	IC	上市公司内部控制评分
解释变量	企业规模	SIZE	2008 年末总资产的自然对数
	上市时间	YEAR	公司到 2008 年的上市时间
	2007 年度是否亏损	LOSS	哑变量，若 2007 年净利润为负取 1，否则取 0
	前十大股东股权集中度	TBSC	前十大股东持股比例之和
	前三名董事会成员薪酬总额	TDS	前三名董事薪酬总额的自然对数

续表

变量		符号	变量取值方法及说明
控制变量	交易所	SE	哑变量，深市为 0，沪市为 1
	行业	INDUSTRY	哑变量，按照证监会的行业划分依据
	实际控制人股权性质	ACSP	哑变量，依据上市公司最终控制人性质进行区分

回归结果表明（表17）：

（1）内控水平与上市公司规模显著正相关，即上市公司规模越大，内部控制水平越好。这可能是因为资产规模大的上市公司大部分是大型国有企业，而国有企业近年来的监管日趋严格，内控水平得到较大提升。

（2）内控水平与上市时间显著负相关，即上市时间越短，内控水平越好。由于近年来证监会加强了对首次公开发行股票的公司的内控审查，因而大部分新上市公司的内部控制更加规范。

（3）内控水平与 2007 年度是否亏损显著负相关，即 2007 年度赢利的公司比 2007 年度亏损的公司内控水平更好。虽然上一年度亏损的公司更有必要改善其内部控制，但实施成本可能是大部分亏损的上市公司首要考虑的问题，因此，上一年度亏损的上市公司并没有主动积极地提高其内控水平。

（4）内控水平与前三名董事会成员薪酬总额显著正相关，即前三名董事会成员薪酬越高，内控水平越好。这可能是因为薪酬激励能激发董事会成员履行其职责的积极性，形成良好的内部控制基调，因此，两者呈正相关关系。

表 17　上市公司内部控制影响因素的多元回归结果

变量	Coefficient	t-Statistic	Prob.
常数项		− 0.077	0.938
解释变量			
SIZE	0.114	3.598	0.000
YEAR	− 0.057	− 2.281	0.023
LOSS	− 0.089	− 3.831	0.000
TBSC	0.031	0.951	0.342
TDS	0.071	2.711	0.007
控制变量			
SE	控制		
INDUSTRY	控制		
ACSP	控制		
A-R^2	0.241		
F	16.188		0.000
样本数	1578		

2. 内部控制与投入资本回报率回归分析

本项研究以投入资本回报率（ROIC）为因变量，以内部控制评分为解释变量进行回归。

回归结果（表 18）表明，资本回报率与内部控制水平呈显著的正相关关系，即内部控制越好的公司投入资本回报率越高，内部控制的加强有助于投入资本回报率的提高。原因可能主要有两方面，一方面是因为完善的内部控制体系有助于增强全体员工的风险意识，规范决策程序，避免决策失误，合理配置资源；另一方面是因为内控水平的提高能确保信息沟通的畅通，及时发现管理漏洞，提高运营效率，降低运营成本，避免资源浪费。因此，对投资者而言，在进行投资决策时，上市公司的内控水平是值得关注的重要指标。

表 18   内部控制与资本回报率的回归结果

变量	Coefficient	t-Statistic	Prob.
常数项		-. 738	. 460
IC	. 093	3. 397	. 001
A-R^2	0.08		
F	11. 538		0.001
样本数	1338		

3. 内部控制与利润操纵的回归分析

本项研究以修正的琼斯模型估算出的盈余信息质量作为因变量，内部控制评分作为解释变量进行回归。用于估计模型参数的数据进行了如下处理：（1）剔除 2008 年进行了配股和增发新股的上市公司的财务数据；（2）选取的财务数据必须是股票首次公开发行一年以后的数据；（3）为了消除异常值对模型解释能力的影响，剔除了符合下列条件之一的年度财务数据，即主营业务收入同比下降大于 100％或同比增长大于 100％；资产总额同比下降大于 100％或同比增长大于 100％。经过数据筛选，满足条件的样本量为 1428 家上市公司。

表 19   盈余信息质量统计

	Mean	Median	Maximum	Minimum	Std. Dev
盈余信息质量	0.02	0.022	1. 922	- 3. 084	0. 151

回归结果（表 20）表明，盈余信息质量与内部控制水平呈显著的正相关关系，即内部控制的加强有助于减少上市公司对利

润的操控，提高盈余信息质量。这可能是由于内部控制越好的公司投入资本回报率越高，有较强的营利能力，管理层操纵利润的动机较弱。同时，好的内部环境也减少了舞弊的机会，提高了管理层的诚信与道德价值观，一定程度上防止了因道德缺失而导致的利润操纵。

表 20　盈余信息质量与内部控制（IC）之间的回归结果

变量	Coefficient	t-Statistic	Prob.
常数项		−1.032	0.304
IC	0.092	3.504	0.000
A-R^2	0.08		
F	12.281		0.000
样本数	1428		

4. 内部控制与审计意见的 Logistic 回归分析

对审计意见我们分别用"1"代替"标准无保留意见"、"2"代替"带强调事项段的无保留意见"、"3"代替"无法表示意见"或"保留意见"。对内部控制指标值按大小分为高中低三档，依次以"1"、"2"、"3"代替。多分类有序变量的 Logistic 回归分析结果如表 21 所示。

表 21　内部控制与审计意见的 Logistic 回归

		Estimate	Std. Error	Wald	df	Sig.
Threshold	［审计类型＝1.00］	2.143	.035	3829.318	1	.000
	［审计类型＝2.00］	3.424	.057	3559.542	1	.000
Location	［内控水平＝1.00］	−2.931	.710	17.053	1	.000
	［内控水平＝2.00］	−1.465	.083	310.422	1	.000
	［内控水平＝3.00］	0	.	.	0	

回归分析结果表明，内控水平高的上市公司更易得到"标准无保留意见"的审计意见。

由于内部控制的加强有助于减少上市公司对利润的操控，提高盈余信息质量，为财务报告的合法性和公允性提供了保障，因此，审计机构更倾向于给予"标准无保留"意见。

附录 8　中国上市公司 2008 年内部控制白皮书摘要^①

一、研究综述

本项研究在参考国内外内部控制相关标准的基础上，制定了上市公司内部控制评价指标体系，包括内部环境、风险评估、控制活动、信息与沟通和内部监督等五十多项指标。我们选取了沪、深交易所的 1497 家上市公司作为研究样本，参照该指标体系对样本公司 2007 年度的内部控制建设情况进行评价。评价数据来源于上市公司年报"公司治理"或"重要事项"一节或者单独披露的"内部控制自我评估报告"中披露的信息。通过排序分析、均值比较和回归分析等方法，对行业、地区、控制人、股权激励等与内部控制的关系进行统计分析。

虽然我们力求评价标准的客观、公正，研究方法的科学、合理，但由于评价数据仅来源于上市公司年报披露，无法实地复核再加之又是国内首次对上市公司进行内部控制的系统评价，无所借鉴，难免露拙，研究方法的科学性、数据收集整理的精准性、评价标准的全面性等方面定有不足和疏漏之处。作为一次探索性

---

①　2008 年 6 月 24 日，《中国证券报》和《证券时报》刊发了《中国上市公司 2008 年内部控制白皮书》。

的努力，我们期望这项研究工作能引起社会各界对上市公司内部控制建立健全情况的关注，促进我国内部控制的健康发展和完善，也就实现了我们的初衷。期待大家的宝贵意见和建议，以便更好地完善日后的研究。

1. 研究结论

• 金融保险业、建筑业和房地产业整体内部控制水平处于行业前三位；

• 北京地区的上市公司整体内部控制水平居于全国首位；

• 控制人为中央国有企业的上市公司整体内部控制水平优于其他控制类型的上市公司；

• 上市时间较短的上市公司整体内部控制水平优于上市时间较长的公司；

• 非 ST 股上市公司的整体内部控制水平优于 ST 股上市公司；

• 沪深 300 指数成分股的上市公司整体内部控制水平优于非成分股上市公司；

• 中小板上市公司整体内部控制水平优于主板上市公司；

• 实施（或拟实施）股权激励的上市公司整体内部控制水平优于未实施的上市公司；

• 披露了内部控制自我评估报告的上市公司整体内部控制水平优于未披露的上市公司；

• 披露了会计师事务所内部控制鉴证报告的上市公司整体内部控制水平优于未披露的上市公司；

• 披露了监事会和独立董事对内部控制自我评价的意见的上市公司整体内部控制水平优于未披露该项意见的上市公司；

• 设立了内部审计机构的上市公司整体内部控制水平优于未

设立的上市公司；

• 深圳证券交易所的上市公司整体内部控制水平优于上海证券交易所的上市公司；

• 2007 年未遭受违法违规处罚的上市公司整体内部控制水平优于遭受处罚的上市公司；

• 内部控制水平与上市公司成立年限和上年度是否亏损在 1% 的显著性水平下显著负相关，而与企业规模、前十大股东持股比例之和情况、前三名董事长、董事薪酬总额情况及前三名总经理、副总经理薪酬总额情况在 1% 的显著性水平下显著正相关；

• 审计意见与内部控制在 1% 的水平下具有显著的负相关，即内部控制水平越高的上市公司，审计意见越好；

• 盈余信息质量与内部控制水平呈显著正相关关系，即内部控制的加强有助于上市公司操控应计的减少，盈余信息质量的提高；

• 投入资本回报率与内部控制之间显著正相关，即内部控制越好的公司投入资本回报率也越高，内部控制水平的提高有利于增加企业的投入资本回报率。

2. 政策建议

（1）加强对上市公司内部控制的正确引导，完善内部控制相关法规，继续强化对上市公司内部控制自我评估报告和第三方意见的披露要求，并对内控自我评估报告的内容和格式作出统一规定；

（2）加大对上市公司内部控制建设的监督检查力度，对内部控制相关制度的建立和执行情况定期进行检查；

（3）通过培训、媒体宣传、发布研究报告等方式增强上市公司对内部控制的重视，使管理层意识到内部控制的健全有利于企业价值的提升，从而使内部控制成为一种自发的管理需要。

二、分类统计分析

1. 行业与内部控制的关系

金融、保险业整体的内部控制水平最高，传媒与文化业整体的内部控制水平最低。

（1）行业排行榜

按行业对总评的均值和内部控制五要素均值分别进行排序统计的结果如表1所示。其中，内部控制总评最好的是金融、保险业，其次是建筑业和房地产业，最差的是传媒与文化业。

表1 上市公司 2007 年内部控制行业排行榜

排名	总评	内部环境	风险评估	控制活动	信息沟通	内部监督
1	金融、保险业	金融、保险业	金融、保险业	金融、保险业	建筑业	金融、保险业
2	建筑业	建筑业	房地产业	建筑业	房地产业	社会服务业
3	房地产业	房地产业	建筑业	社会服务业	金融、保险业	房地产业
4	社会服务业	采掘业	农、林、牧渔业	农、林、牧渔业	批发和零售贸易业	采掘业
5	农、林、牧渔业	批发和零售贸易业	电力、煤气及水的生产供应业	电力、煤气及水的生产供应业	综合类	建筑业
6	电力、煤气及水的生产供应业	社会服务业	交通运输、仓储业	房地产业	社会服务业	交通运输、仓储业
7	批发和零售贸易业	农、林、牧渔业	信息技术业	传媒与文化行业	信息技术业	信息技术业
8	采掘业	电力、煤气及水的生产供应业	制造业	批发和零售贸易业	电力、煤气及水的生产供应业	批发和零售贸易业

续表

排名	总评	内部环境	风险评估	控制活动	信息沟通	内部监督
9	信息技术业	制造业	综合类	制造业	制造业	制造业
10	制造业	信息技术业	批发和零售贸易业	信息技术业	农、林、牧渔业	综合类
11	综合类	综合类	采掘业	交通运输、仓储业	交通运输、仓储业	农、林、牧渔业
12	交通运输、仓储业	交通运输、仓储业	社会服务业	综合类	采掘业	电力、煤气及水的生产供应业
13	传媒与文化行业	传媒与文化行业	传媒与文化行业	采掘业	传媒与文化行业	传媒与文化行业

注：房地产业样本数为 66 家；金融、保险业样本数为 28 家；建筑业样本数为 33 家；制造业样本数为 864 家；农、林、牧渔业样本数为 35 家；采掘业样本数为 30 家；电力、煤气及水的生产供应业样本数为 62 家；传媒与文化行业样本数为 11 家；交通运输、仓储业样本数为 65 家；信息技术业样本数为 96 家；批发和零售贸易业样本数为 90 家；社会服务业样本数为 46 家；综合类样本数为 71 家。

（2）均值比较

对总评的均值最高的金融、保险业和剔除金融、保险行业后均值最高的建筑行业（即次优行业）以及总评的均值最低的传媒与文化业进行比较的结果如表 2 所示。金融、保险业的总评均值明显高于传媒与文化业，两者比值达 2.31；内部控制五要素中，风险评估均值的差距最大，金融保险业与次优行业建筑业的比值达 9.1。

表 2　均值比较表

均值比较	总评	内部环境	风险评估	控制活动	信息与沟通	内部监督
金融、保险业/建筑业	1.41	1.19	9.10	1.04	0.80	1.90
金融、保险业/传媒与文化业	2.31	1.99	—	1.48	1.70	2.65
建筑业/传媒与文化业	1.64	1.67	—	1.43	2.11	1.39

注：由于传媒与文化业的上市公司未披露风险评估方面的信息，均值为 0，与其他行业的相对值无法表示。

2. 地区与内部控制的关系

北京的上市公司整体内部控制水平最高，西藏自治区的上市公司整体内部控制水平最低。

（1）地区排行榜

按地区对上市公司总评的均值和内部控制五要素均值分别进行排序统计的结果如表3所示。其中，内部控制总评的均值最高的是北京，其次是云南和广东，最低的是西藏自治区。

表3　上市公司 2007 年内部控制地区排行榜

排名	总评	内部环境	风险评估	控制活动	信息沟通	内部监督
1	北京市	云南省	北京市	山西省	湖南省	北京市
2	云南省	北京市	甘肃省	北京市	北京市	广东省
3	广东省	宁夏回族自治区	天津市	云南省	四川省	山西省
4	山西省	广东省	广东省	安徽省	广东省	湖南省
5	安徽省	安徽省	吉林省	广东省	陕西省	贵州省
6	甘肃省	甘肃省	贵州省	陕西省	广西壮族自治区	云南省
7	湖南省	山西省	新疆维吾尔自治区	山东省	宁夏回族自治区	甘肃省
8	陕西省	陕西省	云南省	湖南省	海南省	山东省
9	山东省	河北省	山东省	广西壮族自治区	云南省	海南省
10	广西壮族自治区	湖南省	湖南省	内蒙古自治区	湖北省	安徽省
11	宁夏回族自治区	山东省	上海市	甘肃省	安徽省	福建省
12	河北省	广西壮族自治区	陕西省	河北省	甘肃省	河北省
13	海南省	四川省	重庆市	海南省	福建省	广西壮族自治区
14	四川省	贵州省	江西省	辽宁省	黑龙江省	天津市
15	贵州省	湖北省	安徽省	福建省	山东省	河南省

续表

排名	总评	内部环境	风险评估	控制活动	信息沟通	内部监督
16	福建省	江苏省	辽宁省	四川省	江西省	宁夏回族自治区
17	湖北省	吉林省	湖北省	河南省	江苏省	辽宁省
18	天津市	海南省	河北省	新疆维吾尔自治区	新疆维吾尔自治区	吉林省
19	内蒙古自治区	天津市	福建省	湖北省	天津市	四川省
20	辽宁省	福建省	黑龙江省	江西省	辽宁省	新疆维吾尔自治区
21	吉林省	内蒙古自治区	内蒙古自治区	吉林省	河北省	江苏省
22	河南省	河南省	四川省	宁夏回族自治区	河南省	陕西省
23	江苏省	辽宁省	海南省	贵州省	山西省	湖北省
24	江西省	江西省	浙江省	浙江省	浙江省	上海市
25	新疆维吾尔自治区	浙江省	宁夏回族自治区	江苏省	内蒙古自治区	内蒙古自治区
26	浙江省	重庆市	河南省	天津市	重庆市	浙江省
27	重庆市	西藏自治区	江苏省	黑龙江省	贵州省	江西省
28	上海市	青海省	山西省	重庆市	青海省	重庆市
29	青海省	上海市	广西壮族自治区	青海省	吉林省	黑龙江省
30	黑龙江省	新疆维吾尔自治区	青海省	上海市	西藏自治区	西藏自治区
31	西藏自治区	黑龙江省	西藏自治区	西藏自治区	上海市	青海省

注：广东省样本数为 183 家；北京市样本数为 104 家；安徽省样本数为 52 家；福建省样本数为 49 家；甘肃省样本数为 18 家；广西壮族自治区样本数为 25 家；贵州省样本数为 17 家；海南省样本数为 20 家；河北省样本数为 35 家；河南省样本数为 35 家；黑龙江省样本数为 26 家；湖北省样本数为 60 家；湖南省样本数为 45 家；吉林省样本数为 33 家；江苏省样本数为 104 家；江西省样本数为 26 家；辽宁省样本数为 47 家；内蒙古自治区样本数为 18 家；宁夏回族自治区样本数为 11 家；青海省样本数为 10 家；山东省样本数为 82 家；山西省样本数为 25 家；陕西省样本数为 26 家；上海市样本数为 152 家；四川省样本数为 58 家；天津市样本数为 29 家；西藏自治区样本数为 8 家；新疆维吾尔自治区样本数为 28 家；云南省样本数为 26 家；浙江省样本数为 116 家；重庆市样本数为 29 家。

（2）均值比较

对地区总评的均值最高的北京、最低的西藏自治区和样本量最多的广东进行比较的结果如表4所示。北京地区上市公司的总评均值明显高于西藏自治区，比值为2。内部控制五要素中，两者内部监督均值的差距最大；广东与北京总评的均值差距较小，在风险评估方面的差距较大。

表4 均值比较表

均值比较	总评	内部环境	风险评估	控制活动	信息与沟通	内部监督
北京/西藏	2	1.52	—	2.40	1.77	3.16
北京/广东	1.09	1.12	1.40	1.07	1.01	1.02
广东/西藏	1.84	1.36	—	2.24	1.75	3.11

注：由于西藏自治区8家上市公司风险评估方面的信息未披露，均值为0，相对值无法计算。

3. 控制人与内部控制的关系

控制人类型为中央国有企业的上市公司内部控制整体水平最好，控制人类型为大学的上市公司内部控制整体水平最差。

（1）控制人排行榜

按控制人类型对上市公司总评均值和内部控制五要素均值分别进行排序统计的结果如表5所示。其中，总评均值居首位的是中央国有企业控股的上市公司，其次是集体企业和国资委控股的上市公司。

表5 上市公司2007年内部控制的控制人排行榜

排名	总评	内部环境	风险评估	控制活动	信息沟通	内部监督
1	中央国有企业	中央国有企业	中央国家机关	集体企业	集体企业	中央国有企业

续表

排名	总评	内部环境	风险评估	控制活动	信息沟通	内部监督
2	集体企业	职工持股会（工会）及其他	中央国有企业	中央国有企业	中央国有企业	国资委
3	国资委	集体企业	境外组织	国资委	国资委	境外组织
4	地方国资委	国资委	地方国有企业	地方政府	自然人	集体企业
5	地方国有企业	地方国有企业	国资委	地方国资委	地方国资委	地方国有企业
6	地方政府	自然人	集体企业	中央国家机关	职工持股会（工会）及其他	地方国资委
7	职工持股会（工会）及其他	地方国资委	地方政府	职工持股会（工会）及其他	地方政府	地方政府
8	自然人	地方政府	地方国资委	自然人	地方国有企业	大学
9	中央国家机关	中央国家机关	大学	地方国有企业	境外组织	自然人
10	境外组织	大学	自然人	境外组织	中央国家机关	职工持股会（工会）及其他
11	大学	境外组织	职工持股会（工会）及其他	大学	大学	中央国家机关

注：控制人类型为中央国有企业的样本数为 46 家；大学样本数为 12 家；地方国有企业样本数为 54 家；地方国资委样本数为 468 家；地方政府样本数为 121 家；自然人样本数为 499 家；国资委样本数为 197 家；集体企业样本数为 49 家；境外组织样本数为 14 家；中央国家机关样本数为 24 家；职工持股会（工会）及其他样本数为 13 家。

（2）均值比较

按控制人类型对总评均值最高（控制人为中央国有企业）和最低的（控制人为大学）及样本量最多（控制人为自然人）的上市公司的均值进行比较的结果如表 6 所示。中央国有企业控股的上市公司总评均值高于大学控股的上市公司，内部控制五要素均值也都高于后者，其中，风险评估均值差距最大；自然人控股的上市公司在控制活动和信息与沟通两方面的均值领先大学控股的上市公司较多。

表6 均值比较表

均值比较	总评	内部环境	风险评估	控制活动	信息沟通	内部监督
中央国有企业/大学	1.46	1.35	3.18	1.44	1.39	1.39
中央国有企业/自然人	1.24	1.17	3.38	1.17	1.12	1.40
自然人/大学	1.18	1.16	0.94	1.23	1.24	0.99

4. 上市时间与内部控制的关系

上市年限短的上市公司内部控制整体水平高于上市年限较长的公司。

对上市时间为1年以内、1—10年和10年以上的上市公司均值进行比较的结果如表7所示。上市时间1年内的公司内部控制总评均值高于上市时间1年以上的公司，内部环境、风险评估、控制活动和内部监督均值也都高于其他两者，风险评估均值差距最大；信息与沟通方面，上市1年以内的公司均值低于上市1—10年和10年以上的上市公司。

表7 均值比较表

均值比较	总评	内部环境	风险评估	控制活动	信息沟通	内部监督
1年以内/1—10年	1.24	1.27	2.03	1.30	0.92	1.18
1年以内/10年以上	1.29	1.37	2.14	1.36	0.87	1.18
1—10年/10年以上	1.04	1.08	1.05	1.05	0.95	0.99

注：1年以内样本数为125家；1—10年样本数为717家；10年以上样本数为655家。

5. ST 股与内部控制的关系

非 ST 股上市公司内部控制整体水平优于 ST 股上市公司。

对 ST 股和非 ST 股的均值进行比较的结果如表 8 所示。非 ST 股上市公司的总评均值高于 ST 股上市公司，两者在信息与沟通方面水平接近，但是其他四个要素都存在较明显的差距，风险评估均值差距最大。

表 8　均值比较表

均值比较	总评	内部环境	风险评估	控制活动	信息沟通	内部监督
非 ST 股/ST 股	1.38	1.45	4.57	1.36	1.07	1.39

注：ST 股样本数为 161 家，非 ST 股样本数为 1336 家。

6. 沪深 300 指数成分股与内部控制的关系

沪深 300 指数成分股整体内部控制水平优于非成分股。

对沪深 300 指数成分股上市公司和非成分股上市公司的均值进行比较的结果如表 9 所示。成分股上市公司总评的均值高于非成分股，内部控制五要素中内部环境、风险评估、控制活动和内部监督的均值都比非成分股的公司高，风险评估均值的差距最大；信息与沟通方面，非成分股上市公司略优于成分股。

表 9　均值比较表

均值比较	总评	内部环境	风险评估	控制活动	信息沟通	内部监督
成分股/非成分股	1.15	1.09	2.85	1.16	0.93	1.27

注：指数成分股样本数为 290 家，非指数成分股样本数为 1207 家。

7. 中小板、主板与内部控制的关系

中小板上市公司整体内部控制水平优于主板上市公司。

对中小板和主板上市公司均值进行比较的结果如表 10 所示。

中小板总评的均值高于主板，在内部环境、控制活动和内部监督方面也优于主板，但风险评估和信息与沟通方面，主板上市公司优于中小板，尤其是风险评估，中小板上市公司的均值仅为主板的 65%。

表 10　均值比较表

均值比较	总评	内部环境	风险评估	控制活动	信息沟通	内部监督
中小板/主板	1.27	1.41	0.65	1.28	0.96	1.20

注：中小板样本数为 198 家，主板样本数为 1299 家。

8. 股权激励与内部控制的关系

实施股权激励（包括股东大会通过和董事会决议通过股权激励方案但尚未实施的上市公司）的上市公司整体内部控制水平优于未实施的上市公司。

对实施股权激励和未实施的上市公司均值比较的结果如表 11 所示。实施股权激励的上市公司总评的均值高于未实施的上市公司，内部控制五要素的均值也都高于未实施的上市公司，风险评估均值的差距最大。

表 11　均值比较表

均值比较	总评	内部环境	风险评估	控制活动	信息沟通	内部监督
实施/未实施	1.29	1.28	2.25	1.25	1.20	1.29

注：实施股权激励的样本数为 108 家，未实施股权激励的样本数为 1389 家。

9. 内部控制自我评估报告与内部控制的关系

披露了内部控制自我评估报告的上市公司整体内部控制水平优于未披露的上市公司。

对披露了内部控制自我评估报告的上市公司和未披露的上市

公司的均值进行比较的结果如表 12 所示。披露该报告的上市公司内部控制总评的均值高于未披露的上市公司且差距明显，内部控制五要素的均值也优于后者，其中，风险评估均值的差距最大。

表 12 均值比较表

均值比较	总评	内部环境	风险评估	控制活动	信息沟通	内部监督
披露/未披露	2.21	2.20	7.89	2.46	1.66	2.50

注：披露自我评估报告的样本数为 651 家，未披露的样本数为 846 家。

10. 会计师事务所内部控制鉴证报告与内部控制的关系

披露会计师事务所出具的内部控制鉴证报告的上市公司整体内部控制水平优于未披露的上市公司。

对披露会计师事务所内部控制鉴证报告和未披露该报告的上市公司的均值进行比较的结果如表 13 所示。披露该报告的上市公司总评均值高于未披露的上市公司，内部环境、风险评估、控制活动和内部监督的均值都远远高于未披露的上市公司，其中，风险评估的差距最大。

表 13 内部控制均值

均值比较	总评	内部环境	风险评估	控制活动	信息沟通	内部监督
披露/未披露	2.17	2.08	6.04	2.29	1.48	2.39

注：披露会计师事务所鉴证报告的样本数为 227 家，未披露的样本数为 1270 家。

11. 监事会、独立董事对内部控制自我评价的意见和内部控制的关系

披露了监事会和独立董事对内部控制自我评价意见的上市公司整体内部控制水平优于没有披露该项意见的上市公司。

披露监事会和独立董事对内部控制自我评价意见的上市公司与未披露的上市公司均值比较的结果如表14所示。披露了该项意见的上市公司内部控制总评均值高于未披露的上市公司且差距明显，内部控制五要素均值也都高于未披露的上市公司。其中，风险评估的差距最大。

表14　均值比较表

均值比较	总评	内部环境	风险评估	控制活动	信息沟通	内部监督
披露/未披露	2.32	2.27	6.94	2.58	1.76	2.50

注：披露监事会和独立董事意见的样本数为359家，未披露的样本数为1138家。

12. 内部审计机构与内部控制的关系

设立了内部审计机构的上市公司整体内部控制水平优于未设立的上市公司。

设立了内部审计机构的上市公司和未设立的上市公司均值比较的结果如表15所示。设立内审机构的上市公司总评均值优于未设立的上市公司，内部控制五要素均值也都优于未设立的上市公司，其中，风险评估均值差距最大。

表15　均值比较表

均值比较	总评	内部环境	风险评估	控制活动	信息沟通	内部监督
设立/未设立	1.41	1.39	2.06	1.42	1.26	1.51

注：设立了内审机构的样本数为812家，未设立的样本数为685家。

13. 自律监管（交易所）与内部控制的关系

深交所的上市公司整体内部控制水平优于上交所的上市公司。

深交所和上交所上市公司均值比较的结果如表16所示。深交所上市公司内部控制总评的均值高于上交所上市公司，除风险评估外，深交所内部控制其他四要素都高于上交所，其中，内部监督均值的差距最大。

表 16　均值比较表

均值比较	总评	内部环境	风险评估	控制活动	信息沟通	内部监督
深/沪	1.45	1.44	0.84	1.39	1.54	1.68

注：深交所样本数为 656 家，上交所样本数为 841 家。

14. 违法违规处罚与内部控制的关系

2007 年未遭受违法违规处罚的上市公司整体内部控制水平优于遭受处罚的上司公司。

2007 年未遭受处罚的上市公司和受处罚的上市公司均值比较的结果如表 17 所示。未遭受处罚的上市公司内部控制总评的均值优于遭受处罚的上市公司，除信息沟通外，内部控制其他四要素也都优于遭受处罚的上市公司，其中，风险评估和内部环境差距明显。

表 17　均值比较表

均值比较	总评	内部环境	风险评估	控制活动	信息沟通	内部监督
其他/违规	1.46	2.04	7.52	1.20	0.99	1.29

注：2007 年遭受处罚的样本数为 56 家，未受处罚的样本数为 1441 家。

三、回归分析

1. 内部控制影响因素分析

本项研究以上市公司内部控制评分作为因变量，分析公司特质、公司治理相应指标等变量对内部控制水平的影响。具体指标含义见表 18。

表 18　变量含义及计量规则一览表

	变量	符号	变量取值方法及说明
因变量	内部控制状况	IC	上市公司内部控制评分
解释变量	企业规模	SIZE	2007 年末总资产的自然对数
	成立时间	YEAR	公司到 2007 年的成立时间
	上一年度是否亏损	LOSS	哑变量，若 2006 年净利润为负取 1，否则取 0
	前十大股东股权集中度	TBSC	前十大股东持股比例之和
	前三名董事会成员薪酬总额	TDS	前三名董事长、董事薪酬总额
	前三名高管薪酬总额	TMS	前三名总经理、副总经理薪酬总额

　　回归结果（见表 19）显示，内部控制水平与上市公司成立年限和上年度是否亏损在 1％的显著性水平下显著负相关；而与企业规模、前十大股东持股比例之和情况、前三名董事长、董事薪酬总额情况及前三名总经理、副总经理薪酬总额情况在 1％的显著性水平下显著正相关。

表 19　内部控制与各变量之间的相关性分析

变量	SIZE	YEAR	LOSS	TBSC	TDS	TMS
相关性	0.15***	− 0.08***	− .011***	0.10***	0.13***	0.13***
样本数	1497					

注：***表示在 1％的水平下显著，均为双侧检验。

2. 内部控制与审计意见相关性分析

　　本项研究以上市公司审计意见作为因变量（分别用"1"代替"标准无保留意见"、"2"代替"带强调事项段的无保留意见"、"3"代替"无法表示意见"或"保留意见"），以内部控制评分和公司治理、公司特质等指标进行多元回归。

回归结果（见表 20）显示，审计意见与内部控制在 1％的水平下具有显著的负相关，即内部控制水平越高的上市公司，审计意见越好。

表 20　内部控制与审计意见回归结果

	内部控制水平	企业规模	成立时间	资产负债率	营业收入增长率	上一年度是否亏损	第一大股东持股比例	前十大股东股权集中度	前三名董事会成员薪酬总额	前三名高管薪酬总额
相关系数	− 0.003 ***	− 0.024 ***	0.004 **	0.010 ***	− 0.011 **	0.311 ***	− 0.147 **	0.113	− 0.0005	0.0004
A-R²	0.177									
F	32.000***									

注：*** 表示在 1％的水平下显著,** 表示在 5％的水平下显著，* 表示在 10％的水平下显著。

3. 内部控制与盈余信息质量相关性分析

本项研究以修正的琼斯模型估算出的盈余信息质量（见表 21）作为因变量，内部控制评分作为解释变量进行回归。

表 21　盈余信息质量统计

	Mean	Median	Maximum	Minimum	Std. Dev.
盈余信息质量	0.09	0.05	1.27	0.00002	0.12

回归结果（见表 22）显示，盈余信息质量与内部控制水平呈显著正相关关系，即内部控制的加强有助于上市公司操控应计的减少，盈余信息质量的提高。

表 22 盈余信息质量回归结果

变量	Coefficient	t-Statistic	Prob.
常数项	10.069	45.461	0.000
IC	7.008	4.766	0.000
A-R^2	0.015		
F	22.712		0.000
样本数	1497		

4. 内部控制与投入资本回报率相关性分析

本项研究以投入资本回报率（ROIC）为因变量，以内部控制评分为解释变量进行回归。

回归结果（见表 23）显示，投入资本回报率与内部控制之间显著正相关，即内部控制越好的公司投入资本回报率越高，内部控制水平的提高有利于增加企业的投入资本回报率。

表 23 投入资本回报率与内部控制的回归结果

变量	Coefficient	t-Statistic	Prob.
常数项	4.061	7.515	0.000
IC	0.178	4.178	0.000
A-R^2	0.013		
F	7.468		0.000
样本数	1251		

主要参考文献

1. 财政部会计司：《企业内部控制规范讲解（2010 版）》，经济科学出版社 2010 年版。

2. 陈汉文、张宜霞：《企业内部控制的有效性及其评价方法》，《审计研究》2008 年第 3 期。

3. 陈汉文等：《中国上市公司内部控制指数（2009）：制定、分析与评价》，《上海证券报》2010 年 6 月 11 日。

4. 池国华：《基于管理视角的企业内部控制评价系统模式》，《会计研究》2010 年第 10 期。

5. 戴彦：《企业内部控制评价体系的构建——基于 A 省电网公司的案例研究》，《会计研究》2006 年第 1 期。

6. 韩传模、汪士果：《基于 AHP 的企业内部控制模糊综合评价》，《会计研究》2009 年第 4 期。

7. 韩洪灵、郭燕敏、陈汉文：《内部控制监督要素之应用性发展——基于风险导向的理论模型及其借鉴》，《会计研究》2009 年第 8 期。

8. 胡为民：《内部控制与企业风险管理——案例与评析》，电子工业出版社 2009 年版。

9. 胡为民：《内部控制与企业风险管理——实务操作指南（第 2 版）》，电子工业出版社 2009 年版。

10.蒋占华：《企业内部控制配套指引讲解及案例精析》，中国商业出版社 2011 年版。

11.李万福、林斌、杨德明、孙烨：《内控信息披露、企业过度投资与财务危机》，《中国会计与财务研究》2010 年第 4 期。

12.李享：《美国内部控制实证研究：回顾与启示》，《审计研究》2009 年第 1 期。

13.林斌、李万福、王林坚、舒伟：《内部控制的影响因素及经济后果研究——国外内部控制实证文献评述》，《井冈山大学学报（社会科学版）》2010 年第 5 期。

14.骆良彬、王河流：《基于 AHP 的上市公司内部控制质量模糊评价》，《审计研究》2008 年第 6 期。

15.迈克尔·C. 克纳普著，孟焰等译：《当代审计学：真实的问题与案例》，经济科学出版社 2006 年版。

16.南京大学会计与财务研究院课题组：《论中国企业内部控制评价制度的现实模式——基于 112 个企业案例的研究》，《会计研究》2010 年第 6 期。

17.《企业内部控制审计政策解读与操作指引》课题组：《企业内部控制审计政策解读与操作指引》，东北财经大学出版社 2011 年版。

18.深圳市迪博企业风险管理技术有限公司：《中国上市公司 2008 年内部控制白皮书摘要》，《中国证券报》2008 年 6 月 24 日。

19.深圳市迪博企业风险管理技术有限公司：《中国上市公司 2009 年内部控制白皮书摘要》，《中国证券报》2009 年 7 月 16 日。

20.深圳市迪博企业风险管理技术有限公司网站 http://

www.dibcn.com。

21.王海林：《内部控制能力评价的 IC-CMM 模型研究》，《会计研究》2009 年第 10 期。

22.王立勇：《内部控制系统评价定量分析的数学模型》，《审计研究》2004 年第 4 期。

23.杨有红、陈凌云：《2007 年沪市公司内部控制自我评价研究——数据分析与政策建议》，《会计研究》2009 年第 6 期。

24.于增彪、王竞达、瞿卫菁：《企业内部控制评价体系的构建——基于亚新科工业技术有限公司的案例研究》，《审计研究》2007 年第 3 期。

25.张谏忠、吴轶伦：《内部控制自我评价在宝钢的运用》，《会计研究》2005 年第 2 期。

26.张先治、戴文涛：《中国企业内部控制评价系统研究》，《审计研究》2011 年第 1 期。

27.张先治、袁克利主译，美国管理会计师协会（IMA）发布：《财务报告内部控制与风险管理》，东北财经大学出版社 2008 年版。

28.赵立新、程绪兰、胡为民：《上市公司内部控制实务》，电子工业出版社 2010 年版。

29.中国会计学会：《企业内部控制自我评价与审计操作指引与典型案例研究》，大连出版社 2010 年版。

30.朱荣恩、应唯、袁敏：《美国财务报告内部控制的发展及对我国的启示》，《会计研究》2003 年第 8 期。

31.Abbott, L. J., S. Parker, G. F. Peters, and D. V. Rama, "Corporate Governance, Audit Quality, and the Sarbanes-Oxley Act: Evidence from Internal Audit Outsourcing", *The Accounting*

Review, 2007(82).

32 . Ashbaugh-Skaife H. , Collins D. W. , Kinney W. , et al. , "The Effect of SOX Internal Control Deficiencies and Their Remediation on Accrual Quality", *The Accounting Review*, 2008 (83).

33 . Ashbaugh-Skaife H. , Collins D. W. , Kinney W. , "The Discovery and Reporting of Internal Control Deficiencies Prior to SOX-mandated Audits", *Journal of Accounting and Economics*, 2007(44).

34 . Chih-Yang Tseng, "Internal Control, Enterprise Risk Management, and Firm Performance ", *Simth School of Business*, 2007.

35 . Costello, A. M. & R. Wittenberg-Moerman, " The Impact of Financial Reporting Quality on Debt Contracting: Evidence from Internal Control Weakness Reports", *Journal of Accounting Research*, 2011(49).

36 . Doyle J. , Ge W. , McVay S. , " Determinants of Weaknesses in Internal Control over Financial Reporting ", *Journal of Accounting and Economics*, 2007a(44).

37 . Engel E. , Hayes R. M. , Wang X. , "The Sarbanes-Oxley Act and Firms' Going-private Decisions", *Journal of Accounting and Economics*, 2007(44).

38 . FEE, "Risk Management and Internal Control in the EU", *Discussion Paper*, March, 2005.

39 . The Canadian Institute of Chartered Accountants, *Guidance on Assessing Control*, April, 1999.

40．The Canadian Institute of Chartered Accountants, *Guidance on Control*, November, 1995.

41．IFAC, "Internal Controls-A Review of Current Developments, Professional Accountants in Business Committee", New York USA.

42．Leone J., "Factors Related to Internal Disclosure: A Discussion of Ashbaugh, Collins, and Kinney(2007)and Doyle, Ge, and McVay(2007)", *Journal of Accounting and Economics*, 2007(44).

43．Leuz C., Triantis A., Wang T. Y., "Why Do Firms Go Dark? Causes and Economic Consequences of Voluntary SEC Deregistration", *Journal of Accounting and Economics*, 2008 (45).

44．Leuz C., "Was the Sarbanes-Oxley Act of 2002 really this costly? A Discussion of Evidence from Event Returns and Going-Private Decisions ", *Journal of Accounting and Economics*, 2007(44).

45．Li C., Sun L. L., Ettredge M., "Financial Executive Qualifications, Financial Executive Turnover, and Adverse SOX 404 Opinions", *Journal of Accounting and Economics*, 2010 (50).

46．Moerland, L., "Incentives for Reporting on Internal Control—A Study of Internal Control Reporting Practices in Finland, Norway, Sweden, The Netherlands and United Kingdom", Maastricht University, 2007.

47．Naiker V., Sharma D. S., "Former Audit Partners on

the Audit Committee and Internal Control Deficiencies", *The Accounting Review*, 2009(84).

48. Piotroski, J. D., and S. Srinivasan, "Regulation and Bonding: The Sarbanes-Oxley Act and the Flow of International Listings", *Journal of Accounting Research*, 2008(46).

49. Zhang I. X., "Economic Consequences of the Sarbanes-Oxley Act of 2002", *Journal of Accounting and Economics*, 2007(44).

责任编辑:郑海燕　吴焰东　姜玮　刘恋　郭倩

封面设计:肖　辉

图书在版编目(CIP)数据

中国上市公司内部控制指数研究/王宏　蒋占华　胡为民　赵丽生　等著.
-北京:人民出版社,2011.8
ISBN 978-7-01-010113-2

Ⅰ.①中⋯　Ⅱ.①王⋯　Ⅲ.①上市公司-指数体系-研究　Ⅳ.①F276.6

中国版本图书馆 CIP 数据核字(2011)第 154797 号

中国上市公司内部控制指数研究
ZHONGGUO SHANGSHI GONGSI NEIBU KONGZHI ZHISHU YANJIU

王宏　蒋占华　胡为民　赵丽生　等著

人 民 出 版 社 出版发行
(100706　北京朝阳门内大街 166 号)

北京市文林印务有限公司印刷　新华书店经销

2011 年 8 月第 1 版　2011 年 8 月北京第 1 次印刷
开本:710 毫米×1000 毫米 1/16　印张:21
字数:265 千字　印数:0,001—5,000 册

ISBN 978-7-01-010113-2　定价:45.00 元

邮购地址 100706　北京朝阳门内大街 166 号
人民东方图书销售中心　电话 (010)65250042　65289539